일대일로와
한중도시

이 책은 인천대학교 2017년도 자체연구비(연구활동비) 지원에 의하여 연구되었음

일대일로와
한중도시

인천대학교 중국학술원 기획

김남희·손승희·송민근·송승석
신지연·이주영·조형진   지음

學古房

국립인천대학교 중국학술원은 2015년부터 중국의 지방 도시에 대한 조사를 시작했다. 중국을 마주하고 있는 인천에 소재한 국립대학교로서 중국에 대한 이해와 교류를 증진함으로써 지역에 공헌하고, 국가를 단위로 삼는 연구의 한계를 극복하려는 목적이었다. 때마침 한중 자유무역협정에서 인천이 산둥성 웨이하이(威海)와 함께 경제협력시범구로 지정되기도 했다. 이에 따라 인천광역시와 함께 웨이하이 지역을 중심으로 산둥성에 대한 조사를 진행했다.

2016년에는 인천 지역의 시민사회·지방정부·기업·학계 등을 아우르는 對중국 교류협력 플랫폼으로서 「인차이나 포럼」을 인천광역시와 공동으로 창립하였다. 환발해만 지역의 중국 도시들을 지속적으로 연구하면서 동시에 <한중 청소년 캠프>, 중국 관련 전문가 프로그램인 <차이나 비즈쿨>, 인천 차이나타운 관련 콘텐츠 개발과 舊청국영사관 정비 등 다양한 사업을 추진하였다.

이른바 사드 배치에 따른 한·중 관계의 경색으로 기존의 연구와 교류가 지속되지 못하고 어려움에 봉착하기도 했으나, '일대일로'로 연구 주제를 확장하고 중국의 다양한 현지 기관들과의 협력을 도모했다. 이러한 노력을 통해 중국 사회과학원, 지린성의 연변대학, 톈진의 난카이(南開) 대학 등과 형식적인 학술교류를 뛰어넘는 지속적이고 심화된 상호관계를 확보할 수 있었다.

특히 2018년 남북 관계의 개선을 시작으로 동아시아 정세가 급변하면서 한반도를 유라시아 대륙과 연결하기 위한 다양한 논의들이 전개되었다. 문재인 정부는 '신북방정책', '한반도 신경제지도 구상' 등을 잇달아 내놓았으며, 중국은 일대일로의 범위와 내용을 한반도로 확장하기 시작했다.

중국학술원은 남북을 하나로 묶고 더 나아가 한반도를 유라시아와 연결하기 위해서는 중국의 '일대일로'에 대한 이해와 활용이 필수적이라는 인식 하에 일대일로 연구를 최우선 과제로 추진하였다. 2018년 11월 중국 사회과학원 변강연구소와 함께 일대일로의 핵심 지역인 신장위구르자치구에 대한 현지조사를 수행하였으며, 12월에는 중국 연변대학과 함께 연변에서 「일대일로와 한반도: 기회와 도전」 국제회의를 개최하였다. 이러한 성과를 바탕으로 중국학술원은 '일대일로'를 중심으로 중국을 통해 남북을 묶고 유라시아와 연결하는 데 기여할 수 있는 연구와 교류를 확대할 계획이다.

본 저서는 지난 몇 년 동안 중국의 지방 도시와 일대일로를 주제로 중국학술원이 진행한 연구와 교류의 성과 중 일부를 편집한 것이다. 이제까지 진행된 연구들을 아직 체계적으로 정리하지 못했으며, 연구의 내용과 교류협력 사업의 성과가 유기적으로 결합되지도 못했다. 여전히 부족한 점이 많지만, 우선 기존의 내용과 성과를 정리하고 한 발 더 나아갈 길을 모색하고자 한다. 이를 통해 중국학술원의 연구와 사업이 인천 지역의 중국에 대한 이해를 증진하고 나아가 한반도의 평화와 번영이 전진하는 데 조금이나마 보탬이 될 수 있기를 바란다.

국립인천대학교 중국학술원

제1부 일대일로

일대일로 참여국가에 대한 중국의 무역 의존성 분석과 시사점_송민근 13

   1. 서론 13

   2. 선행연구 14

   3. 분석대상 및 연구방법 18

   4. 주요 국가와 중국의 무역 의존성 23

   5. 결론 37

중국의 북극항로 개발사업, 일도—道의 특징과 시사점_송민근 43

   1. 서론 43

   2. 선행연구 44

   3. 분석대상 및 연구방법 47

   4. 북극항로의 특징 50

   5. 일대일로와 중국의 북극항로 개발 57

   6. 결론 68

중국 뉴노멀 시대 도래와 대 중앙아시아 경제전략 변화_신지연 75

   1. 서론 75

   2. 중국의 대 중앙아시아 경제협력: 1차 상호보완 77

   3. 중국의 대 중앙아시아 경제협력 심화와 협력구조 변화

     : 2차 상호보완 82

   4. 향후 중국의 대 중앙아시아 경제정책의 방향 90

   5. 결론 97

중국 "실크로드 경제벨트"의 경제협력전략에 대한 고찰_이주영 101

   1. 서론 101

   2. 일대일로 一帶一露 전략 구상 103

   3. 실크로드 경제벨트와 지역 경제협력 109

   4. 실크로드 경제벨트의 한계점 118

   5. 결론 및 시사점 123

일대일로에 대한 한국 전문가들의 인식 : 초보적 조사_조형진·송승석 129

   1. 조사의 배경 129

   2. 조사의 개요 130

   3. 조사의 결과 132

   4. 결론: 미국, 패권, 북한 139

제2부 한중도시

이중의 도시, 이중의 근대_김남희 143

   1. 서론 143

   2. 개항도시의 이중도시 양상—인천과 다롄 147

   3. '개항장 주변'의 변화와 문제 156

   4. 결론 160

포스트식민의 장소만들기 : 인천을 중심으로_김남희 164

   1. 서론 164

   2. 인천, 개항에서 개방까지 169

   3. 배다리, 개항장 주변의 근대 177

   4. 결론: 도시박물관을 위한 제안 185

웨이하이의 한중 FTA 시범도시 후, 그 성과와 시사점
: 한중 해운 전자상거래를 중심으로_손승희 190

　1. 서론 190
　2. 웨이하이의 한중 해운 전자상거래 실시 195
　3. 웨이하이의 한중 해운 전자상거래의 특징 205
　4. 웨이하이 한중 해운 전자상거래의 활성화 모색 216
　5. 결론 226

한-중 FTA 금융협정의 성과와 한계
: 중국-대만 ECFA 금융협상과의 비교_윤성욱·신지연 233

　1. 서론: 문제의 제기 233
　2. 중국 금융 서비스 시장 개방 237
　3. 한-중 FTA 금융협정: 성과 및 한계 243
　4. 결론 및 시사점 264

한중 FTA 시범도시를 기반으로 한 한중 지방도시 협력방안
: 인천-웨이하이 사례를 중심으로_이주영 272

　1. 서론 272
　2. 법제도에 근거한 한중 FTA 지방협력 274
　3. 인천-웨이하이 도시 협력 현황 279
　4. 인천-웨이하이 지방도시 시범 협력 방안 287
　5. 시사점 293

중국 국가급신구의 도시 효율성 분석_이주영·김형기 297

　1. 서론 297
　2. 국가급신구 현황 299
　3. DEA 모형 및 이론적 고찰 307
　4. DEA 분석 312
　5. 결론 325

제 **1** 부

일대일로

일대일로 참여국가에 대한
중국의 무역 의존성 분석과 시사점

송민근

1 서론

　중국의 경제성장률은 2015년 6.9%, 2016년에는 6.7%로 중국은 중속성장 시대에 진입하였고, 중국 경제를 이끌어온 대외무역이 하락세를 지속하고 있다. 중국의 무역은 2000년대 30%이상의 높은 증가율을 보였으나, 2010년을 기점으로 성장이 둔화되고 있다. 중국의 수출은 2010년 31.3%, 2011년 20.3%의 증가율을 보인 이후 4년 간 8% 이하의 증가율을 보였고, 2015년에는 마이너스 증가율을 기록했다. 중국의 수입 또한 2010년, 2011년에 38.9%, 24.9%를 기록한 이후, 2012년부터 둔화세를 지속하고 있으며, 중국 정부는 2014년 중속성장을 뜻하는 뉴노멀(新常態, 신창타이) 시대를 공식화한 바 있다. 이렇듯 중국은 고속 성장의 종결 및 중성장 시대의 시작과 과잉설비, 인건비 상승 등 대내적 문제, 그리고 미국의 견제와 중국 위협론 등 대외적 문제에 대한 해결점 모색과 새로운 성장 동력에 대한 필요 등에 의해 2013년 일대일로 사업(The Belt and Road initiative)을 제시

---

　* 이 글은 기존에 발표된 논문 「일대일로 참여국가에 대한 중국의 무역 의존성 분석과 시사점」(『디지털융복합연구』 제15권, 2017)을 수정·보완한 것이다.

일대일로 참여국가에 대한 중국의 무역 의존성 분석과 시사점 **13**

하게 되었다.

중국이 현재 추진하고 있는 일대일로 사업은 중국 주요지역과 유라시아 핵심 물류지역에 항만, 철도, 도로, 공항 등 사회간접자본으로 해상 및 육상 운송 인프라를 조성하고, 아시아 인프라 개발은행(AIIB, Asia Infrastructure Investment Bank) 등을 통하여 유라시아 경제 공동체를 만들겠다는 구상이다. 일대일로의 추진 동력으로 간주될 수 있는 AIIB에는 2014년 10월까지 21개 국가가 참여를 결정했지만, 미국의 적극적 반대로 유럽 등 주요한 역외 국가들이 사업 참여를 확정짓지 않았고 일대일로 및 AIIB에 대해 회의적 시각이 적지 않았다. 하지만 미국의 반대 입장에도 영국이 참여의사를 발표하면서 유럽 주요국가와 한국, 러시아, 브라질 등이 연이어 가입의사를 중국에 전달했고 2015년 4월 AIIB의 57개 창립회원국이 결정되었다. 또한, 2017년 5월 기준으로 AIIB에는 54개 회원국가 뿐 아니라 23개 국가가 가입이 진행 중인 잠정회원국으로 일대일로에 참여하는 국가의 수는 더욱 확대될 것으로 전망되고 있다. 본 연구는 일대일로 사업이 본격화되어가고 있는 시점에서 중국과 일대일로 사업에 참여하고 있는 주요 국가들의 상호간 수출입 비중 및 무역 의존도를 분석하여 특징과 시사점을 제시하고자 한다.

2 선행연구

2.1 국가 간 무역 의존성에 관한 연구

국가 간 무역의존성에 관하여 국가와 국가, 국가와 대륙 및 지역 범위 등에 걸쳐 많은 연구가 진행되어왔다. Bonatti & Fracasso(2013)

표 1. Previous studies on trade dependency

Trade dependency	Author	Keyword
China-US	Bonatti and Fracasso (2013)	Sino-American co-dependency, Global imbalances
China-Taiwan	Choi and Cho(2016)	Taiwan Economy, Cross-Strait Economic-Cooperation
China-North Korea	Han(2015)	degree of dependence upon foreign trade
China-North Korea	Kim(2010)	economic trade, economic cooperation
China-Korea, Japan	Lee and Oh(2014)	Trade Dependency, Korea-China-Japan Economic Integration
China, Japan -US	Bown and McCulloch (2009)	GATT, WTO, Reciprocity
Korea-Saudi Arabia, UAE, Qatar	Chung(2016)	Trade Intensity, Special Country Bias, Trade Structure, GCC
China-ASEAN	Choo(2015)	Chinese National Strategy, ASEAN- China Relationship
China-major countries	Jin et al(2016)	China's growth potential, Global economic governance
China-South East Asia (Indonesia)	Kim(2014)	China, Indonesia, Economy, World Input-Output Table
China-Central Asia	Peyrouse(2016)	Central Asia, China, sinophobia, sinophilia
China-Central Asia	Shin(2016)	New Normal, Central Asia, Trade Structure
China-East Asia	Song and Lee(2012)	Beijing consensus, economic interdependency
China, EU-South East Asia	Vahalik(2014)	Bilateral trade, intensity of trade, trade complementarity
China,India-E&SE Asia	Mcdonald et al(2007)	China, India, regional integration, growth
China-Latin America	Vianna(2016)	Trade policy, Export-led growth

는 중국의 수출주도 성장과 구조변화 현상을 설명하고, 90년대 후반부터 2011년까지 미국과 중국 양국의 무역수지 및 비중 변화추이 등을 분석했다. Choi and Cho(2016)는 타이완의 대중국 무역을 분석했는데 저자는 대만의 비교우위가 개선되고 있으며, 장기적으로 양안 경제협력의 전망이 긍정적일 것이라고 언급했다. Han(2015)과 Kim(2010)은 북한의 대중국 무역의존도를 연구했는데, Han(2015)은 북한의 중국교역에 대한 무역 비중이 1990년대 20% 수준이었으나, 2001년 30%, 2005년 50%, 2008년 70%를 거쳐 약 2년 주기로 10%내외의 상승세를 보여 왔으며, 2014년에는 90.1%에 달한다고 설명했고, 저자는 북한의 대중국무역의존도가 지속화, 절대화되고 있다고 주장했다. 한편, Lee and Oh(2014)는 제조업을 중심으로 한국과 일본의 대중국 무역의존도를 검토했으며, Bown and McCulloch(2009)는 1970-80년대의 일본과 1990-2000년대 중국 경제가 보인 수출지향 성장구조의 유사점과 차이점을 미국과의 관계 및 무역 비중 등을 통해 분석했다.

Chung(2016)은 한국과 걸프협력회의(GCC) 주요국가인 사우디아라비아, 아랍에미리트, 카타르 간의 교역구조를 분석했으며, Choo(2015)는 ASEAN지역의 중국에 대한 의존성과 지경학적 분석을 통해 일대일로 사업에 대한 전망을 제시했다. Jin et al(2016)은 2010년부터 2012년까지 세계 30여개 주요 국가의 중국에 대한 무역의존도(CDI)를 분석했으며, Kim(2014)은 중국의 인도네시아 경제에 대한 영향력을, Payrouse(2016)와 Shin(2016)은 중앙아시아 주요국가가 중국과 형성하고 있는 경제관계와 중국에 대한 의존성 확대를 연구했다. Song and Lee(2012)는 동아시아 지역에서 중국의 영향력 확장되고 있으며, 공동의 이익을 기반으로 지역협력이 진행되고 있다고 언급했으며, Vahalik(2014)는 18년간 동남아시아 지역에서 중국과 EU의 무역관계와 중국의 상업적 지배력을 분석했다. Mcdonald et al (2007)은 인도, 중국 및 동,동남아시아(E&SE)의 무역확대 현상을 설명하고, 이에 따른 지역 내 경제통합화 움직임을 언급했으며, Vianna (2016)는 라틴아메리카 7개 주요국가의 성장과 1994년에서 2015년까지 중국에 대한 수출과의 관계를 분석했다.

2.2 연구의 차별성

무역관계에서 국가 간 의존성에 관한 선행연구를 살펴보면 많은 연구가 중국의 영향력, 즉 특정국가 및 지역이 중국에 대해 보이는 의존성에 초점을 두고 있는 것을 확인할 수 있다. 특정 국가 및 지역 경제의 관점에서 중국과의 경제 관계를 분석할 때, 중국에 대한 의존성을 파악하는 것은 필수적이다. 하지만 일대일로에 대한 사업 환경 및 중국 관점에서의 관계 해석을 위해서는 중국이 주요 국가 및 지역에 대해 보이는 의존성을 병행해서 분석할 필요가 있다. 본 연구는 일대일로 사업이 점차 구체화되고 있는 시점에서 사업 참여 국가에 대한 중국의 영향력 및 상호간 무역 관계를 살피기 위해서 중국의 관점에 중점을 두고, 단방향이 아닌 양방향으로 무역의존성을 분석했으며, 일대일로 사업에 적극적으로 참여하고 있는 70여 국가와 중국과의 상호간 수출입 및 개별 국가 GDP에서 차지하는 중국 무역의존도를 도출함으로써 중국을 둘러싼 일대일로 국가들과의 무역 관계 특징을 제시했다는 점에서 기존에 진행되어온 연구와 차별성 및 의의가 있다. 또한, 본 연구는 국제통화기금과 중국 국가통계국에서 1990년대 중반부터 현재까지 자료를 종합하여 추이를 비교

했으며, 중국과 주요 국가의 무역 의존성에 대한 종합적 검토를 시
도했다.

③ 분석대상 및 연구방법

<그림 1>은 분석 대상의 산정, 자료 수집 및 분석에 대한 전반적
흐름을 보여주고 있다. 첫 번째 단계는 연구 대상에 관한 것으로 분
석의 주된 대상그룹인 '일대일로 참여국가'의 범위를 정하는 것이다.
본 연구에서는 아시아인프라투자은행(AIIB)의 회원국가 및 추진국

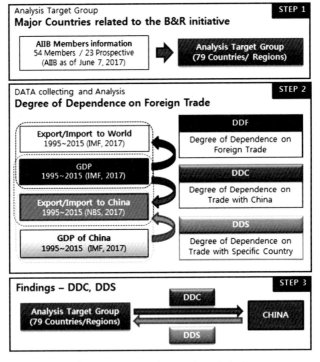

그림 1. Data extraction and analysis flow

가에 대한 정보를 기반으로 79개 국가 및 지역을 일대일로 참여국가로 간주했다. 두 번째 단계는 자료의 취득, 분석 단위 산정 및 연구 방법으로 활용한 무역의존도 계산으로, 1995년부터 2015년까지 국제통화기금(IMF) 및 중국 국가통계국(NDC)의 관련 자료를 수집했으며, 개별 국가의 GDP 및 중국과의 수출입을 기준으로 무역의존도 산출을 진행했다. 세 번째 단계는 분석을 통해 도출한 중국과 주요 국가 간 무역 규모 및 의존도 등을 통해 특징과 시사점을 제시한다.

3.1 일대일로 참여국가에 대한 범위 산정

중국의 일대일로 사업은 유라시아 대륙을 중심으로 매우 광범위하게 진행되고 있지만, 어느 국가가 사업에 '참여'하고 있다는 것에 대한 기준이 다소 모호하다는 특징을 보인다. 본 연구에서는 일대일로의 추진동력으로 간주되고 있는 AIIB의 회원국 정보를 토대로 일대일로 참여 국가의 범위를 규정하고자 한다. 최근 2017년 7월 기준으로 업데이트된 AIIB 공식 웹페이지에는 아래와 같이 54개 국가가 회원국으로, 23개 국가가 회원가입이 진행 중인 잠정회원국으로 명시되어있는 것을 확인할 수 있다.

<표 2>에서 홍콩은 AIIB의 잠정회원국으로 명시되어있는 것을 확인할 수 있다. 홍콩은 중국의 기준에서 볼 때, 국가 단위가 아닌 중국의 특별행정구역에 해당되지만, 중국 및 해외의 각종 통계에서 어떤 경우에는 국가로 어떤 경우에는 중국의 행정구역으로 구분되는 혼선이 있다. 실제로 중국 국가통계국에서 발표하는 수출입 통계에서도 홍콩은 국가적 지위로 분류되어있으며, 표현만 지역(region) 이라고 명시하고 있다. 본 연구는 IMF의 수출입통계와 중국 국가통계

표 **2.** AIIB member countries

AIIB-Member Countries		
Regional Countries (36)		
Australia	Kazakhstan	Philippines
Azerbaijan	Korea	Qatar
Bangladesh	Kyrgyzstan	Russia
Brunei	Laos	Saudi Arabia
Cambodia	Malaysia	Singapore
China	Maldives	Sri Lanka
Georgia	Mongolia	Tajikistan
India	Myanmar	Thailand
Indonesia	Nepal	Turkey
Iran	New Zealand	UAE
Israel	Oman	Uzbekistan
Jordan	Pakistan	Vietnam
Non-Regional Countries (18)		
Austria	Germany	Norway
Denmark	Iceland	Poland
Egypt	Italy	Portugal
Ethiopia	Luxembourg	Sweden
Finland	Malta	Switzerland
France	Netherlands	UK
AIIB-Prospective Member Countries		
Regional Countries (9)		
Afghanistan	Cyprus	Kuwait
Armenia	Fiji	Samoa
Bahrain	Hong Kong	Timor-Leste
Non-Regional Countries (14)		
Belgium	Greece	South Africa
Bolivia	Hungary	Spain
Brazil	Ireland	Sudan
Canada	Peru	Venezuela
Chile	Romania	

국의 자료를 동일 기준으로 적용해야하기 때문에 홍콩을 국가단위로 구분했다. 또한, 타이완, 마카오도 중국의 행정구역이지만 해외 통계지표에서는 국가단위로 구분되어있으며, AIIB의 참여국은 77개 국가이지만 본 연구에서는 타이완과 마카오가 중국의 행정구역인 것을 감안하여 타이완과 마카오를 포함한 총 79개 국가 및 지역을 현재 시점의 '일대일로 참여국가'로 간주하고자 한다.

3.2 자료의 수집 및 연구 방법

본 연구는 중국과 주요 국가의 상호간 수출입 총액과 개별 국가의 GDP를 통해 상호간 무역 의존도를 분석했다. 국가 간 무역의존도를 계산하기 위해서 중국 국가통계국(NBS, National Bureau of Statistics of China)에서 제공하고 있는 95년부터 2015년까지 약 221개 국가의 수출입자료를 수집했으며, 해당 국가의 전체 수출입 자료를 확인하기 위해서 국제통화기금(IMF, International Monetary Fund)을 통해 동일 기간 약 198개 국가에 대한 연도별 수출입자료를 확보했다. 또한, 개별 국가의 GDP(국내총생산, Gross Domestic Product)는 IMF에서 약 192개 국가에 대한 명목 GDP자료를 수집했다. 2017년 7월 제공된 자료를 기준으로 했고, NBS에서 제공하는 자료가 1994년부터 2015년까지인 것을 감안하여 NBS와 IMF 공통으로 1995-1999년, 2000-2004년, 2005-2009년, 2010-2014년의 5년 단위로 수출과 수입총액 및 GDP의 연도별 평균값을 적용하여 국가 간 분석을 진행했다.

개별 국가의 무역 관계에서 특정 국가 및 지역이 차지하고 있는 정도를 확인하기 위해 수출입 비중이 활용될 수 있으며, Jin et al(2016)

은 중국에 대한 수출입 비중을 통한 중국 의존도(CDI, The China Dependency Index)를 파악하여 특정 국가에 미치는 중국의 영향력을 제시했는데, 각 국의 수출 CDI는 해당 국가의 중국 수출액을 전체 수출액으로 나누어 계산할 수 있다. 하지만, 국가별로 GDP에서 무역이 차지하는 비중이 각기 다르기 때문에 특정 국가와의 무역이 개별 국가경제 전반에 미치는 영향력의 정도를 파악하기 위해서는 수출입 총액 및 비중 분석과 별도로 무역의존도(DDF, Degree of Dependence on foreign trade)에 대한 파악이 필요할 것이다. 무역의존도(DDF)는 한 나라의 국민 경제에서 무역이 어느 정도 비중을 차지하고 있는지를 나타내는 지표이며, GDP 대비 무역(수출과 수입의 합계액)이 차지하는 비율로 다음과 같이 계산할 수 있다.

표 3. Degree of Dependence on Foreign trade(DDF)

$$DDF \quad \frac{\text{Total exports} + \text{imports of specific countries}}{\text{GDP of specific countries}} \times 100$$

무역의존도(DDF)는 해당 국가의 전체 GDP에서 국가 총 무역이 차지하는 비중을 나타내는데, 이와 마찬가지 방법으로 특정 국가에 대한 무역액이 해당 국가 GDP에서 미치는 정도를 <표 4>와 같이 계산할 수 있다.

<표 4>에서 중국 무역의존도(DDC)는 특정국가의 GDP에서 중국 무역이 차지하는 정도를 나타내며, 특정국가 무역의존도(DDS)는 중국의 GDP에서 특정 국가가 차지하는 비중을 의미한다. 본 연구에서는 이러한 방식을 주요 국가에 적용하여, 주요 국가들의 중국 무역의존도(DDC)와 중국의 특정 국가에 대한 무역의존도(DDS)를 종합

하여 특징 및 시사점을 도출하고자 한다.

표 4. Degree of Dependence on trade with China (DDC) and trade with Specific Country(DDS)

DDC	$\dfrac{\text{Total exports} + \text{imports to/from China}}{\text{GDP of specific countries}} \times 100$
DDS	$\dfrac{\text{Total exports} + \text{imports to/from specific countries or regions}}{\text{GDP of China}} \times 100$

4 주요 국가와 중국의 무역 의존성

4.1 주요 국가의 중국에 대한 무역 의존성

<표 5>는 2015년 기준으로 중국과의 수출입 총액이 높은 30개 국가를 대상으로 했고, 국가별 GDP를 기준으로 개별 국가의 무역 의존도(DDF, Degree of Dependence on Foreign trade), 수출입비중(SEI, Share of Total Exports and Imports) 그리고 GDP대비 중국 무역의존 도(DDC)를 도출한 것이다.

2015년 대중국 수출입 총액 기준으로 1위 미국의 중국 수출입비 중(SEI)은 14.6%이며, 2위 홍콩이 34.8%, 3위 일본이 21.9%, 4위 한국 이 28.6%, 5위 대만이 36.9%로 나타났다. 독일(6.6%), 영국(7.4%), 네 덜란드(7.6%), 이탈리아(5.2%) 등 유럽지역 국가는 중국과의 수출입 총액 규모가 크지만 해당 국가의 총수출입에서 차지하고 있는 중국 의 비중이 상대적으로 크지 않음을 확인할 수 있었다. 또한, 수출입 총액 상위 30위 국가에서 미국과 일본을 제외한 모든 국가가 일대일

표 5. The major countries' DDC (US$Billions, %)

Country	BR[1]	Tradewith China	SEI[2]	GDP	DDF[3]	DDC[4]
US	×	557.0	14.6	18,037	21.2	3.1
Hong Kong	○	343.2	34.8	309	319.0	110.9
Japan	×	278.5	21.9	4,382	29.1	6.4
Korea	○	275.8	28.6	1,383	69.7	19.9
Taiwan	○	188.1	36.9	525	96.9	35.8
Germany	○	156.8	6.6	3,365	70.7	4.7
Australia	○	113.8	28.7	1,230	32.2	9.3
Malaysia	○	97.3	25.9	296	126.8	32.8
Vietnam	○	95.8	29.5	191	169.8	50.1
Singapore	○	79.5	12.4	297	216.7	26.8
UK	○	78.5	7.4	2,863	37.1	2.7
Thailand	○	75.5	18.3	399	103.4	18.9
India	○	71.6	10.8	2,088	31.7	3.4
Brazil	○	71.5	19.3	1,801	20.5	4.0
Netherlands	○	68.2	7.6	751	119.4	9.1
Russia	○	68.0	12.3	1,366	40.5	5.0
Canada	○	55.6	6.6	1,553	54.4	3.6
Indonesia	○	54.2	18.5	861	34.0	6.3
Saudi Arabia	○	51.6	13.7	652	57.8	7.9
France	○	51.4	4.9	2,420	43.7	2.1
UAE	○	48.5	9.8	370	133.7	13.1
South Africa	○	46.0	26.7	315	54.7	14.6
Philippines	○	45.6	34.2	292	45.6	15.6
Italy	○	44.7	5.2	1,826	47.5	2.4
Switzerland	○	44.3	11.5	671	57.2	6.6
Iran	○	33.8	32.1	374	28.2	9.0
Chile	○	31.7	25.0	243	52.3	13.1
Spain	○	27.4	4.6	1,194	49.8	2.3
Belgium	○	23.2	3.0	455	169.9	5.1
Turkey	○	21.6	6.1	859	40.9	2.5

Source: IMF(International Monetary Fund), NBS(National Bureau of the People's Republic of China)

Note: (1) BR: Participation countries in the Belt and Road Initiative (2) SEI(Share of Total Exports and Imports) = (Exports and Imports with China/Total Exports and Imports of Specific Country)×100(%) (3) DDF(Degree of De-pendence on Foreign Trade) = {(Total exports + imports to/from specific countries)/GDP of specific countries}×100 (4) DDC(Degree of Dependence on trade with China) = {(Total exports + imports to/from China)/GDP of specific countries}×100

로 참여국가(BR)로 확인되고 있다. 세부적 특징을 살펴보면, 브라질은 아직 AIIB정식 회원국은 아니지만 창립 회원국의 지위로 AIIB에 가입이 예정되어있고, 캐나다, 칠레, 벨기에는 AIIB 가입의사를 표명하고 현재 승인절차가 진행 중에 있다.

위의 표에서 수출입비중(SEI)은 특정 국가의 수출입총액에서 중국과의 무역이 차지하는 비중으로 이를 통해서도 무역 관계에서 중국 의존정도를 확인할 수 있지만, 국가별로 GDP대비 무역의존도(DDF)가 다르기 때문에 DDC를 계산하면, 개별 국가의 경제총량에서 중국과의 수출입이 차지하는 정도를 확인할 수 있다. 표에서 한국과 베트남의 SEI는 28.6%, 29.5%로 큰 차이가 없지만 한국보다 베트남의 무역의존도(DDF)가 매우 크며 이에 따라 한국의 중국 무역의존도(DDC)는 19.9%, 베트남의 DDC는 50.1%로 비교적 큰 차이를 보이고 있다. 이처럼 DDC를 통해 개별 국가의 GDP에서 차지하는 중국 무역의 영향력을 명확하게 확인할 수 있다.

<표 5>는 중국의 무역규모가 큰 국가를 대상으로 무역의존도를 파악했는데, <표 6>은 중국 무역의존도(DDC)가 2015년 기준으로 15%이상의 높은 수치를 보인 34개 국가의 연도별 DDC추이를 살핀 것이다. 표를 보면, GDP 17억 달러의 아프리카 지부티가 114.7%의 매우 높은 DDC값을 보였는데, 90년대 후반 4.5%에서 2000년대 초반 9.6%, 2010년대 초반 59.2%로 국가 GDP대비 중국과의 무역 비중이 빠르게 확대된 것을 확인할 수 있다. 홍콩의 경우에도 90년대 후반의 28.3%에서 2015년 110.9%로, 라이베리아, 토고, 베트남 등도 90년대 후반까지 DDC가 5% 내외였으나 2015년 75.0%, 57.5%, 50.1%까지 국가 경제총량에서 중국의 영향력이 확대되어왔다.

2015년 중국 무역의존도(DDC)가 15% 이상인 국가 중 가장 큰

표 6. Changes in DDC of major countries   (US$Billions, %)

Country	BR	2015 GDP	DDC[1](%) 1995–99	2000–04	2005–09	2010–14	2015
Djibouti	×	1.7	4.5	9.6	22.7	59.2	114.7
Hong Kong	○	309.4	28.3	45.3	86.1	124.9	110.9
Liberia	×	2.0	–	22.3	98.5	205.8	75.0
Togo	×	4.2	5.4	13.7	38.7	60.6	57.5
Vietnam	○	191.3	4.8	10.6	18.4	35.6	50.1
Solomon Islands	×	1.1	–	8.7	32.2	42.8	47.9
Congo (Rep)	×	8.6	2.4	3.4	11.0	27.8	47.2
Mongolia	○	11.7	16.0	25.3	35.3	55.5	45.8
Gambia	×	0.9	8.8	16.1	21.1	37.1	43.3
Tuvalu	×	0.0	–	–	58.3	96.2	39.0
Benin	×	8.3	5.4	15.3	30.4	36.0	37.0
Taiwan	○	525.2	7.0	15.2	28.2	35.2	35.8
Malaysia	○	296.3	4.6	13.9	22.8	30.6	32.8
Mauritania	×	4.8	1.4	4.2	22.4	36.1	31.4
Kiribati	×	0.2	–	–	4.1	11.3	29.0
Malta	○	10.3	0.8	5.9	13.6	32.3	27.4
Singapore	○	296.8	8.9	16.8	26.4	24.5	26.8
Myanmar	○	59.5	6.7	8.7	6.3	18.0	25.4
Cambodia	○	17.8	3.7	7.0	10.0	20.5	24.9
Oman	○	69.8	5.5	12.3	19.2	25.9	24.6
Turkmenistan	×	36.0	0.4	0.7	2.3	22.3	24.0
Tajikistan	○	7.9	1.7	2.1	20.7	26.2	23.5
Laos	○	12.6	2.1	4.2	8.3	22.3	22.1
Korea	○	1,382.8	4.2	8.5	15.2	20.4	19.9
South Sudan	×	12.5	–	–	–	16.9	19.9
Guinea	×	6.7	1.3	2.0	7.0	14.6	19.3
Angola	×	103.0	6.1	17.2	25.9	29.5	19.2
Thailand	○	399.2	2.5	7.4	13.1	17.1	18.9
Bahama	×	8.9	–	1.2	3.3	7.3	18.2
Ghana	×	37.4	0.7	3.1	5.5	10.8	17.7
Panama	×	52.1	8.8	11.3	25.5	31.6	16.9
Senegal	×	13.7	0.8	1.2	2.8	6.8	16.8
Mozambique	×	14.8	0.4	1.2	8.1	11.5	16.1
Philippines	○	292.5	2.2	8.4	16.8	14.5	15.6

Source: IMF(International Monetary Fund), NBS(National Bureau of the People's Republic of China)

Note: (1) DDC(Degree of Dependence on trade with China) = {(Total exports + imports to/from China)/GDP of specific countries}×100

GDP수치를 보이는 국가는 한국으로 나타났다. 한국의 90년대 후반 기준 중국 무역의존도는 4.2%였으나, 2000년대 8.5%, 15.2%로 확대 되었고, 2000년대 초반 20.4% 수준까지 중국의 영향력이 큰 폭으로 확대된 것을 볼 수 있다. 한편, 높은 DDC값을 보인 국가들은 한국, 타이완, 홍콩, 말레이시아, 싱가포르 등 국가를 제외하면 전체적으로 국가별 GDP기준에서 매우 낮은 수준을 보이고 있다. 경제총량이 낮 고 개발이 진행 중인 개도국에서 무역의존도가 특정 국가에 집중되 면 해당 국가위주로 시스템이 마련되고, 해당 국가에 대한 의존도가 고착화될 수 있는 가능성이 커질 수 있다. 북한의 대중국 무역비중 이 90%이상으로 확대되면서 북한의 중국 예속화 우려가 커지고 있 는 최근의 정세와 유사한 맥락인데, 표에서 지부티, 라이베리아, 토 고, 솔로몬제도, 콩고, 감비아, 투발루, 베냉 등은 매우 낮은 수준의 경제총량을 보이고, 중국의 무역의존도가 급격하게 확대되어온 것 을 볼 수 있다. 해당 국가들의 무역규모가 크지 않기 때문에 현재 기준에서 중국 경제에 대한 양적 기여도는 미비하지만, 협력에 따른 발전 잠재력은 매우 클 것으로 보인다. 또한, 해당 국가들의 상당수 가 아직 일대일로 참여국가가 아니지만, DDC가 높은 국가들의 대부 분이 중국 주도의 개발 사업에 긍정적 입장을 보일 것이며, 중국도 이들 국가들과의 협력을 보다 강화할 수 있는 발전 계획을 추진해갈 것으로 예상된다.

4.2 중국의 주요국가에 대한 무역 의존성

주요국가의 중국에 대한 무역의존도에서는 수출과 수입비중을 별도로 계산하지 않았지만, 본 연구는 일대일로 사업과 관련하여 중국의 대외의존성에 중점을 두고 있으므로 중국의 수출입 비중을 추가로 살펴보고, 중국 GDP에 근거한 무역의존도를 계산하고자 한다.

(1) 중국의 주요 국가에 대한 수출비중

주요 국가에 대한 중국의 수출비중 추이는 <표 7>과 같다. 2015년 중국 수출총액을 기준으로 중국의 대외수출에서 국가별 순위는 미국, 홍콩, 일본, 한국, 독일 순으로 나타났고, 상위 5위 국가에 대한 수출비중(STE)이 44.65%, 상위 30위 국가에 대한 중국 전체 수출의 비중은 약 80.92%로 확인되고 있다.

중국의 수출비중이 감소한 국가로는 대표적으로 일본이 있는데 당초 17.23%에서 지속적인 하락세를 보여, 2015년에는 약 5.79%로 중국의 일본 수출비중은 약 66.4%이상 크게 축소된 것을 확인할 수 있다. 또한, 수출 비중이 가장 높은 미국의 비중도 감소 추세를 보이고 있다. 이와 대비하여 베트남의 경우 1990년대 후반 대비 4.4배, 인도의 경우 3.5배 이상 비중이 확대되었으며, 한국, 독일, 영국, 네덜란드 등의 수출 비중은 시기별로 큰 변화를 보이지 않았다.

표 **7.** Changes in STE of China

Country	BR[1]	STE[2](%)				
		1995–99	2000–04	2005–09	2010–14	2015
US	×	19.34	21.03	19.21	17.23	17.47
Hong Kong	○	21.88	17.45	14.71	15.56	14.11
Japan	×	17.23	14.31	8.81	7.20	5.79
Korea	○	4.21	4.66	4.72	4.31	4.32
Germany	○	2.75	3.33	4.13	3.53	2.95
Vietnam	○	0.52	0.69	1.01	1.99	2.82
UK	○	2.27	2.51	2.55	2.37	2.54
Netherlands	○	2.56	2.94	2.22	2.93	2.54
India	○	0.55	0.82	1.95	2.42	2.49
Singapore	○	2.29	2.14	2.36	2.03	2.22
Taiwan	○	2.02	2.09	1.92	1.88	1.92
Malaysia	○	0.91	1.33	1.49	1.80	1.88
Australia	○	1.23	1.43	1.53	1.75	1.72
Thailand	○	0.82	0.92	1.05	1.44	1.63
UAE	○	0.72	1.06	1.42	1.50	1.58
Russia	○	0.99	1.26	1.94	2.16	1.48
Indonesia	○	0.88	1.07	1.12	1.61	1.47
Canada	○	1.13	1.31	1.54	1.35	1.26
Italy	○	1.38	1.52	1.71	1.45	1.19
Brazil	○	0.53	0.53	1.01	1.60	1.17
France	○	1.40	1.53	1.62	1.40	1.14
Philippines	○	0.74	0.67	0.64	0.86	1.14
Spain	○	0.78	0.73	1.28	0.96	0.93
Saudi Arabia	○	0.48	0.49	0.65	0.83	0.92
Turkey	○	0.32	0.41	0.73	0.80	0.79
Iran	○	0.29	0.42	0.56	0.76	0.76
Pakistan	○	0.36	0.38	0.45	0.49	0.70
Belgium	○	0.82	0.93	1.00	0.82	0.69
South Africa	○	0.44	0.45	0.59	0.72	0.68
Poland	○	0.37	0.35	0.53	0.60	0.61

Source: IMF(International Monetary Fund), NBS(National Bureau of the People's Republic of China)

Note: (1) BR: Participation countries in the Belt and Road Initiative (2) STE(Share of Total Exports) = (Export to specific countries or regions/Total Export of China)×100(%)

(2) 중국의 주요 국가에 대한 수입비중

주요 국가에 대한 중국의 수입비중 추이는 <표 8>과 같다. 2015년 중국 수입총액을 기준으로 중국의 대외수입에서 국가별 순위는 한국, 미국, 타이완, 일본, 독일 순으로 나타났고, 상위 5위 국가에 대한 수입비중(STI)가 35.5%, 상위 30위 국가에 대한 중국 전체 수입의 비중은 약 68.7%로 확인되고 있다. 수출에서 상위 5위 국가의 비중과 30위 국가의 비중이 각각 44.65%, 80.92%인 것을 감안하면, 수입에 대한 비중은 수출과 대비할 때 상대적으로 넓게 분포되어있는 특징을 보이고 있다.

중국의 수입비중 추이에서도 수출에서와 유사하게 일본에 대한 비중 감소가 뚜렷하게 나타나고 있다. 당초 일본에 대한 수입비중은 20.67%였으나 2015년 7.3%까지 약 64.7% 수준으로 비중이 감소했으며, 미국과, 이탈리아, 프랑스 등 유럽지역에 대한 수입비중도 지속적으로 감소해왔다. 반면, 이라크, 아랍에미리트 등 중동지역과 남아프리카, 남아메리카, 동남아시아 등 기타 지역에 대한 수입비중이 확대되고 있는 특징을 보인다.

(3) 주요 국가에 대한 중국의 무역의존도(DDS)

2015년을 기준으로 중국의 DDS(개별국가에 대한 무역의존도)가 높은 30개 국가의 시기별 DDS 변화추이는 <표 9>와 같다. 중국의 개별 국가에 대한 무역의존도에서 가장 높은 값을 보인 국가는 미국 (4.96%)이며, 다음으로 홍콩, 일본, 한국, 타이완, 독일, 호주 등의 순으로 나타났다.

표 8. Changes in STI of China

Country	BR[1]	STI[2](%)				
		1995–99	2000–04	2005–09	2010–14	2015
Korea	O	9.90	10.39	10.67	9.80	8.90
US	×	11.87	8.88	7.39	7.80	7.50
Taiwan	O	11.61	11.80	9.94	7.90	7.30
Japan	×	20.67	17.62	13.89	10.20	7.30
Germany	O	3.66	4.88	4.96	5.30	4.50
Australia	O	2.09	2.02	3.04	4.90	3.80
Malaysia	O	1.87	3.06	3.01	3.30	2.70
Brazil	O	0.83	1.24	2.19	2.90	2.30
Switzerland	O	0.62	0.66	0.62	1.90	2.10
Thailand	O	1.52	2.02	2.31	2.20	1.90
Russia	O	2.71	2.53	2.16	2.20	1.70
South Africa	O	0.52	0.48	0.71	2.20	1.50
Saudi Arabia	O	0.53	1.20	2.19	2.80	1.50
Vietnam	O	0.22	0.40	0.38	0.80	1.50
Singapore	O	2.78	2.40	1.97	1.70	1.40
Canada	O	1.60	1.33	1.12	1.30	1.30
France	O	2.22	1.50	1.37	1.30	1.30
Indonesia	O	1.76	1.48	1.29	1.60	1.00
Philippines	O	0.35	1.28	1.87	1.10	1.00
UK	O	1.53	1.08	0.82	1.00	1.00
Chile	O	0.30	0.58	0.99	1.20	0.90
Italy	O	1.81	1.31	1.06	1.00	0.90
Iran	O	0.35	0.83	1.38	1.50	0.80
Angola	×	0.19	0.61	1.48	1.70	0.80
Oman	O	0.55	0.72	0.52	1.00	0.80
India	O	0.52	0.99	1.51	1.10	0.70
Hong Kong	O	5.02	3.02	1.26	0.90	0.70
Iraq	×	0.04	0.07	0.14	0.80	0.60
UAE	O	0.10	0.19	0.33	0.60	0.60
Netherlands	O	0.64	0.53	0.34	0.50	0.40

Source: IMF(International Monetary Fund), NBS(National Bureau of the People's Republic of China)

Note: (1) BR: Participation countries in the Belt and Road Initiative (2) STI(Share of Total Imports) = (Imports from specific countries or regions/Total Imports of China) ×100(%)

표 9. Changes in DDS of China

Country	BR[1]	DDS[2](%) 1995–99	2000–04	2005–09	2010–14	2015
US	×	5.49	7.14	7.66	5.65	4.96
Hong Kong	○	4.91	4.94	4.78	3.85	3.06
Japan	×	6.45	7.48	6.11	3.77	2.48
Korea	○	2.32	3.49	4.07	3.01	2.46
Taiwan	○	2.17	3.18	3.04	2.05	1.68
Germany	○	1.44	2.40	2.48	1.92	1.40
Australia	○	0.55	0.81	1.22	1.42	1.01
Malaysia	○	0.46	1.02	1.20	1.10	0.87
Vietnam	○	0.13	0.26	0.40	0.64	0.85
Singapore	○	0.86	1.07	1.20	0.82	0.71
UK	○	0.67	0.86	0.98	0.76	0.70
Thailand	○	0.39	0.68	0.89	0.78	0.67
India	○	0.18	0.43	0.97	0.80	0.64
Brazil	○	0.23	0.41	0.85	0.97	0.64
Netherlands	○	0.58	0.84	0.76	0.79	0.61
Russia	○	0.61	0.88	1.12	0.96	0.61
Canada	○	0.46	0.62	0.74	0.58	0.50
Indonesia	○	0.44	0.60	0.66	0.71	0.48
Saudi Arabia	○	0.17	0.39	0.74	0.76	0.46
France	○	0.61	0.71	0.83	0.60	0.46
UAE	○	0.15	0.30	0.51	0.48	0.43
South Africa	○	0.16	0.22	0.35	0.61	0.41
Philippines	○	0.19	0.45	0.66	0.42	0.41
Italy	○	0.54	0.67	0.78	0.54	0.40
Switzerland	○	0.16	0.21	0.23	0.43	0.39
Iran	○	0.11	0.29	0.51	0.48	0.30
Chile	○	0.10	0.20	0.36	0.37	0.28
Spain	○	0.21	0.30	0.49	0.30	0.24
Belgium	○	0.26	0.38	0.44	0.31	0.21
Turkey	○	0.07	0.12	0.26	0.23	0.19

Source: IMF(International Monetary Fund), NBS(National Bureau of the People's Republic of China),

Note: (1) BR: Participation countries in the Belt and Road Initiative (2) DDS(Degree of Dependence on trade with specific country) = {(Total exports + imports to/from specific countries or regions)/GDP of China}×100

중국 GDP에서 특정 국가의 무역총액이 차지하는 무역의존도 (DDS)는 앞서 <표 5, 6>에서 살펴본 DDC와 커다란 차이를 보인다. 특정 국가의 중국 무역의존도(DDC)는 2015년 기준으로 상위 30개 국가 평균이 약 35.13%인 것에 반해 중국의 특정국가에 대한 무역의 존도(DDS)의 상위 30개 국가 평균이 약 0.95%로 확인되고 있다. 또 한, DDC값이 15%이상을 보인 국가가 34개 국가 이상인 것과 대비하 여 중국의 DDS값은 가장 높은 미국이 4.96%이며, 미국, 홍콩, 일본, 한국의 4개 국가를 제외하고는 모두 1%대 이하의 DDS를 보이고 있 다. 이를 통해 중국의 대외적 의존도가 특정 국가에 집중되어 있기 보다 비교적 분산되어있는 것을 확인할 수 있다. 한편, 90년대부터 현재까지 가장 높은 DDS를 보인 국가와 시점은 2000년대 후반 미국 의 7.66%와 2000년대 초반 일본의 7.48이지만, 미국과 일본에 대한 무역의존도는 지속적으로 낮아지는 경향을 보인다.

(4) 중국의 대륙별 수출입비중과 무역의존도

다음으로 대륙별로 중국의 수출입비중 및 무역의존도 변화를 살 펴보면 <표 10>과 같다. 중국의 대륙별 수출과 수입을 비교해보면 북미지역에 대한 수출비중(STE)의 전 구간 평균은 20.10%이나 수입 비중(STI)은 10.11%로 나타났으며, 2015년 기준으로도 수입비중이 수출과 대비하여 2배 가까이 높았다. 유럽은 큰 차이가 없으나 수출 이 다소간 높았고, 아시아는 수출과 수입에서 모두 다른 대륙과 비 교할 때 매우 높은 비중을 보였고, 수출입 비교 시에는 수입비중 (STI)이 수출에 비해 모든 구간에서 높게 나타났다. 대륙별 세부 특 징을 살펴보면, 북미지역에 대한 중국의 수출입비중(SEI)이 축소되 고 있으며, 아시아의 경우 수출입비중이 매우 높지만 비중이 다소

표 10. Changes in DDS by continent

		1995-99	2000-04	2005-09	2010-14	2015
STE (Exports)	Asia	56.56	51.36	47.00	49.08	50.74
	Europe	17.02	19.47	22.88	19.73	18.73
	N.America	20.47	22.35	20.76	18.71	18.20
	S.America	2.58	2.94	4.30	6.14	5.82
	Africa	1.95	2.24	3.25	4.19	4.53
	Oceania	1.42	1.64	1.81	2.14	1.99
STI (Imports)	Asia	61.21	64.51	63.64	57.31	55.38
	Europe	19.39	17.34	14.98	16.41	17.16
	N.America	13.46	10.22	8.52	8.96	9.41
	S.America	2.19	3.29	5.47	6.62	6.48
	Africa	1.33	2.29	4.08	5.37	5.90
	Oceania	2.42	2.36	3.31	5.10	5.59
SEI (Total)	Asia	57.35	57.69	54.47	52.88	52.85
	Europe	17.42	18.44	19.33	18.19	18.02
	N.America	19.28	16.51	15.26	14.21	14.19
	S.America	2.52	3.11	4.82	6.37	6.12
	Africa	1.85	2.27	3.63	4.74	5.15
	Oceania	1.59	1.99	2.48	3.51	3.63
DDF of CHINA		34.3	47.0	55.1	43.9	38.3
DDS	Asia	20.1	27.1	30.0	23.2	20.3
	Europe	6.2	8.7	10.7	8.0	6.9
	N.America	5.9	7.8	8.4	6.2	5.4
	S.America	0.8	1.5	2.7	2.8	2.3
	Africa	0.6	1.1	2.0	2.1	2.0
	Oceania	0.6	0.9	1.4	1.5	1.4

Source: IMF(International Monetary Fund), NBS(National Bureau of the People's Republic of China),

Note: (1) BR: Participation countries in the Belt and Road Initiative (2) SEI(Share of Total Exports and Imports) = (Exports and Imports with Specific countires/Total Exports and Imports of China)×100(%) (3) DDS(Degree of Dependence on trade with specific countries) = {(Total exports + imports to/from specific countries or regions)/GDP of China}×100

감소하는 추세를 보인다. 반면, 남미, 아프리카, 오세아니아의 경우 중국 수출입에서 차지하는 비중이 아직 높지 않은 지역이지만 지속적으로 확대되는 경향을 보인다. 중국의 수출입은 50%이상이 아시아에 집중되어있고, 아시아, 유럽, 북미 등 그동안 중국의 수출입비중이 높았던 지역에서 비중이 점차 축소되고 있으며, 남미, 아프리카, 오세아니아 지역 등에서 꾸준하게 수출입 비중이 확대되고 있는 것을 볼 수 있으며, 이를 통해 중국의 수출입의존도가 특정 지역에 집중되기보다 분산되고 있는 경향이 있음을 알 수 있다.

(5) 일대일로 그룹에 대한 수출입비중과 무역의존도

마지막으로 본 연구에서 일대일로 참여국가로 산정한 79개 국가 및 지역을 하나의 그룹으로 간주하여 중국의 일대일로 참여국가 그룹에 대한 수출입비중과 무역 의존도 추이를 종합하면 다음의 <표 11>과 같다.

먼저 중국과 일대일로 참여국가 그룹 간 수출입 총액의 규모 변화를 시점별로 나누어보면, 1990년대 후반에서 2000년대 상반기까지 130.11%, 2000년대 상반기에서 하반기까지 195.64%, 2000년대 하반기부터 2010년대 상반기까지 다시 94.4% 확대되었다. 수출입 총액의 확대 상승폭이 2000년대부터 다소 축소된 것은 2010년 및 2011년 이후 중국의 수출입 증가세가 둔화되고 있기 때문이다. 1990년대 후반 수출입총액의 평균이 193.3십억 달러이며, 2015년 수출입총액은 2,669.3십억 달러로 약 20년에 걸쳐 중국과 일대일로 참여국가의 수출입 총액은 약 1,280%이상 증가되어온 것을 확인할 수 있다. 다음으로 중국의 일대일로 참여국가 그룹에 대한 수출입비중을 살펴보면, 평균적으로 약 63.4%내외의 매우 높은 비중을 보이고 있다. 2015년 기준으로 수출

비중은 수입비중보다 높지만 전반적으로 수출과 수입에 대한 비중에
는 큰 차이가 없으며, 2010년대 전반기에 수출입비중이 가장 높게
나타났다. 일대일로 국가그룹에 대한 수출입비중 및 무역의존도
(DDS)를 앞서 <표 10>의 대륙 단위와 비교하면, 2015년 일대일로 그룹
에 대한 수출입비중(SEI)은 62.05%으로 아시아(52.85%), 유럽(18.02%),
북미(14.19%)에 대한 비중보다 크며, 일대일로 그룹에 대한 무역의존
도(DDS) 또한 23.78%로 아시아(20.3%), 유럽(6.9%), 북미(5.4%)에 대한
무역의존도를 상회하고 있는 것을 확인할 수 있다.

표 11. Changes in DDS of BR countries

Total Exports and Imports				(US$Billions)	
Year	95-99	00-04	05-09	10-14	2015
Exports	104.1	222.6	727.6	1,356.6	1,528.0
Imports	89.2	222.3	587.6	1,200.2	1,141.3
Total	193.3	444.9	1,315.2	2,556.7	2,669.3
SEI				(%)	
Year	95-99	00-04	05-09	10-14	2015
Exports	58.64	59.44	65.19	67.78	65.24
Imports	61.49	63.96	64.64	69.87	58.25
Total	59.92	61.61	64.94	68.75	62.05
DDS				(%)	
Year	95-99	00-04	05-09	10-14	2015
Exports	11.08	14.50	19.79	16.02	13.61
Imports	9.49	14.48	15.98	14.18	10.17
Total	20.57	28.99	35.78	30.20	23.78

Source: IMF(International Monetary Fund), NBS(National Bureau of the People's Republic
of China)

Note: (1) BR: Participation countries in the Belt and Road Initiative (2) SEI(Share of Total
Exports and Imports) = (Exports and Imports with Specific countires/Total Exports
and Imports of China)×100(%) (3) DDS(Degree of Dependence on trade with specific
country) = {(Total exports + imports to/from specific countries or regions)/GDP of
China}×100

5 결론

중국은 중속성장시대에 진입했으며, 중국 경제를 견인한 대외무역이 2010-12년부터 하락세를 보이고 있다. 중국은 대내외적 어려움과 새로운 성장 동력에 대한 필요 등으로 2013년 일대일로 사업을 제안하게 되었다. 일대일로는 표면적으로 볼 때 많은 국가를 대상으로 하는 국제 물류인프라 사업이지만, 2049년까지 향후 30년 이상 진행이 계획되어있는 중국의 전략사업이며, 일대일로 사업 추진을 통해 중국의 아시아 및 세계 경제에 대한 영향력이 더욱 강화될 것으로 예상되고 있다. 일대일로 사업이 시작되고 있는 현 시점에서 중국과 일대일로 참여국가에 대한 무역의존성 분석은 일대일로 사업의 추진배경 및 중국을 둘러싼 주요 국가의 무역 관계에 대한 종합적 이해, 향후 사업방향 예측과 대응방안 수립 등의 관점에서 의의를 가질 것으로 보인다.

본 연구는 국가 간 수출입비중과 보편적으로 사용되는 무역의존도(Degree of Dependence on foreign trade)를 활용했으며, 단방향의 의존성이 아닌 중국과 주요 국가의 양방향 의존성을 파악했다. 먼저, 주요 국가의 중국에 대한 의존성 검토에서는 수출입 규모가 큰 상위 30위 국가 중 미국과 일본을 제외한 모든 국가가 일대일로 사업에 참여하고 있는 것을 확인했으며, 개별 국가의 GDP에서 중국 무역의 영향력을 나타내는 중국 무역의존도(DDC, Degree of Dependence on trade with China)가 2015년 기준으로 15%를 넘어서는 34개 국가를 확인했다. 또한, 중국의 대외 국가에 대한 무역의존성 검토에서 90년대 후반부터 2000년대 초반까지 미국, 일본, 유럽 등의 수출입비중이 높았으나 점차 비중이 낮아지는 추세이며, 이라크 등 중동지역과 아프리카, 남미 등 기타 지역에 대한 비중이 확대되고 있는 것을 확인했다. 또한, 중국은 일대일로 참여 국가그룹에 대해서 약 63.4% 내외의 높은 수출입비중과 GDP대비 20-30% 수준의 무역의존도를 보였다. 본 연구는 중국의 관점에 중점을 두고, 단방향이 아닌 양방향의 무역의존성을 분석했다는 점에서 연구의 차별성이 있으며, 중국과의 수출입 규모를 토대로 개별 국가의 수출입비중과 무역의존도를 확인하고, 일대일로 국가그룹을 분류해서 중국 수출입에서 일대일로 참여 국가의 특징을 확인했으며, 일대일로 개별 국가 및 그룹에 대한 연도별 추이를 파악하여 종합적인 분석을 시도하고 특징을 제시했다는 점에서 연구의 의의가 있다.

대규모 물류인프라 구축사업은 다자개발은행(MDB)을 중심으로 많이 진행되는데, 유라시아 지역을 대상으로 하는 기존의 대표적 MDB인 IBRD(국제부흥개발은행), IMF(국제통화기금), ADB(아시아개발은행) 등의 공식적 사업 추진 목적은 '개도국에 대한 빈곤경감, 거시적 경제안정' 등이다. 하지만 중국의 AIIB는 '중국과 유라시아 주요국가의 물류 연결성 증대'를 방향으로 산정하기 때문에 IBRD, IMF, ADB 등의 사업과 근본적인 차이를 갖고 있다. 중국의 일대일로는 이타적으로 아시아 국가를 지원하는 것이 아니라 인프라 구축을 통해 상호간 원원 구조를 만들자는 발전 구상이다. 따라서, 일대일로 사업 구상 및 추진 배경에는 중국의 필요와 개별 국가의 이익이 병행되어야 하는 특징이 있다. 또한, 본 연구의 분석을 통해 중국 의존도가 높은 국가의 상당수가 낮은 경제총량을 보이고 있는 것을 확인했다. 경제 총량이 낮고 개발이 진행 중인 개도국에서 무역 의존도가 특정 국가에 집중되면 해당 국가위주로 시스템이 조성되고 해당 국가에 대한 의존도가 고착화될 수 있는 가능성이 커질 수 있

다. 이런 관점에서 일대일로 사업이 향후 구체화 되어갈수록 일대일
로에 참여 하고 있는 국가에 대한 분석에는 개별 국가관점에서의 접
근과 동시에 본 연구에서 시도한 바와 같이 그룹 형태의 통합화된
접근이 필요할 것으로 보인다. 일대일로에 참여 하고 있는 많은 국
가들의 무역 규모가 크지 않기 때문에 중국의 경제총량에 대한 기여
도가 미비하지만, 일대일로 참여 국가를 그룹 관점에서 보면, 중국
무역에서의 비중이 60% 이상으로 매우 크며, 중국 전체 GDP에서도
20-30%를 차지하고 있기 때문이다.

본 연구의 한계는 연도별 대중국 수출입총액과 세계 수출입총액
을 통해 국가 및 그룹 단위의 무역의존도에 대한 전반적인 흐름을
파악했다는 점에서 의의가 있지만 수출입 총액 및 GDP자료에 근거
한 비중 및 무역의존도 도출에 한정했기 때문에 국가별 수출입 품목
의 변화 등 세분화된 내용을 다루지 못했다. 또한, IMF와 NBS의 통
계는 기관별 조사 방식 등의 차이로 동일한 조사에서도 크고 작은
차이를 보이고 있는데 두 기관의 자료를 합산하여 분석을 진행했기
때문에 본 분석의 결과 값에는 이에 따른 미비한 오류가 포함되었을
것으로 보인다. 또한, 중국과 일대일로 참여 국가 전체에 대한 상호
간 무역 의존성 검토를 시도했지만, 개별 국가에 대한 영향력 변화
를 깊이 있기 다루지 못했고, 이에 따른 정책적 대응방안 등을 제시
하지 못했다. 향후 연구에서는 개별 국가단위로 대 중국 품목별 수
출입을 포함하면 연구 결과에 대한 활용성을 더욱 높일 수 있을 것
이며, 일대일로 사업이 국제 물류인프라 구축사업인 것을 감안할 때,
일대일로 주요 국가와 특정 지역에 대한 육상, 해상, 항공 인프라 현
황 및 구축계획과 그에 따른 수출입 무역의 변동 등에 대해서도 향
후 추가적인 연구가 필요할 것으로 보인다. 마지막으로 일대일로 사

업은 이제 시작되고 있기 때문에 본 연구에서 진행한 95년부터 2015년까지의 분석에서는 일대일로 사업 추진에 따른 영향이 아직 반영되었다고 보기 힘들 것이며, 일대일로 국가 그룹과 중국 간에 구축되어온 수출입 무역관계를 설명해준다고 볼 수 있다. 일대일로 사업은 참여 국가들 간의 인프라 연계성 확충이 사업의 목표이고 참여 국가 간 윈윈 구조가 성립되어 있다. 이 때문에 중국의 독주와 자국 중심적 개발 추진 등에 대한 우려 속에서도 개별 국가는 해당 국가가 얻게 되는 직접적인 이익에 따라 사업에 참여하고, 이에 따라 중국의 지역 내 영향력 확대 및 일대일로 사업의 구체화는 큰 틀에서 지속될 것으로 예상될 수 있다. 하지만, 70여 개 이상의 국가가 참여하는 사업인 만큼 추진 과정에서 미국, 러시아, 일본, 인도 등 강대국의 견제와 중국과 사업 참여 국가 간의 이슈 등 다양한 변수가 개입될 수 있으며, 따라서 일대일로 사업이 진행되는 과정에서 중국의 지역 내 영향력 변화 및 중국과 주요 국가의 상호간 무역관계 등 지속적인 연구가 필요할 것이다.

참고문헌

Korea international trade association, "China's trade structure and implications (2000-2015)", p.5, 2016.

Korea trade investment promotion agency, "China's imports and exports, Korea's imports and exports to China and its implications," p.6, 2015.

S. K. Kwon, "Legal Issues and Policy Implications of Electronic Commerce Chapters of the Korea · China FTA", Journal of Digital Convergence, Vol.13, No.10, pp.9-17, 2015.

Y. S. Choo, "The Prospect of the China's 'One Belt, One Road' Strategy in

Southeast Asia", Journal of International Relations, Vol.18, No.2, pp.169-190, 2015.

L. Bonatti, A. Fracasso, "Regime switches in the Sino-American co-dependency: Growth and structural change in China", Structural Change and Economic Dynamics, Vol. 25, pp.1-32, 2013.

S. I. Choi and J. H. Cho, "An Analysis on Taiwanese Trade after ECFA", Journal of Ocean Development, Vol.25, pp.111-129, 2016.

S. O. Han, "An Analysis on the Realities and Features in North Korea's Degree of Dependence upon Chinese Trade since the 1990s: In Connection with the Implication and Problem Awaiting Solution to Establish a Korean Peninsula Economic Community", The Journal of Peace Studies, Vol.16, No.4, pp.111-141, 2015.

Y. Y. Kim, "Expanding economic influence of China, North Korea and South Korea's Challenges", Journal of Policy Sciences, Vol.20, No.2, pp.24-55, 2010.

H. B. Lee and D. Y. Oh, "Changes in the Industrial Linkage and Trade Dependency between Korea, China and Japan", The Journal of Korean Association of Modern Japanology, Vol.40, pp.463-476, 2014.

C. p. Bown and R. McCUlloch, "U.S.-Japan and U.S.-China trade conflict: Export growth, reciprocity, and the international trading system", Journal of Asian Economics, Vol.20, pp.669-687, 2009.

T. W. Chung, "A Study on Trade Structure Analysis between Korea and GCC(Gulf Cooperation Council) Countries", Journal of Digital Convergence, Vol.14, No.11, pp.135-142, 2016.

X. Jin, D. D. Li, S. Y. Wu, "How will China shape the world economy?", China Economic Review, Vol.40, pp.272-280, 2016.

W. J. Kim, "The Impact of China on Indonesian Economy", The Journal of Northeast Asian Economics Studies, Vol.26, No.3, pp.1-36, 2014.

S. Peyrouse, "Discussing China: Sinophilia and sinophobia in Central Asia", Journal of Eurasian Studies, Vol.7, pp.14-23, 2016.

J. Y. Shin, "The arrival of the new normal era in China and its economic strategic change against Central Asia", The Review of Eurasian Studies,

Vol.13, No.4, pp.15-32, 2016.

I. H. Song and G. Y. Lee(2012), "A Study of Chinese Peaceful Rise and East Asian Regional Cooperation", International Commerce and Information Review, Vol.14, No.3, pp.75-96, 2012.

B. Vahalik, "Regional Bilateral Trade Analysis of the European Union, China and ASEAN", Procedia Economics and Finance, Vol.12, pp.709-717, 2014.

S. Mcdonald, S. Robinson, K. Therfelder, "Asian Growth and Trade Poles: India, China, and East and Southeast Asia", World Development, Vol.36, No.2, pp.210-234, 2007.

Vianna, "The impact of exports to China on Latin American growth", Journal of Asian Economics, Vol.47, pp.58-66, 2016.

"Trade of Goods, Values of Exports/imports, FOB", International Monetary Fund, www.imf.org, July 1. 2017.

"11-6. Value of Imports and Exports by Country of Origin/Destination", National Bureau of the People's Republic of China, www.stats.gov.cn, July 1. 2017.

중국의 북극항로 개발사업, 일도—道의 특징과 시사점

송민근

1 서론

    지구 온난화는 전 세계적인 기후의 변화 및 그로 인한 생태계 변화, 이상 기온, 자연 재해 등을 야기하고 있으며, 이는 통상적으로 인류에 있어서 심각한 위기로 간주되어 왔다. 하지만, 북극의 빙하가 녹으면서 국제통상 및 물류의 관점에서 볼 때, 새로운 물류 경로 및 에너지 자원 개발이라는 기회가 생기게 되었으며 이렇듯 위기와 편익이 동시에 나타나는 현상이 최근 '북극의 역설(The Arctic Paradox)'로 표현되고 있다. 미국 지질조사국(USGS, United States Geological Survey)은 세계 자원의 약 22%가 북극해에 매장되어있을 것이라고 언급한 바 있으며, 아시아와 유럽 간 주요 물류 경로인 수에즈 운하경로와 북극항로를 비교하면 이론적으로, 약 8,000km의 거리와 약 10일 내외의 항해일수 단축이 기대되고 있다. 막대한 자원 개발의 기회와 유럽 및 북미지역과 아시아를 연결할 수 있는 새로운 항로의 가능성 등이 주목받게 되면서, 북극항로는 국가 간 이권 및

---

* 이 글은 기존에 발표된 논문 「중국의 북극항로 개발사업, 일도(一道)의 특징과 시사점」(『디지털융복합연구』 제16권, 2018)을 수정·보완한 것이다.

글로벌 경제의 주요 이슈로 등장하게 되었다. 1959년 남극조약(Antarctic Treaty)에 따라 남극에서는 2048년까지 영유권 분쟁과 자원 개발 등이 금지되어있지만, 북극에는 남극과 같은 국제조약이 없으며 1994년 발효된 UN해양법의 일반적 규정과 북극이사회 등 협의체에 의해 관리되어 왔다. 북극지역에서는 연안 국가 간 영유권 분쟁이 있어왔으며, 국가 간 경쟁 국면은 항로 이용, 자원 및 항만 개발 등과 맞물려 협력 국가에 이르기까지 큰 폭으로 확대되어 왔다. 그리고 중국은 지난 2017년 6월 20일, 중국의 국가발전개혁위원회(NDRC, National Development and Reform Commission) 등을 통해 일대일로(BRI, The Belt and Road Initiative) 사업에 북극항로를 포함했다. 본 연구는 북극항로의 경쟁력이 부각되고 일대일로 사업 편입에 따라 국제사회의 관심이 집중되고 있는 시점에서, 북극항로의 주요 특징을 검토하고 중국의 북극항로 개발과 일대일로 편입관련 기대효과 등을 분석하여 시사점을 제시하는 것을 연구의 목적으로 하였다.

2 선행연구

2.1 북극항로 및 일대일로에 관한 선행연구

북극항로(北極航路)는 유럽과 북미 대륙을 연결하는 캐나다 해역의 북서항로와 아시아와 유럽 지역을 연결하는 러시아 해역의 북동항로로 크게 구분될 수 있다. 북극항로에 대한 선행연구로는 기존 항로들과의 비교를 통해 북극항로의 경쟁력을 검증하기 위한 연구가 많이 진행되었으며, 비교 대상으로는 수에즈 운하 경로가 매우 큰 비중을 차지했다. Liu and Kronbak(2010)은 날씨에 따른 항해속력 변화 및 월별 평균속력 등을 분석했으며, 날씨 등 조건이 부합될 경우에 북극항로가 수에즈 운하 대비 경쟁력이 있다고 언급했다. Verny and Grigentin(2009)은 수에즈 운하, 시베리아 열차, 북극항로 중 수에즈 항로의 비용 경쟁력이 가장 크고, 시베리아 열차와 북극항로는 대체 경로로 활용될 수 있다고 언급했다. Lee et al(2011)은 항로 이용으로 거리 단축이 가능한 국가를 제시했으며, 수에즈 경로의 비용 경쟁력을 가장 높게 평가했다. Somanathan et al.(2009)은 북극(북서)항로와 파나마운하 경로를 비교했으며, 해빙이 진행될수록 북극항로는 연료비 및 항해 기간의 측면에서 경쟁력이 커질 것으로 전망되지만, 북극항로에는 여전히 많은 불확실성이 있다고 강조했다. 또한, 북극항로에 관한 선행 연구에서 항로의 경쟁력에 영향을 미치는 핵심 변수(Key factor)로 Liu and Kronbak(2010)은 쇄빙선 이용료, 항해기간, 벙커유 가격 등을 제시했으며, 쇄빙선 비용이 감소할수록 북극항로의 경쟁력이 강화되겠지만, 현재 수준의 쇄빙선 가격에서는 벙커유 가격 등과 관계없이 북극항로가 경쟁력을 갖추지 못할 것이라고 강조했다. Yun(2014)은 쇄빙선 이용료, 항만 사용료, 도선료를, Baek et al(2016)도 쇄빙선 이용료 등 러시아의 통행료를 주요 변수로 언급했다. 북극항로 관련 종합 연구로는 INSROP(International Northern Sea Route Program, 북극항로프로그램)가 93년부터 99년까지 약 6년 간 진행되었고 노르웨이, 일본, 러시아의 협력을 기반으로 총 14개국 450여 명의 학자가 북극항로의 자연조건과 환경 요인, 무역조건, 정치 및 법적 요인 등에 관한 연구를 수행한 바 있다.

일대일로에 관한 연구로 Chhibber(2015)는 중국이 중앙아시아 및 남중국해 문제, 주요 국가의 견제와 마찰 등 갈등 요소를 마주하고 있지만, 일대일로는 투자, 무역, 고용 등 중국과 주변 국가에 큰 기회를 제공할 것이며 이에 따라 인도 등 주요 국가들이 중국과 경쟁 및 협력관계를 지속할 것이라고 전망했다. Cooley(2016)는 일대일로 사업을 통해 중국이 주변 국가와 우호적 협력 관계를 형성하면서 중국의 과잉 생산, 경기 침체 등을 해결하고 있으며, 대규모 인프라 구축 프로젝트가 국제 정세 안정과 함께 새로운 기회를 가져올 수 있을 것이라고 언급했다. Song(2016)은 일대일로의 연구 경향을 파악하기 위해서 2016년 기준 일대일로와 관련한 총 341개 중국 논문에서 제시된 약 1,099개의 키워드에 대한 사회 네트워크 분석을 진행한 바 있으며, 분석의 결과 중국의 일대일로 연구는 무역과 물류, 산업 그리고 금융, 경제, 외교, 문화의 순서로 높은 연구 비중을 보였고, 지역 키워드에서 중국, 아시아, 인도, 아세안, 러시아, 유럽 등이 높은 순위를 보였으며, 한국은 키워드 중 313위로 나타나서 중국에서 진행된 일대일로 관련 연구(2013-2016년)에서 한국이 상대적으로 낮은 중요도를 보이고 있음을 확인했다. Choo(2015)는 동남아시아에서의 일대일로 사업을 전망을 분석했으며, Lee(2017)는 일대일로 주요 예상 노선에 위치한 내륙항의 현황을 분석했고, 한국 기업은 일대일로를 통해 중국 물류산업 진출 및 수출입 물류 효율성 개선 기회를 모색해야할 것이라고 언급했다.

2.2 연구의 차별성

북극항로에 관한 선행 연구를 살펴보면, 많은 연구가 기존 운송경로와의 비교를 통해 운송기간 및 비용 등에서 경쟁력을 검증하는데 초점을 두었다. 경제학적 관점에서 운송기간과 비용 등은 북극항로를 분석함에 있어서 중요한 기준일 것임에 분명하다. 하지만, 해빙이 진행됨에 따라 북극항로의 개발 및 운항 환경은 빠르게 개선되고 있으며 주요 국가의 물류 네트워크 개발은 경제학적 측면 뿐 아니라 정치, 외교, 에너지 안보 등 다양한 요인이 종합되어 추진되는 특징이 있다. 특히, 중국이 북극항로를 일대일로 사업에 포함하면서 북극항로에 대한 분석에서는 국가관계 등 수치로 계산하기 어려운 정성적 측면이 보다 종합적으로 검토되어야할 필요가 있을 것으로 보인다. 본 연구는 북극항로에 대한 SWOT분석으로 선행 연구 등을 통해 분석되어온 북극항로의 강점, 약점, 기회, 위기를 구분하여 종합하고, 일대일로의 사업 특징을 기반으로 북극항로가 일대일로에 포함되면서 변화될 수 있는 기회와 위기를 검토하여 시사점을 제시하고자 했다. 북극항로 및 일대일로의 개별적 연구는 많이 진행되어왔으나 일대일로와 연계된 북극항로에 관한 연구는 거의 진행된 바 없으며, 본 연구는 북극항로의 전반적인 특징과 함께 중국 일대일로 편입에 따른 변화 등 통합적 분석을 시도했다는 관점에서 연구의 의의 및 기존 연구와의 차별성이 있다.

③ 분석대상 및 연구방법

3.1 분석대상

국제해사기구(IMO, International Maritime Organization)는 2002년 북극해 지역에 대한 운항선박지침(Guidelines for Ships Operating in Arctic Ice covered Waters)을 발표한 바 있으며, IMO 기준에서 북극해는 그린란드 인근의 북위 67°03'9"(67degrees, 3.9minutes north latitude)

이상, 배링해의 북위 60°(60degrees north latitude)이상의 지역에 해당되는 바다로 규정되어 있다.

<그림 1>은 북극해에서 운용될 수 있는 주요 항로를 보여준다. Ragner(2008)는 북극항로를 러시아 시베리아 해안을 따라 형성되어 있는 북동항로(Northern East Sea Route)와 미국 알래스카, 캐나다와 그린란드를 통과하는 북서항로(Northern West Sea Passage)로 구분하고, 북동항로와 북극항로를 혼용해서 사용했으며, Song(2012)은 북극항로를 북서항로(NWP, Northwest Passage), 북동항로(NEP, Northeast Passage)로 구분하고 북동항로 중 러시아의 베링해협(Bering)에서 카라(Kara Gate)까지의 구간을 북극항로(NSR, Northern Sea Route)로 설명했다. 또한, 연구자는 기존 연구의 대부분이 북극해 경로에 대해 구분 없이 북극항로(NSR)라는 명칭을 사용하고 있다고 설명하며,

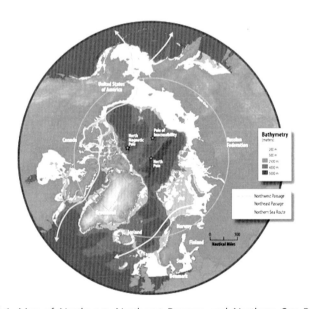

그림 1. Map of Northwest, Northeast Passage and Northern Sea Route

북서·북동항로 등을 북극항로(NSR)로 통일하여 사용했다. 이와 같이 기존 연구자들의 명칭 사용과 일대일로에 포함된 경로가 북동항로인 것 등을 감안하여 본 연구에서 구분이 필요할 경우 '북동항로', '북서항로'를 명시하고 별도 표기가 없는 경우, 북극항로는 북동항로를 의미한다.

3.2 연구방법

SWOT분석은 <그림 2>와 같이 표현될 수 있으며, 사업 환경, 정책 추진 등과 관련된 내부적, 외부적 요인을 종합적으로 분석해서 강점, 약점, 기회, 위협요인을 구분하고, 이를 통해 전략을 수립하는 연구기법이다.

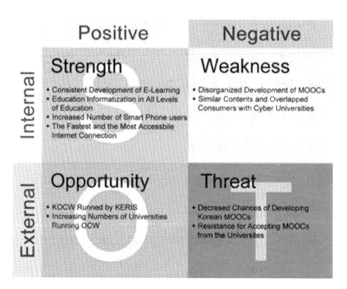

그림 2. SWOT Analysis

SWOT분석은 비즈니스 환경에서 폭 넓게 활용되고 있으며, 내부요인과 외부요인을 조합, SO(강점과 기회), WO(약점과 기회), ST(강점과 위협), WT(약점과 위협)의 4가지 영역 등으로 세부 전략이 검토될 수 있다. SWOT분석은 기업의 시장진출을 위한 사업 분석뿐 아니라 교육, 스포츠, 디자인, 인력양성, FTA 등 다양한 분야에서 정책 검토를 위한 기초연구로 활용되고 있다. 본 연구는 이러한 방식을 분석과정에 활용하여, 북극항로 전반에 대한 SWOT을 분석하고 일대일로 사업 편입에 따른 기회와 위협요인을 살피며, 북극항로와 일대일로의 사업 관점 및 한국 관점에서의 특징과 시사점을 모색하고자 한다.

４ 북극항로의 특징

4.1 북극해 에너지 자원과 해양 영유권 마찰

서론에서 언급한 바와 같이 북극에는 남극조약(Antarctic Treaty)과 같은 포괄적 규범이 없지만 북극지역 대부분이 바다로 구성되어 UN의 해양법 협약(UNCLOS, United Nations Convention on the Law of the Sea)이 적용되어 대부분의 문제들이 자연스럽게 해결되어왔다. 하지만, 2008년 여름부터 쇄빙선의 도움이 없이 항해가 가능할 정도로 북극항로의 해빙면적이 넓어졌고 약 2020년 이후 자유 항해에 대한 전망이 제시되는 등 항로 이용의 가능성이 커지게 되었고, 과거에는 시추장비 및 유전시설이 빙하의 압력을 견디지 못해서 자원 개발에 어려움이 있었으나 빙하가 녹으면서 석유, 천연가스 등 자원개발 가능성이 매우 커지고 있다. 2008년 7월 23일 미국 지질조사국(USGS, United States Geological Survey)의 발표에 따르면, 북극에는 세계 석유 매장량의 약 15%(900억 배럴), 세계 천연가스의 약 30%(47조m³), 액화 천연가스의 약 20%(440억 배럴) 등 세계 자원의 약 22%상당이 매장되어있는 것으로 추정되고 있으며, 다른 자원을 제외하고 원유 및 천연가스만 추산해도 북극해에 묻힌 자원가치는 약 172조 달러(원화 약 20경)에 달한다. 이 때문에 많은 국가들이 북극해의 자원 개발에 뛰어드는 콜드러시(Cold Rush) 현상이 나타나고 있으며, 북극해 자원을 둘러싼 개발 및 영유권을 두고 연안국가의 마찰과 경쟁이 심화되고 있다. <그림 3>은 2014년 11월 The Economist에 소개된 지도로 북극 연근해 국가들이 주장하는 영유권의 대략적 범위를 나타내고 있다.

북극해의 약 82%이상은 러시아, 캐나다, 노르웨이, 덴마크, 미국 등 연안국가의 영해 및 배타적 경제수역(EEZ, Exclusive Economic Zone)

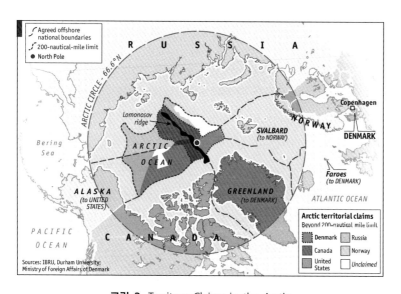

그림 3. Territory Claims in the Arctic

에 포함되어있으며, UN 해양법 협약에 따라 개별 국가는 12해리의 영해와 200해리의 EEZ를 선포할 수 있고, EEZ 범위 내 대륙붕의 권한을 갖게 된다. 하지만 UN해양법 제72조에는 최대 350해리까지 대륙붕을 확장할 수 있다는 규정이 있고, 이로 인하여 200해리를 초과하는 해역에서 크고 작은 분쟁이 발생하고 있다. 대륙붕 분쟁에 대해 개별 국가는 UN 대륙붕한계위원회(CLCS, Commission on the Limits of the Continental Shelf)에 자료를 제출하고, CLCS 권고를 기반으로 연안국들이 합의하면 최종적으로 구속력을 갖게 된다. 미국 - 러시아(베링해, Bering), 러시아 - 노르웨이(바렌츠해, Barents), 캐나다 - 덴마크(배핀만, Baffin), 덴마크 - 노르웨이 등은 양자협약에 따라 해양경계를 확정지은 바 있지만 협약이 체결되지 않은 지역에서는 여전히 국가 간 영유권 마찰이 진행 중에 있는 것이다.

4.2 북극항로 이용관련 실질적 규정과 절차

북극항로의 핵심 경로인 러시아 인근 해역에 관하여 러시아는 안보상 사유로 외국 선박의 항로이용을 금지해왔으나, 1987년 고르바초프의 개혁개방(Murmansk Initiative) 이후, 1991년 북극항로 항해규칙(Regulations for Navigation on the Seaways of the Northern Sea Route)이 승인되고 외국 선박의 상업적 운항이 허용되기 시작했다.

<그림 4>는 2017년 1월 Soviet Times에 게재된 북극항로의 세부경로이다. 지도에 나타난 북극항로 경로의 대부분이 러시아인근 해역에 해당되는 것을 확인할 수 있으며, 북극항로 해당 구간을 통과하고자 하는 선박은 러시아의 법과 절차를 준수해야한다. 러시아의 북극항로 항해규칙(Regulations for Navigation on the Seaways of the

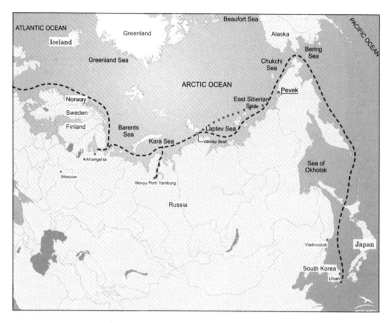

그림 4. Map of Northern Sea Route(NSR)

Northern Sea Route)에는 '모든 선박에 빙해지역 항해사가 한 명 이상 승선해야하며, 선박과 장비 등이 극지환경에 적합하게 설계되어야하고, 항로를 이용하는 모든 선박은 러시아 해양운행본부에 사전 통지를 해야 하며, 환경오염에 관한 재무보증서를 비치해야한다' 등의 지침이 명시되어 있다. 선박 관련 세부 내용을 보면, 러시아 선박등록협회(Russian Maritime Register for Shipping)는 러시아의 내빙선에 대한 기준(ice classification)을 충족하는 선박의 독립 운항(independent navigation)을 허용하며, 기준에 충족되지 못하면 쇄빙선의 지원을 받아야 한다고 규정하고 있다. 또한, 북극항로 이용을 희망하는 선박은 선주가 최소 4개월 이전에 러시아 북극해항로 관리기구(NSRA)에 선박 및 항해 정보에 관한 서류 제출 및 승인을 받아야하며, 선박 검사를 통해 운항허가서를 받고, 해양운송 운영본부(Marine Operation Headquarter)가 최종적으로 결정한 항해 일정과 항로를 따르게 된다. 북극항로를 이용하기 위해서는 러시아의 실질적 규정과 절차를 준수해야하며 수로 및 정보 이용료, 통신 서비스 이용료 및 쇄빙선 이용료 등의 통행료를 러시아에 지불해야한다.

4.3 북극항로의 SWOT

중국 국영 해운사인 코스코(COSCO)는 2013년 8월에 세계 최초로 컨테이너 상선의 북극항로 운항을 성공적으로 진행했다. <그림 5>는 WSJ(Wall Street Journal)이 경로를 구현한 지도이며, 코스코 용성(永盛, Yong Sheng)호가 중국 다롄항에서 네덜란드 로테르담까지 운

그림 5. Map of Northern Sea Route(NSR) and Suez Canal Route

항하는 북극항로 경로와 기존 수에즈 항로를 비교하고 있다.

　<그림 5>에서 북극항로 운항기간이 35일로 표기되어있으나 이것은 당초 계획이었으며 실제로는 하루가 단축된 34일이 소요된 바 있다. 새로운 운송경로 개발에는 많은 비용과 시간이 소요되며, 시행착오 최소화 및 전략적인 대응을 위해서는 사업 환경에 대한 종합적이고 면밀한 분석이 필요할 것이다. <표 1>은 기존 정부 발표, 학계 보고서, 언론 등을 통해 제시되어온 북극항로의 강점, 약점, 기회, 위기 중 대표적인 요인을 정리한 것이다.

표 1. Northern Sea Route SWOT Analysis

	Positive	Negative
	Strength	Weakness
Internal	S1. Resources	W1. Uncertainty
	S2. Distance	(Season, Weather, Ice, Time)
	S3. Time	W2. Infrastructure
	S4. Cost	(Port, Information, System)
	S5. New Route	W3. Cost
	Opportunity	Threat
External	O1. Global Warming	T1. Financing
	O2. Cold Rush	T2. Excessive competition
	O3. Governance	(Absence of Governance)
	O4. Undeveloped Area	T3. Environmental protection

　북극항로의 강점으로 석유, 천연가스의 엄청난 경제적 가치 외에도 광물자원이 매우 풍부한 것으로 조사되고 있으며, 북극항로의 상업적 활성화에는 다소 시간이 소요될 것으로 보이지만, 천연자원은 개발 직후 아시아 및 유럽으로 운송될 수 있기 때문에 많은 수요가 예상되고 있다. 한편, UN의 식량농업기구(FAO, Food and Agriculture Organization of the United Nations)는 북극해 어장이 발달되고 있으

며, 2020년경에는 세계 수산물 생산량의 약 37%이상을 차지할 것이라고 전망하기도 했다. 또한, 거리, 시간, 비용 등이 북극항로의 대표적 강점으로 거론되고 있으며, 계절 등 제한된 조건 아래에서 시간 및 비용의 절감 효과를 기대할 수 있기 때문에 시간과 비용은 북극항로의 잠재력으로 간주될 수 있을 것이다. 또한, 북극항로는 새로운 물류 경로이기 때문에 기존 물류 경로에 대한 대체항로의 역할뿐 아니라 정치적으로 불안정한 중동 및 해적 출몰 지역 등을 피할 수 있다는 특징이 있다.

북극항로의 대표적 단점으로 불확실성을 들 수 있다. 북극항로 이용은 아직 여름에 한정되어있으며, 불확실한 기후와 빙하에 영향을 받게 되고, 이는 비용의 증가 및 납기 지연과 연결되어진다. 북극항로에는 급유, 선박 수리, 선원 휴식 등에 필요한 항만 시설이 충분히 개발되어있지 않으며, 정보 공유, 사고 대처 등의 시스템 인프라도 크게 부족하다. 고가의 통행료와 높은 보험료 등으로 북극항로의 경제성은 낮게 평가되고 있으며, Verny & Grigentin(2009)은 북극항로에서 수에즈항로대비 약 2배의 비용이 발생한다고 분석한 바 있다.

다음으로 북극항로의 기회로는 개발을 가능하게 해주는 지구 온난화 현상이 있다. 북극 빙하가 빠르게 녹으면서 2020년에는 연중 100일 이상 자유항해가 가능해지고, 2025년 여름철에는 북극에서 완전히 해빙이 사라질 것으로 전망되고 있다. 자원개발 등을 위해 주요 국가가 경쟁적으로 개발을 추진하고 있는 콜드러시(Cold Rush) 현상도 기회로 간주될 수 있으며, 북극이사회(Arctic Council) 등 제한적인 가버넌스(Governance) 체제가 북극써클(Arctic Circle), 북방포럼(Northern Forum), 북극 프론티어(Arctic Frontiers), 북극과학최고회의(Arctic Science Summit Week) 등으로 다원화되고, 민간 및 학계의 네트워크가 강화되는 점도 완정화된 시스템 구축 환경의 측면에서 주요한 기회로 볼 수 있을 것이다.

북극항로의 위기요인으로는 북극해 탐사, 항만 인프라 개발 등에 필요한 막대한 자금 조달을 들 수 있다. 해빙이 충분히 진행되기 전까지 항로의 경제성이 크게 부족하며, 긴 기간 동안 회수될 수 없는 대규모 투자가 진행되어야 하기 때문에 북극해 연안 국가들도 개발에 현실적인 어려움을 겪어왔다. 또한, 북극항로 개발에는 추산하기 어려운 환경적 위험성이 포함되어있다. 세계야생동물기금(World Wildlife Fund)과 그린피스(Green Peace) 등 환경단체는 북극 개발의 전면적 중단을 주장하고 있다.

5 일대일로와 중국의 북극항로 개발

5.1 일대일로 개요 및 현황

일대일로(一帶一路, The Belt and Road Initiative)는 "중국의 꿈(中國夢, China's Dream)"으로 표현된다. 중국은 중속성장이라는 신창타이(新常態, New Normal)시대의 시작과 과잉설비, 인건비 등의 중국 대내적 문제, 미국과 마찰과 중국 위협론 등 대외적 문제에 대한 해결방안과 신성장동력 모색의 관점에서 2013년 일대일로 사업을 제시했다. 일대일로는 중국과 유라시아 주요지역에 물류인프라를 구축하여 해상과 육상 연결성을 극대화하고 유라시아 경제 공동체를 만든다는 구상이며, 중국 정부의 추진계획(5通)에서 볼 수 있듯이 일대일로는 물류(주요 거점별 인프라 신설 및 연결 강화, 에너지

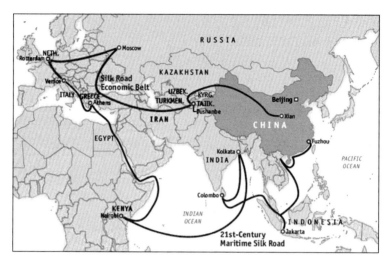

그림 6. Map of the Belt and Road Initiative

운송, 통신 인프라) 뿐 아니라, 정치·외교(국가협력, 지역개발), 무역 활성화, 금융(자금조달), 문화연구(인적교류, 관광, 과학기술)까지 확대 발전되고 있다.

<그림 6>은 중국 언론에 소개된 일대일로의 주요 경로지도이다. 일대일로는 육상 구간과 해상구간으로 구분되며, 육상경로가 실크로드경제벨트(Silk Road Economic Belt)의 약어로 '일대(一帶, One Belt)'를, 해상경로는 21세기 해상실크로드(21st-Century Maritime Silk Road)의 약어로 '일로(一路, One Road)'를 의미한다. 시진핑 주석은 취임 직후인 2013년 4월 보아오(Boao)포럼에서 국가 간 연결성 확대를 강조했으며, 2013년 9월과 10월에 실크로드경제벨트와 21세기 해상실크로드를 제안했다. 2014년 12월 중국경제공작회의에서 일대일로가 중점 추진계획에 포함되었으며, 2015년 국가발전개혁위원회(國家發展和改革委員會, NDRC, National Development and Reform

Commission)에서 장옌성 비서장은 향후 35년 간(2014-2019년) 일대일로가 중국의 기본 대외노선이 될 것이라고 언급한 바 있다. 2015년 5월 '유라시아 상호 연결 산업포럼(亞歐互聯互通産業對話會)'에서 일대일로의 핵심 노선이 되는 6대 경제회랑(Economic Corridor, 經濟走廊)이 발표되었으며, 일대일로의 주요 추진동력인 아시아인 프라투자은행(AIIB, Asia Infrastructure Investment Bank)이 2016년 1월에 57개국의 참여와 함께 출범했고, 2017년 10월 기준에서는 총 80개국으로 참여국가가 확대되는 등 일대일로 사업이 점차 구체화, 가시화되어왔다. 그리고 2017년 6월 20일 중국 국가발전개혁위원회 (NDRC)와 국가해양국(SOA)이 공동으로 발표한 일대일로 해양협력 비전에서 북극항로가 일대일로 사업에 공식적으로 포함되었다.

5.2 중국의 북극항로 개발 및 일대일로 편입

북극해 및 북극항로에 대한 개발은 연안국을 중심으로 개발이 시작되었고, 협력국가로 확대되어왔다. 노르웨이는 2006년 북극 정책 (High North Strategy)을 수립하고, 연안국 중 가장 먼저 대륙붕 한계선을 확정하여 석유 탐사를 시작했으며, 덴마크는 2007년 에너지 정책 수립 및 천연가스 개발을 시작했다. 러시아는 2007년 북극해 심해저에 러시아 국기를 설치하고 영유권을 주장했으며, 2008년 북극 항로 정책(Fundamentals of the state of the Russian Federation in the Arctic up to 2020 and Beyond)을 발표하고 단계별 계획을 추진 중에 있다. 미국도 2009년 북극 정책(Arctic Region Policy Directive)을 발표하고 북서항로 개발 및 대륙붕 연장을 추진하며, 캐나다, 핀란드, 스웨덴 등도 개발을 진행 중에 있다. 북극해 비연안국으로 일본은

1991년 아시아 최초로 북극에 과학기지를 설치하고 러시아, 노르웨이 등과 공동프로젝트를 진행해왔으며, 2010년 외무성에 북극TF를 조직하고, 2011년부터 5년간 연간 약 6억 5천만 엔 규모의 대형 종합 연구 사업을 수행했으며, 국제북극해프로그램(INSROP), 일본 북극해프로그램(JANSROP) 등을 추진하며, 환경, 안보, 자원 및 항로개발 등에 적극적인 모습을 보이고 있다.

중국은 북극연구를 위해 2004년 황하연구소, 2007년 극지과학전략연구기금을 설립했으며, 2013년에 용성호(永盛, Yong Sheng)를 통해 세계최초로 컨테이너선박의 북극항로 시범운항에 성공했다. 중국은 북극에 영유권이 없지만 최근 정부발표 및 연구논문 등에서 중국 스스로를 'Near-Arctic State(近北極國家)'라고 표현하고 있다. 중국은 북극 연안국과 공동프로젝트를 적극적으로 추진하고 있는데, 아이슬란드 및 노르웨이 기업과 함께 공동으로 석유 및 천연가스 개발을 진행하고, 러시아와 야말(Yamal) 액화 천연가스 플랜트 프로젝트 및 아르한겔스크(Arkhangelsk), 무르만스크(Murmansk), 블라디보스토크(Vladivostok) 지역 개발, 그린란드 크바네필드(Kvanefjeld)와 경제성 부족 등으로 개발이 중단되었던 캐나다 처칠항(Port of Churchill) 사

표 2. Blue Economic Passage and Cooperation Priorities

Blue Economic Passage (三大藍色經濟通道)	China-Indian Ocean-Africa-Mediterranean Sea China-Oceania-South Pacific China-Arctic Ocean-Europe
Cooperation Priorities (五條道路)	Green Development Ocean-Based Prosperity Maritime Security Innovative Growth Collaborative Governance

업 등 폭 넓은 지역에서 구체적인 사업을 진행해왔다.

중국 정부는 2017년 6월 일대일로 및 북극항로 개발과 관련한 정책 방향으로 <표 2>와 같이 3대 해양부문 경제협력채널(Blue Economic Passage, 藍色經濟通道)과 5가지 협력 우선순위(Cooperation Priorities, 五條道路)를 제시했다. 3대 해양경로에서 첫 번째는 중국 - 인도양 - 아프리카 - 지중해, 두 번째는 중국 - 오세아니아 - 남태평양 경로이며, 세 번째가 아시아와 유럽을 연결하는 북극항로 구간에 해당된다. 북극항로가 일대일로 사업에 공식적으로 포함되면서 북극항로는 중국 뿐 아니라 일대일로 사업을 관주하고 있는 일대일로 연선국가 및 참여국가에게도 매우 큰 관심의 대상이 되고 있다. 북극항로가 포함된 3대 해양경로와 5대 우선순위 등은 가장 최근에 공식 발표된 중국 일대일로 정책의 방침이며, 향후 중국이 북극항로 관련 사업을 추진할 때, 이를 기본 방향으로 체계화를 진행할 것이므로 그 의미가 크다고 볼 수 있다. <표 3>는 중국정부가 제시한 해양 협력의 5대 우선 순위와 핵심 키워드를 정리한 것이다.

첫 번째는 바다의 녹색개발(Green Development)을 통해 현재와 미래 세대의 복지에 기여한다는 취지를 담고 있으며, 해양 생태계 건강, 생물 다양성 보호, 환경보호, 기후 변화 대응협력, 국제 탄소협력 등이 포함되어있다. 두 번째는 해양기반 번영(Ocean-based prosperity)이며, 개발촉진과 빈곤 퇴치를 기본 방향으로 자원 활용, 산업 협력, 연결성 증진, 운송 촉진, 정보 인프라 및 네트워크 연결성 강화 등을 언급했고, 세 번째는 해상보안(Maritime security)으로 운항보안, 해상수색 및 구조협력, 재해방지, 해상 법 집행의 협력 강화 등을 포함하고 있다. 네 번째는 혁신적 성장(Innovative growth)으로 해양기반 경제의 지속가능한 개발을 위해, 연구 및 기술개발 협력증

진과 협력 플랫폼 구축, 해양교육 등을 포함하고, 다섯 번째는 공동
관리시스템(Collaborative governance)으로 정보교류 및 협력 메커니
즘, 다자간 협력체계 등을 제시하고 있다.

표 3. Cooperation Priorities in Blue Partnership

Priority	Key words
Green Development	Health of the ocean Marine ecosystem, Biodiversity Marine environment Cooperation in addressing climate change International blue carbon cooperation
Ocean-based prosperity	Development and Eradicating poverty Marine resource utilization Marine industry cooperation Maritime connectivity, Transport Information infrastructure and networks Arctic affairs
Maritime security	Maritime navigation security Joint maritime search and rescue missions Jointly enhancing capabilities to prevent and mitigate marine disasters. Maritime law enforcement
Innovative growth	Sustainable development of ocean-based economies. Marine scientific research and technological development. Platforms for marine technology cooperation Smart ocean application platforms Marine education and cultural exchange Joint promotion of ocean related culture
Collaborative governance	High-level dialogue mechanisms Mechanisms for cooperation Strengthening cooperation through multilateral mechanisms Cooperation among think tanks and non-governmental organizations

5.3 북극항로의 일대일로 편입 의의

중국 정부는 2013년 일대일로를 제시했고, 2015년 3월 일대일로와 관련된 육상 및 해상 주요노선을 발표했으며, 2015년 5월에 구체화된 6대 경제회랑(Economic Corridor, 經濟走廊)을 발표했지만, 당시까지 북극항로는 일대일로 경로에 포함되지 않았다. 하지만, 중국은 2017년 북극항로를 일대일로 해양경로에 포함했으며 북극항로는 일대일로에서 큰 비중을 차지할 것으로 예상될 뿐 아니라 일대일로에서 추가 개념으로 발전된 '일도(一道)'라는 새로운 명칭으로도 언급되기 시작했다. 북극항로는 일대일로에서 '일로(一路)'라는 해상경로에 포함되고 북극항로와 육상에서의 연계성도 중-러 협력구간인 '일대(一帶)'의 일부 구간으로 간주될 수 있다. 하지만, 칭화대 국정연구원 원장인 후안강(胡鞍鋼)교수 등 중국 연구자들은 북극항로를 '일도(一道)'로 새롭게 구분하고 있으며, 일대일로 사업이 '일대일로 일도' 등의 명칭으로 확장 발전될 것을 전망하고 있다.

북극항로에는 불확실성과 인프라 부족의 문제가 있고, 북극항로 개발을 위해서는 막대한 개발 자금 조달이 필요하기 때문에 주요 국가들이 북극항로 개발에 어려움을 갖고 있었다. 하지만, 북극항로가 일대일로의 사업으로 포함됨에 따라, 북극항로 개발에 일대일로의 자금 동력이 활용될 수 있는 기회를 얻게 된다. 아시아인프라투자은행(AIIB), 브릭스 신개발은행(NDB BRICS), 실크로드 기금(Silkroad Fund) 등이 북극항로 개발에 투입될 수 있을 것이며, 북극해 연안국 및 협력국가는 일대일로 사업과의 협업을 통해 북극항로 개발에 대한 자금을 확보할 수 있다. 또한, 북극항로 개발이 얻게 되는 기회로 일대일로의 추진 동력을 기대할 수 있다. 일대일로는 중국 최대 규모의 국책사업이며, 세계적으로도 유례가 없는 대규모 국가 간 협력 사업으로 진화되고 있다. 일대일로는 중국 개발정책의 브랜드가 되고 있으며, 북극항로에 대한 중국 정부의 의지가 일대일로 편입으로 가시화되면서, 북극항로에 대한 중국 내부 및 주요 국가의 검토와 사업 추진이 한층 본격화될 것으로 예상될 수 있는 것이다.

5.4 일도(一道)관련 한국의 SWOT

2013년 5월 15일 한국은 중국, 일본, 인도, 싱가포르 등과 함께 북극 이사회(Arctic Council)의 공식 옵서버(Permanent Observer)가 되었고, 2013년 9월 16일 한국의 현대 글로비스는 스웨덴으로부터 내빙구조를 갖춘 스테나 폴라리스(Stena Polaris)호를 용선해서 북극항로(러시아 Ust Luga항~한국 광양항), 약 15,500km거리, 35일 간의 시범운항을 성공적으로 진행했으며, 2015년 7월 17일 CJ대한통운은 'KOREX SPB 2호' 자사 선박을 통해 아랍에미리트(UAE)에서 러시아 야말까지 북극항로의 상업운항을 개시했다. 북극항로를 일대일로에 포함하는 중국의 정책은 한국 관점에서 북극항로 및 일대일로 사업 환경에 변화를 가져올 것이며, <표 1>에 제시된 북극항로의 일반적 특징에 일대일로 편입에 따른 한국 관점의 특징을 추가하면 <표 4>와 같이 정리할 수 있다.

한국 관점에서 북극항로의 가장 큰 강점은 지리적 위치를 들 수 있다. 아시아에서 러시아의 연근해와 직접적으로 이어지는 바다가 한국의 동해이며, 한중일 3국 중에 한국이 가장 훌륭한 지리적 조건을 갖추고 있다. 또한, 조선 및 해양 플랜트 분야에서 세계 최고 수준의 기술을 확보하고 있으며 북극항로에 필수적인 쇄빙선 주요 기

표 4. Northern Sea Route SWOT Analysis from Korea's perspective

		Positive		Negative
		Strength		Weakness
Internal	G[1]	Resources, Distance, Time, Cost, New Route	G	Uncertainty Infrastructure, Cost
	K[2]	Geopolitical Location, Shipbuilding, Plant develop Technology	K	Policy System, Consistency, Driving Force
		Opportunity		Threat
External	G	Global Warming Cold Rush, Governance Undeveloped Area	G	Financing, Excessive competition Environmental protection
	K	Excess to BRI, Cooperation with Sino-Russia	K	China-US Relations Nut Cracker

Note: (1) G: General Perspective (2) K: Korea's Perspective

술과 내빙선 건조관련 주요 기술 또한 보유하고 있다.

한편 북극항로 개발의 문제점으로는 정부 정책추진 시스템 및 일관성, 추진 동력 등을 들 수 있다. 북극지역 개발과 관련된 정부 부처를 보면, 국제협력과 관련되어 외교부, 기초과학 영역과 북극기지는 과학기술정보통신부, 기후변화 및 생태계는 환경부, 북극지역 공간정보는 국토교통부, 해양 극지과학, 수산, 법률 등은 해양수산부, 에너지 개발, 조선, 플랜트, 무역 등 비즈니스 모델은 산업통상자원부 등으로 크게 구분할 수 있다. 2013년 북극정책기본계획과 2015년 북극정책시행계획이 수립되었으며, 북극이사회 활동 등 주요 사안에 대해 관계부처가 합동으로 대응하고 있지만, 북극항로에 대한 정책추진은 영역 간 구분이 어렵거나 중복이 발생하기 쉽기 때문에 TF형태의 사안별 대응에는 정책 일관성과 추진동력에 한계가 있을 것으로 보인다. 국가과학기술정보센터(NDSL, National Discovery for

Science Library)에 등록된 최근 5년간 북극항로에 대한 연구 동향을 보면, 한국이 북극 이사회의 정식 옵서버가 된 2013년에는 북극관련 국내연구가 약 48건, 이듬해인 2014년에는 약 50건이었으나 2015년 과 2016년 각각 38건으로 줄었고, 2017년 10월 기준에는 20건으로 큰 감소폭을 보였다. 북극항로에 대한 국제적 관심이 2013년 이후 큰 폭으로 확대되고 있는 추세와 대비할 때, 북극지역 개발에 대한 국 내의 관심과 추진동력이 매우 부족한 것을 짐작할 수 있다.

다음으로 북극항로 개발에 대한 한국 관점의 기회는 첫 번째로 일 대일로 경로에 대한 접근성 및 사업기회의 확대를 들 수 있다. 그동 안 일대일로의 육상 및 해상 경로에 한국은 포함되지 않았으며, 한 국 정부는 2015년 10월 31일 유라시아 이니셔티브와 일대일로 사업 간 협력을 위한 양해각서를 체결하는 등 협력 기회를 모색했으나 한 국은 중국의 일대일로 협력 대상국의 우선순위에 포함되지 못했다. 하지만, 북극항로가 일대일로에 포함되면서 한국이 일대일로의 공 식 문건에 아직 언급되지는 않았으나, 중국이 구상하는 개발지역 청 사진의 상당수에 한국의 부산 및 울산 등이 일도(一道)의 경로에 명 시되고 있으며, 중국은 한국과의 협력에 매우 적극적 자세를 취할 것으로 예상된다. 두 번째는 중국 및 러시아와의 공고한 협력관계 구축 가능성을 들 수 있다. 북극항로는 러시아의 신동방정책(New East Asia Policy)과 중국 일대일로 정책의 접점으로 볼 수 있으며, 한국이 제시한 유라시아이니셔티브도 이와 연결될 수 있다. 유라시 아 이니셔티브의 물류 네트워크 구상은 육상을 통한 철도 교통망이 큰 비중을 차지하고, 러시아 시베리아횡단철도(TSR, Trans-Siberian Railway) 및 중국횡단철도(TCR, Trans-China Railway)와 한국이 연결 성을 확보하기 위해서는 북한을 통한 한반도종단철도(TKR, Trans-

Korea Railway)의 사업추진이 매우 중요했다. 하지만, 북한의 북핵 이슈 등으로 남북협력 뿐 아니라 북중러 협력사업도 보류되면서 중국 및 러시아와의 협력 사업 기회에도 매우 부정적 영향이 있었다. 하지만, 북극항로는 북한을 통한 육상 경로와 별도로 러시아 및 중국과 직접 연결되는 물류 경로이자, 양 국가가 집중하고 있는 사업이므로 한국의 관점에서 매우 큰 기회로 볼 수 있을 것이다. 2013년 8월 중국 용성호가 북극항로의 시험운항을 진행할 때 부산항에서 선용품을 지급 받았는데, 이와 같이 북극항로 이용 선박이 부산항 등 한국의 주요항만을 이용하면 하역업, 검수, 보관 및 육상 연계운송 등이 발전할 것이며 선박 수리, 급유, 선용품 공급 등 서비스 수요도 증가할 것이다.

북극항로 개발에 대한 위기는 중미관계 등 국가 관계의 마찰과 그에 따른 정치·외교적 입장 결정 문제를 들 수 있다. 아시아인프라투자은행(AIIB) 설립과정에서 미국이 동맹국에게 참여 반대를 강요했던 것과 같이 일대일로 사업에는 언제든 중미 간 대립관계가 개입될 가능성이 있으며, 한국이 북극항로 개발을 위해 중러협력을 강화하는 과정에서 한중관계와 한미관계 중 한쪽을 강요받는 곤란한 입장에 놓일 위험성이 있기 때문에 전략적 외교전략 수립과 체계적 대응이 필요할 것이다. 마지막으로 한국의 조선기술은 세계 최고수준이지만, 북극 극지환경에 대한 기술과 연구는 아직 부족하며 북극권 국가 뿐 아니라 중국, 일본 등 경쟁국가의 기술과 관련하여 넛크래커(Nut-cracker) 위기를 겪을 수 있으므로 쇄빙선, 특수선 건조와 기자재 제작 등 경쟁력을 갖고 있는 분야 등에 종합적 전략을 수립하고 정부 차원의 지속적인 투자와 적극적 지원 등이 필요할 것으로 보인다.

6 결론

지구 온난화가 가져온 북극 빙하의 해빙은 새로운 물류 경로와 에너지 자원 개발 등의 기회를 가져오고 있다. 북극항로의 이용 가능성이 현실적으로 다가오면서 항로 이용, 에너지 자원, 항만 개발 등에 대한 국가 간 경쟁이 심화되고 있으며, 중국은 2017년 6월 북극항로를 일대일로 사업에 포함했다. 본 연구는 북극항로 개발의 내·외부적 요인을 종합적으로 검토할 수 있는 SWOT분석을 활용하여 북극항로 전반에 대한 내용을 분석하고, 일대일로 사업에 편입되면서 북극항로 개발이 얻게 되는 기회요인 등을 살폈으며 한국 관점의 시사점을 제시했다. 북극항로에 대한 국제 사회의 관심이 확대되는 시점에서 본 연구는 북극항로에 대한 이해, 중국의 사업방향 예측과 북극항로 및 일대일로 사업에 대한 종합적 대응방안 수립 등의 관점에서 의의를 가질 것으로 보인다.

북극해에 매장되어있는 자원의 가치는 약 172조 달러(한화 약 20경)으로 추산되고 있으며, 북극항로라는 새로운 항로는 무역 경로 및 에너지 자원수송이라는 중요한 의의를 갖는다. 또한, 북극항로에는 불확실성과 인프라 부족, 높은 비용 등의 약점과 지구 온난화 현상, 콜드러시(Cold Rush), 체계적 거버넌스 확립 가능성 등의 기회와 개발을 위한 막대한 자금조달, 환경적 위험성 등의 위기요인이 있다. 북극항로가 일대일로 사업에 편입되면서 북극항로 개발에 AIIB 등 일대일로 자금동력이 활용될 수 있을 것이며, 일대일로라는 중국 개발정책 사업에 포함됨으로써 중국 중앙 및 지방정부와 주요 협력국가의 북극항로 관련 사업 검토 및 추진이 더욱 확대될 것으로 예상된다. 한국의 관점에서는 한국의 지리적 위치 및 세계 최고수준의 조선 및 해양 플란트 기술이 북극항로 개발에 있어서 큰 강점이며, 단점으로는 정부 정책 추진의 시스템 및 추진동력 부진 등의 문제를 들 수 있다. 기회는 일대일로 경로에 대한 접근성이 생기고, 북극항로를 통해 중국, 러시아와의 상호 간 필요에 따른 사업 기회가 큰 폭으로 확대될 것으로 예상되며, 위기로는 중미관계 등 강대국 마찰에 따른 부정적 영향 등을 생각할 수 있다. 본 연구는 북극항로와 관련되어 기존 연구에서 논의되거나 검토되어온 일반적 특징을 종합하여 SWOT를 정리했으며, 중국이 북극항로를 일대일로에 편입한 현 시점에서 중국의 북극항로 개발경과 및 일대일로의 일도(一道) 사업추진 의의 등을 제시했다는 점에서 기존의 북극항로 연구들과 주요한 차별성이 있다. 또한, 북극항로 및 일대일로 사업을 동시에 고려하여 한국관점에서의 새로운 SWOT를 검토했다는 측면에서도 역시 연구의 차별성과 의의를 찾을 수 있다.

본 연구의 한계는 첫 번째로 국제통상 및 물류학 관점에서 분석을 진행했기 때문에 북극항로 개발의 강점이 주로 부각되고, 위협에 제시된 환경적 측면 등이 크게 고려되지 못했다. 북극항로 개발에 따른 경제적 이득보다 북극의 변화가 초래하는 손실이 매우 클 수 있다는 관점을 감안하면 북극 개발의 부작용 및 위험 요소를 최소화하기 위한 전문적 연구 또한 반드시 병행되어야할 것으로 보인다. 두 번째로 SWOT분석은 특정 사업 및 정책의 전반적인 환경을 종합적으로 파악하는데 유용하지만 정성적 분석에 그치는 한계점을 갖고 있다. 추후 정책적 판단 등을 위해 연구가 구체화되면 전문가를 대상으로 SWOT-AHP분석 등을 진행하여, 구체적인 정책방향이 검토될 수 있을 것이다. 세 번째는 본 연구에서 사용된 '일도(一道)'의 표현 변경 가능성이다. 중국 연구자들이 일도(一道)라는 표현을 사용하고 있으며, '일대일로일도'라는 용어가 등장하고 있으므로 본 연구는 중국의 북극항로 개발을 일도로 표현했다. 일대일로에서 일대(一帶)가 실크로드경제벨트(絲綢之路經濟帶, Silk Road Economic Belt)의 '대(帶, the Belt)'에서, 일로(一路)가 21세기 해상 실크로드(21世紀海上絲綢之路, 21st-Century Maritime Silk Road)의 '로(路, the Road)'에서 파생된 것과 같이 최근 발표에 언급된 '3대 해상경제통로(三大藍色經濟通道, Blue Economic Passage)'의 '도(道)'가 일도(一道)라는 표현을 통해 북극항로를 나타낼 것이 예상되지만, 일도가 공식명칭으로 정해진 것은 아니기 때문에 일통(一通), 일권(一圈) 등 유사 표현으로 북극항로를 지칭하는 표현이 변경될 여지가 있다. 네 번째 한계로 본 연구는 러시아 중심의 북동항로에 집중했다는 점이다. 중국은 북서항로에 대해서도 쇄빙선 쉐룽(Xue long, Snow Dragon)호를 시험운항하고 캐나다와 협력을 추진 중에 있다. 향후 북서항로에 대한 개발도 본격화가 예상되므로 이에 대한 추가적 연구가 필요할 것이다. 마지막으로, 본 연구는 북극항로와 일대일로 사업을 함께 고려하고 한국 관점에서의 시사점을 모색했다는 측면에서 의의가 있지만, 일도(一道)관련 한국의 SWOT이후 전략방안이 구체화되지 못하고 기초적 단계의 정성적 분석에 그쳤으며 개별항만의 특징, 지자체의 관점 등 보다 실질적 내용을 포함하지 못하는 한계를 갖고 있다. 부산항, 울산항, 동해항 등 주요 항만과 관련 지자체가 중복 투자를 피하고, 북극항로에 대하여 한국이 체계적 전략 수립과 종합적 역량을 강화하기 위해서 북극항로 및 일대일로에 대한 지속적인 연구가 필요할 것이다.

참고문헌

L. Jakobson and N. Melvin, "The New Arctic Governance", SIPRI Research Reports, Vol.25, pp.1-216, 2016.

D. K. Ryoo, H. S. Nam, "The Analysis of Future Promising Industries of Busan and Marine Policy in the Era of the Northern Sea Route", Journal of Korea Port Economic Association, Vol.30, No.1, pp.175-194, 2014.

S. K. Yun(2014), "A Comparison on Economy of Ship-Speed Changes at the Northern Sea Route", Korea trade review, Vol.39, No.1, pp.213-237, 2014.

Y. H. Woo, W. I. Lee, S. G. Kim, "The Formation of Cross Border Competition and Regional Cooperation in the Arctic Ocean: Recent Trends and Implications of the Arctic Governance", The Korean Journal of Local Government Studies, Vol.21, No.1, pp.85-113, 2017.

H. Schøyen, and S. Brathen, "The Northern Sea Route versus the Suez Canal: Cases from bulk shipping", Journal of Transport Geography, Vol. 19, pp.977-983, 2011.

C. H. Han, "Economic Feasibility on the Northern Sea Route: The Case of Container Shipping", Vol.27, No.4, pp.583-605, 2011.

M. Furuichi, and N. Otsuka, "Cost Analysis of the Northern Sea Route(NSR) and the Conventional Route Shipping", IAME 2013 Conference, 2013.

M. Liu, and K. Kronbak, "The potential economic viability of using the Northern Sea Route (NSR) as an alternative route between Asia and Europe", Journal of Transport Geography, Vol.18, pp.434-444, 2010.

J. Verny and C. Grigentin, "Container shipping on the Northern Sea Route", International Journal of Production Economics, Vol.122, pp.107-117, 2009.

A. R. Baek, S. H. Lee, C. H. Joh, "The Possibility and Analysis for Northern Sea Route", Journal of climate research, Vol.11, No.2, pp.121-130, 2016.

S. Somanathan, p. Flynn, and J. Szymanski, "The Northwest Passage: A simulation", Transportation Research Part A, Vol.43, pp.127-135, 2009.

J. J. Kim, K. K. Lee, J. H. Jo, "A Study on Multi-modal Transport Logistics

Network Buildup of Harbors in Gangwon in the North Pole Route Era", Journal of Korea Port Economic Association, Vol.32, No.4, pp.109-126, 2016.

A. Chhibber, "China's One Belt One Road Strategy: The New Financial Institutions and India's Options", National Institute of Public Finance and Policy, New Delhi, 2015.

A. Cooley, "The Emerging Political Economy of OBOR - The Challenges of Promoting Connectivity in Central Asia and Beyond", CSIS(Center for strategic and international studies), 2016.

M. G. Song, Y. D. Cha and G. T. Yeo, "An Analysis of the 'One Belt, One Road' Research Trend Using Social Network Analysis" The Journal of shipping and logistics, Vol.32, No.2, pp.387-413, 2016.

Y. S. Choo, "The Prospect of the China's 'One Belt, One Road' Strategy in Southeast Asia", THE JOURNAL OF INTERNATIONAL RELATIONS, Vol.18, No.2, pp.169-190, 2015.

C. B. Lee, "A Study on Classification of the Development of Chinese Dry Ports under the 'One Belt One Road' Initiative", The Journal of Korea Research Society for Customs, Vol.18, No.3, pp.173-194, 2017.

"Northern Sea Route(NSR)", https://en.wikipedia. org/wiki/Northern_Sea_Route, Oct. 2017.

C. L. Ragner, "The Northern Sea Route", Swedish, Norden Association's Yearbook, 2008.

J. M. Song, "The current use of the Northern Sea Routes and the commercialization policy of Russia", Journal of Korea Maritime Institute, Vol.2, No.3, pp.106-121, 2012.

K. Lim, M. H. Kim, "A SWOT Analysis of Design Elements of Korean MOOCs", Journal of Digital Convergence, Vol.12, No.6, pp.615-624, 2014.

H. R. Kim and H. S. Jang, "Strengths, Weaknesses, Opportunities, and Threats Analysis of Korea Construction Companies in the Vietnam Market", Journal of the architectural institute of Korea Structure & Construction, Vol.31, No.5, pp.87-96, 2015.

J. D. Song and C. W. Lee, "Chinese Online Circulation Market and Market

Approaching Strategy", Journal of Digital Convergence, Vol.15, No.8, pp.477-487, 2017.

D. H. Suh, M. G. Kang and S. Y. Lee, "A Seach for Methods of Development of Marine Leisure Sport through the SWOT Analysis", Journal of Digital Convergence, Vol.15, No.1, pp.537-546, 2017.

B. K. Jeong, J. H. Lim and J. H. Chung, "Policy Design for Value Added Enhancement of Visual Content Industry", The Journal of Digital Policy & Management, Vol.11, No.12, pp.697-708, 2013.

J. M. Lee and M. H. Rim, "Derivation of Creative SW HRD Policy Using Analytic Hierarchy Process", The Journal of Digital Policy & Management, Vol.11, No.10, pp.95-102, 2013.

H. G. Jeon and K. K. Seo, "An Environment Analysis and Competition Improvement Strategy of the Cleaning Robot Market under Korea-US FTA", Journal of Digital Convergence, Vol.10, No.10, pp.13-18, 2012.

Northern Sea Route(NSR): "Blow to Northern Sea Route as voyages of two icebreakers are broken by ice", The Siberian Times, 24 Jan, 2017.

Map of Northern Sea Route(NSR) and Suez Canal Route: "Ship Travels Arctic From China to Europe", The Wall Street Journal, Aug 19, 2013.

M. G. Song, "Analysis of China's trade dependency on the countries participating in the Belt and Road initiative", The Journal of Digital Policy & Management, Vol. 15, No. 9, Sep, 2017.

Map of the Belt and Road Initiative: "Top Trump Advisor signals interest in possible cooperation with China's One Belt One Road Global Infrastructure plans", South China Morning Post, 15 Nov, 2016.

M. G. Song and G. T. Yeo, "Analysis of the Air Transport Network Characteristics of Major Airports", The Asian Journal of Shipping and Logistics, Vol.33, No.3, pp.131-139, 2017.

N. Hong, "The melting Arctic and its impact on China's maritime transport", Research in Transportation Economics, Vol.35, No.1, pp.50-57, 2012.

"Xi Jinping's speech at opening ceremony of Boao Forum", Xinhua, 10 April, 2013.

"Vision and Actions on Jointly Building Silk Road Economic Belt and 21st-

Century Maritime Silk Road(推動共建絲綢之路經濟帶和21世紀海上絲綢之路的願景與行動)", National Development and Reform Commission, Ministry of Foreign Affairs, amd Ministry of Commerce of the People's Republic of China, 28 March, 2015.

["Vision for Maritime Cooperation under the Belt and Road Initiative", National Development and Reform Commission & State Oceanic Administration, 20 June, 2017.

H. B. Choi, S. B. Choi and X. L. Kevin, "A Study on Reorganization of International Logistic Networks by the Use of North Pole Route in Korea", The Journal of Shipping and Logistics, Vol.30, No.1, pp.105-134, 2014.

G. Whiteman, C. Hope, p. Wadhams, "Vast costs of Arctic change", NATURE, Vol.499, pp.401-403, 2013.

M. Kurttila, M. Pesonen, J. Kangas, and M. Kajanus, "Utilizing the analytic hierarchy process(AHP) in SWOT analysis - a hybrid method and its application to a forest-certification case", Forest Policy and Economics, Vol.1, No.1, pp.41-52, 2000.

"The Arctic Frozen Conflict, Denmark claims the North Pole", the Economist, Dec 17, 2014.

중국 뉴노멀 시대 도래와 대 중앙아시아 경제전략 변화

신지연

1 서론

최근 중국의 국가 위상이 나날이 높아지면서 자주 회자되고 있는 어록이 있다. 바로 나폴레옹의 "여기에 거인 하나가 잠자고 있다. 그를 깨우지 말라. 그가 깨어나면 세상을 흔들어 놓을 것이다." 이다. 여기서 거인, 바로 중국을 얘기하는 것이다. 당시 나폴레옹은 세계지도를 응시하면서 이런 말을 했다고 하는데 지금 신 실크로드를 구상하는 중국의 "中國夢"을 꿰뚫어 본 것일까? 나폴레옹의 이 같은 예언에 대답하듯 2014년 프랑스를 방문한 시진핑 국가주석은 "중국이라는 사자는 이미 깨어났다." 라는 의미심장한 발언을 했다.[1] 중국은 개혁개방 정책에 힘입어 고속 성장을 거듭하면서 G2국가로 변모했으며 세계무대에서 국가 발언권이 높아졌다. 그러나 계속 될 것만 같았던 중국의 경제성장이 2008년도부터 점진적인 하락 국면에

---

* 이 글은 기존에 발표된 논문 「중국 뉴노멀 시대 도래와 대 중앙아시아 경제전략 변화」(『유라시아연구』 제43호, 2016)를 수정·보완한 것이다.

1) 연합뉴스, 2015.9.1.
   http://www.yonhapnews.co.kr/video/2602000001.html?cid=MYH20150901005500
   038&input=1825m(검색일: 2016.11.3)

접어들게 되었다. 기존의 성장주도형, 대외개방형 발전모델의 부작용들이 쏟아지면서 새로운 경제모델로의 전환을 모색할 수밖에 없었다. 이런 중국경제에 대한 불확실성이 깊어진 가운데 2015년 시진핑 국가주석은 신창타이(新常態, New Normal)경제정책, 즉 중국이 현재 당면한 중속성장을 새로운 정상(normal)상태로 정의하고, 기존 중국경제 시스템에 대한 문제 제기와 함께 속도 위주의 경제성장에서 "안정" 위주로 전환, 수출 주도형의 외향적 경제구조에서 "내수" 위주의 경제성장 구조로 바꿔나갈 것임을 천명했다.[2] 이처럼 중국의 대내 경제정책의 변화가 가시화된 가운데 중국의 대외 경제정책에는 변화가 없을 것인가? 본 연구는 이러한 의문에서 출발했다고 할 수 있다.

중국과 중앙아시아 국가들 간의 경제협력를 보면 초기 각자의 필요에 따른 상품교역으로 시작해 점차 투자, 과학기술, 문화 등 사회 전역으로 확대되었다고 할 수 있는데, 특히 최근 중국의 일대일로 정책을 통해 그 협력 폭이 더 넓어지고 가속화 되고 있다는 것을 알 수 있다. 이에 최근 중국의 대 중앙아시아 경제정책에 대한 연구도 일대일로 추진과 신 실크로드 경제벨트 구상을 위한 중국의 정치·경제적 움직임에 관한 내용이 다수이다(주장환, 2010; 박병인, 2014; 이주영, 2015). 중국의 일대일로 전략은 중국의 실크로드 경제벨트 구상과 국가위상 제고를 위한 중요한 국가전략으로서 그 핵심 국가인 중앙아시아 국가에 대한 경제정책 향방에 중요한 영향을 미치는 것은 분명하다. 하지만 일대일로 정책은 중국이 어떻게 뻗어나갈지

---

2) 中國網, '習近平談"新常態": 3個特點4個機遇1個挑戰', 2016.2.25.
   http://news.china.com/domestic/945/20160225/21603012_all.html(검색일: 2016.11.3)

에 대한 수단과 방향을 명시한 것이며, 중국이 일대일로를 통해 얻고자 하는 실익, 일대일로를 통해 해결하고자 하는 경제문제 등은 결국 국내 경제정책들과 맞닿아 있다고 본다. 이에 본 연구는 중앙아시아의 대 중국 경제의존도가 높아진 가운데 중국의 경제정책 방향성 전환이 중국의 대 중앙아시아 경제 전략에 어떤 변화를 가져올 것이지를 살펴보고자 한다. 이를 위해 본 글은 다음 장에서 중앙아시아 국가들과 중국의 경제협력 내용에 대해 살펴보고, 3장에서 중국과 중앙아시아 간의 경제 의존도 심화에 대해 분석해 보겠다. 이를 바탕으로 다음 4장에서는 중국의 신창타이 경제정책 시행과 함께 향후 중국의 대 중앙아시아 경제 전략의 변화를 예측해보고, 마지막 결론으로 글을 마치도록 하겠다.

2 중국의 대 중앙아시아 경제협력: 1차 상호보완

2.1 소연방 해체 이후 중앙아시아 국가와 중국의 경제관계

1991년 소연방 해체로 독립된 중앙아시아 국가들은 경제학적으로 보면 자원의존형 소국개방경제로 분류될 수 있다. 이러한 경제체제의 특징은 지하자원을 이용한 경제발전, 경제적으로 높은 대외의존도, 사람과 자본을 총동원하는 투입요소(input) 중심 경제, 외부 영향에 민감하게 반응하는 경제구조 등을 꼽을 수 있다(徐坡嶺, 2016, p10). 실제로 독립 이후에도 중앙아시아 국가들은 러시아와 역사적 유대관계와 기존의 생산요소 공유 등을 이유로 경제활동의 상당부분을 의존하고 있었고, 이는 곧 러시아에 대한 정치적 의존을 의미하기도 했다(조영관, 2015, p367).

특히 중앙아시아 국가들은 1991년에서야 독립되어 자체 에너지개발에 뛰어 들었기 때문에 에너지자원의 개발과 생산기간이 길지 않았다. 그러므로 탐사되지 않았거나 미개발된 매장지역들이 많았지만 독립 이후 어려운 경제 환경에서 독자적인 에너지 개발이 힘들었다. 또한 소연방 체제 당시, 수출 운송로는 대부분 러시아를 통하여 유럽으로 향했기 때문에 독립 후 자체적인 운송로를 건설해야 했지만 이를 위한 재원과 기술도 부족했다.

중앙아시아 국가의 독립 당시 중국은 개혁개방 정책 추진과 함께 공업화와 도시화가 급속하게 진행되어 이를 위한 에너지자원 수요가 급증하던 시기였다. 그러므로 안정적인 에너지 수급을 위한 공급원 마련이 시급했다. 양측의 이해관계가 시기적으로도 맞아 떨어 졌다고 할 수 있다. 특히 독립이후 대외에너지 정책의 자율성을 확보하려는 중앙아시아 국가들에게 접경국가인 중국은 러시아 송유관을 대체할 유력한 대안으로 여겨졌고, 중국의 시장진입 요구를 활용하여 경제적 지원을 이끌어내 상생효과를 극대화 시키고자 했다.

독립 이듬해인 1992년 중국과 중앙아시아 국가들과의 정식 수교가 이루어지면서 중국과 중앙아시아 국가들 간의 경제교류가 활발해 지기 시작했는데, 특히 양자는 무역구조와 자원보유 등에 있어서 상호보완적 성격을 띠고 있어 빠른 속도로 상생체제를 구축할 수 있었다. 중국의 개혁개방 심화와 함께 중국의 경제 '성장'과 이 성장세의 '유지'의 측면에서 중앙아시아 국가의 중요성은 더욱 커져갔다 (주장환, 2010, p363).

2.2 중국 – 중앙아시아 주요 경제협력 내용: 소비재와 에너지의 교환

1992년 중국과 중앙아시아 국가들과의 수교 이후, 이들 지역과 중국과의 경제협력이 급물살을 탔다. 앞서 언급한 것처럼 양국의 경제 발전 상황과 맞물려 서로가 필요로 하는 자원의 교역과 이를 위한 투자가 경제협력 관계의 주를 이루었다. 물론 중앙아시아 국가들은 각각의 자원보유 현황과 무역구조 및 산업구조가 상이하므로 중국과의 경제협력 양상도 각국별로 다르게 나타났다고 볼 수 있다.

우선 무역수지 경우, 수교직후인 1992년 양자 간의 무역액이 4.6억 달러를 기록했지만, 일대일로 선포 전인 2013년 502억 달러까지 상승하여 약 100배 이상의 무역규모 성장을 달성했다. 물론 2008년 금융위기 여파로 양자 간의 무역이 주춤하긴 했지만 지속적인 성장세를 보인 것을 확인할 수 있다. 특히 2010년 이후, 중국과 카자흐스탄, 투르크메니스탄 간의 무역이 급속도로 증가하였으며, 중국의 대 중앙아시아 무역총액의 49.9%, 23.3%를 차지했다(馮頌妹, 2016, p26). 상대적으로 중국과 우즈베키스탄 및 타지키스탄 간의 무역비중은 각각 9.5%, 5.6%로 낮은 수준이지만, 모두 비교적 빠른 성장세를 보였다.[3] 중국의 대 중앙아시아 수출상품들은 원자재 가공 완제품과

---

3) 2014년 기준 중국과의 무역비중이 각각 73배, 234배 성장했다. 타지키스탄은 구소연방 독립 이전부터 자립적 경제기반이 부족하였으며, 1997년까지 계속된 내전으로 경제상황이 악화되어 중앙아시아 최빈국으로 분류되었다. 또한 다른 중앙아시아 국가들과 달리 순에너지수입국으로 중국과의 무역에서 상호보완성이 떨어진다고 할 수 있다. 반대로 카자흐스탄의 경우 철도 및 노로 연결과 지리적 인접성을 이유으로 중국의 주요 원자재 수입국이었으며 2000년대 초반 유가 상승에 따라 오일머니 유입에 따른 소비수요 증대로 중국으로 부터의 소비 및 자본재 수입이 늘어 상호보완적 무역거래가 활발해졌다(강명구, 2007, p131; 馮頌妹, 2016, p28).

자본재에 집중되어 있었다. 2013년 기준 원자재 가공 완제품 수출이 41.40억 달러로 가장 많았고, 다음 기타 완제품 수출이 33.43억 달러, 그 다음이 기계류와 운송설비로 24.95억 달러를 기록했다. 이들 상위 3개 교역품이 전체 교역의 39%, 31%, 23%를 차지했다. 식품 및 축산류의 비중은 각각 5%, 2%로 비교적 낮았다. 이는 중앙아시아 국가 중 일부 — 키르기스스탄, 우즈베키스탄, 타지키스탄 — 는 자체 농축업 생산량 비중이 높으며 생산량의 대부분을 역내수출하고 있어 중국으로부터 수입 동인이 크지 않았기 때문으로 분석된다.

한편 중앙아시아 국가들은 독립 이후 소비재 생산을 하는 경공업의 기반붕괴와 자본재 생산 기반이 없어 대부분의 소비재 및 자본재를 수입에 의존하고 있었으며, 당시 경제상황에 비추어 비교적 저렴한 소비재 및 자본재의 공급을 필요로 했다. 중국은 당시 값싼 노동력을 바탕으로 저렴한 소비재 생산과 수출에 기반을 둔 경제성장 중이었으며 카자흐스탄, 키르기스스탄, 타지키스탄과는 국경을 접하고 있어 단일물류가 가능했기에 중앙아시아 국가들의 필요 — 저렴한 소비재 — 를 충족시켜 줄 수 있었다.

반면 중국이 중앙아시아로부터 수입하는 상품들을 살펴보면 광물자원과 천연자원 비중이 압도적으로 높은 것을 확인할 수 있다. 중국은 계혁개방 이후 에너지자원 수요가 급격하게 늘어났으며 2013년 기준 중국의 석유자원과 천연가스의 대외의존도는 각각 61%, 31.6%로 높게 나타났다. 향후 2025년에는 중국의 원유 대외의존도가 약 82%에 이를 것으로 전망되어 안정적 에너지 공급원 확보의 중요성이 날로 커져가고 있다(嶽立, 楊帆, 2016, p24). 또한 해로를 이용한 에너지자원 운송은 시간과 거리 면에서 육로보다 효율성이 떨어지며 운송과정에서의 위험성도 높다. 그러므로 다원화된 에너지 공급원과 운송망을 마련하는 것은 중국의 에너지 외교의 첫 번째 목표였으며 중앙아시아 국가들은 이러한 목표에 가장 부합하는 국가들로 인식되었다. 이에 중국의 대 중앙아시아 투자 역시 에너지 사업 부분에 집중될 수밖에 없었다.

이렇듯 중국과 중앙아시아는 "저렴한 자본재 및 소비재공급"과 "안정적 원재료와 에너지자원 공급"의 측면에서 무역구조의 상호보완성이 높았으며 이러한 관계는 중국과 중앙아시아 경제가 발전하게 되면서 더욱 심화되어 갔다. 하지만 중앙아시아 국가들의 역내무역비중이 높았으며 자원개발이 진행 중이었던 이들은 기존 러시아와의 자원무역 구조를 벗어날 수 없었다. 하지만 이러한 구조에 변

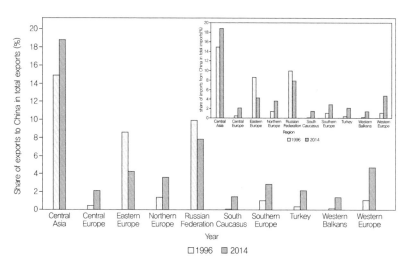

Small graph shows the share of imports from China in total imports. Within ECA, the countries in Central Asia have experienced the largest increase in the share of imports coming from China, from 5 percent in 1996 to 29 percent in 2014. Large graph shows the share of exports to China in total exports. China' share of ECA exports has also increased but by less than for ECA's imports.
Source: Word Bank(2016), p36.

그림 1. China`s Share of Trade with ECA(1996-2014)

화가 생기기 시작했다. 아래에서는 양국 간 경제협력 관계의 변화와 특히 중앙아시아의 대 중국 경제의존도 심화와 중국의 영향력 확대에 대해 알아보도록 하겠다.

3 중국의 대 중앙아시아 경제협력 심화와 협력구조 변화 : 2차 상호보완

중국과 중앙아시아 국가들은 무역구조와 자원보유 등이 상호보완적 성격을 띠고 있어 경제협력 초기 상호 이해관계의 접점을 찾아 경제협력을 추진했고, 그 정점에는 늘 에너지 협력이 차지하고 있었다. 하지만 2008년 중국 경제가 서서히 하강 국면으로 접어들었을 때 중국은 새로운 단계의 개혁개방을 준비했으며 중국의 미래 성장 동력으로 삼기위한 중장기 대외전략을 구상하는데, 바로 2013년 발표된 '일대일로(一帶一路)' 정책이다(이주영, 2015, pp.87-88). 일대일로 전략 추진에 있어서 관련 국가들과의 협력은 필수 요소이며 특히 一帶에 포함되는 핵심 국가인 중앙아시아에 대한 경제협력이 중요하다고 할 수 있다. 일대일로 정책 추진과 함께 新실크로드 경제벨트 구축을 위한 움직임이 활발해 지면서 에너지 협력관계 외 경제적 요소들 간의 의존성이 증가하고 있다. 특히 중앙아시아 국가들의 대 중국 경제의존성이 증대되는 것을 알 수 있는데 아래에서 자세히 살펴보도록 하겠다.

3.1 중앙아시아 국가들의 대 중국 경제의존성 증가

(1) 무역비중 증가

<그림 1>의 ECA(Europe and Central Asia) 국가들의 전체 수출입 중 중국이 차지하는 비중을 보면 수출입 모두 1996년 대비 2014년 큰 폭으로 증가한 것을 볼 수 있다. 특히 본문 2.2의 무역구조 설명에서도 언급한 바 있듯이 가로축 첫 번째에 자리 잡고 있는 중앙아시아 국가들이 ECA 국가들 중 대 중국 수출입 비중이 가장 높게 나타나고 있는 것을 볼 수 있다. 가로축 다섯 번째 러시아와 비교해도 중국에 대한 수출입 비중이 확연히 높은 것을 확인 할 수 있다. 이러

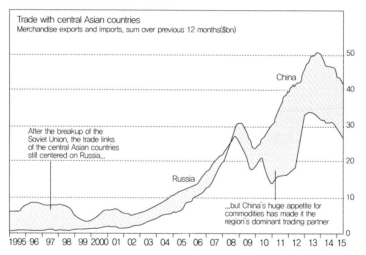

According to this graph, after the breakup of the Soviet Union, Central Asia(CA) still had strong trade ties with Russia. But China' trade with CA has grown rapidly over the past 10 years, and now China is the CA' largest trade partner.
Source: Russia supply chain."Is Central Asia in Russia's or China's backyard?", http://www.russiasupplychain.com/is-central-asia-in-russias-or-chinas-backyard/(검색일: 2016.10.2)

그림 2. Russia and China Trade with Central Asian countries ECA

한 주요 원인으로는 중앙아시아 국가가 다른 ECA국가들 보다 지리적 인접성이 높으며 러시아를 제외하고 에너지 자원 보유량이 다른 ECA보다 상대적으로 높기 때문인 것으로 평가할 수 있다.

하지만 앞서 언급했듯, 중앙아시아 국가들은 그 역사적 유대관계와 과거 생산요소의 공유로 인해 독립 후에도 러시아에 대해 높은 경제의존성을 나타냈다. 하지만 이러한 관계에 변화가 생기기 시작했다. <그림 2>의 중국과 러시아의 대 중앙아시아 무역수지를 살펴보면 2000년대 초반까지는 러시아와의 비중이 높은 것을 확인할 수 있다. 그러나 세계금융위기 이후 중국과의 무역수지가 급격히 증대되어 러시아 보다 더 높은 비중을 차지하고 있으며 최근 그 양상이 심화되고 있는 것을 알 수 있다. 2015년 중국과 중앙아시아 간의 무역규모는 500억 달러를 돌파하였고 이는 러시아보다 180억 달러가 많은 수준이다. 이는 중국이 중앙아시아 내에서 그 영향력을 경제 외 다른 분야로 확대하기 위한 발판을 마련함과 동시에 러시아와 중앙아시아 국가들에 대한 영향력 행사를 두고 더 치열한 공방이 예상됨을 의미하기도 한다. 사실 중앙아시아국가들이 독립 이후에도 러시아와의 무역에서 높은 의존도를 보였던 이유는 러시아와의 특혜성 무역이 큰 몫을 했다. 하지만 1998년 러시아의 금융위기와 동반하여 이러한 특혜성 무역이 감소하면서 새로운 무역대체국이 필요했고, 중국역시 상대적으로 급성장 중인 소비재의 과잉공급을 해소할 새로운 시장으로 중앙아시아를 주목하게 된 것이다.

⑵ 투자비중 증가

중국의 해외직접투자는 최근 들어 급증세를 보여 2014년 기준 약

1231억 달러로, 세계 제3위 투자국으로 부상하였다. 중국 상무부 산하 국가통계국이 발표한 <2014년도 중국 대외직접투자.통계 공보(中國對外直接投資統計公報)>에 따르면 중국의 전체 해외투자액 중 상당부분이 일대일로 관련국들에 유입되었고, 그 중 중앙아시아 5개국에 대한 투자 역시 꾸준히 증가하고 있음을 보여주고 있다(公報, 2014, p48, 60). 2013년 기준 중국의 대 중앙아시아 투자는 누적총액 88.9억 달러로 10년 전 0.7억 달러 대비 약 127배 증가했다. 이처럼 2000년도부터 상승하기 시작한 중국의 대 중앙아시아 투자액은 10년 뒤인 2010년 그 규모가 30배 상승하고, 누적투자액 역시 2000년도 대비 약 130배가량 증가한 것을 알 수 있다. 투자 대상분야 역시 기존의 에너지자원 관련 산업에서 농업, 경공업, 제조업 등의 분야로 확대되어 산업교류도 활발히 이루어지게 되었다. 이에 따라 투자주체 역시, 기존에는 국영기업 위주의 에너지 투자를 진행했지만, 이제는 투자대상이 민간 산업분야로까지 확대됨에 따라 민간기업 및 개인의 투자기회도 확대되어 민간 차원의 중앙아시아 진출도 활발해졌다. 이는 중국 국내 경제상황의 변화와도 깊은 연관성을 가진다.

2010년 중국은 이미 세계 제1의 제조대국의 되었다. 하지만 이후 중국이 제조대국이 될 수 있었던 주요 요인 중 하나인 인구보너스 감소와 생산요소의 가격상승 등의 문제로 더 이상 값싼 노동력을 통한 가격경쟁력 있는 상품생산이 어렵게 되었다. 이러한 중국 현실과 함께 일대일로 건설과 중국 국경 인접지역간의 무역활성화 및 자유무역지구 창설 등을 통한 각종 통상혜택은 중국 제조업의 생산구조에 변화를 가져왔다. 중앙아시아, 서아시아, 동남아, 북아프리카 등 일대일로 연선국가들의 값싼 노동력 시장을 찾아 제조공정을 위한 하청업체를 해당 지역에 설립하기 시작했다. 일대일로 연선국가로 진출한 중국 제조업은 민영중소기업 위주의 투자이며, 국내의 생산요소 가격 상승으로 인해 가공공정을 밖으로 이전시킬 필요성이 증대되면서 현재 이러한 하청업체 설립은 일대일로 연선국가에서 흔히 볼 수 있는 산업구조가 되었다(張帥, 2016, p.18).

중국의 대 중앙아시아 경제 영향력 증가에 대해 Cooly(2015)는 이제 과거 중국은 경제적 지원, 러시아는 안보와 정치적 영향력 행세라는 뚜렷한 구분이 어려운 상황에 도달할 지도 모른다고 보고 있다.[4] 향후 중국이 일대일로 정책 추진에 따라 이 지역에 대규모 인프라 건설 구축을 위한 투자를 주도적으로 시행해 나갈 경우, 중앙아시아 국가의 대 중국 투자의존도는 더 높아질 것이다.[5] 전체 경제 상황을 봐도 중국은 지속적 경제성장을 통해 안정적인 발전을 이룩했지만 러시아의 경우 체제전환기의 혼란과 최근 서방의 경제제재, 루블화 폭락 등의 상황에서 보듯 경제적 굴곡이 상대적으로 많다. 러시아는 자국경제의 어려움으로 중앙아시아에 대한 경제적 지원을 축소하면서 양자 간의 경제적 연결고리가 느슨해지고 이는 정치적 영역으로까지 확대되었다고 볼 수 있다. 이 틈을 중국이 파고들면서 중앙아시아 국가들에게 적극적인 경제협력을 제시하게 되고, 러시아를 대체할 지원군이 필요한 중앙아시아는 중국의 진출을 막을 이유가 없었다. 중국의 대 중앙아시아 경제적 영향력은 이미 러시아를

---

4) 원문은".......China provides economic investment, while Russia provides security and exerts political influence. Yet, this distinction does not always line up so tidily."
5) 물론 중국은 대부분의 인프라 건설을 AIIB와 실크로드기금(fund) 등 각종 기금 설립을 통해 추진하고 있다. 그러나 이러한 기금 대부분이 중국 주도로 이루어져 있고 중국이 가장 큰 투자국이므로 그 영향력을 무시할 순 없다.

추월했다는 평가가 나오고 있다.[6] 중앙아시아 국가들의 대 중국 경제의존도 심화가 중국의 현재 포괄적이고 공세적인 경제정책 추진을 가능하게 하고 있다고 볼 수 있는 것이다.

3.2 중앙아시아 국가와 중국의 대내경제정책 수정: 2차 상호보완

자원의존형 국가인 중앙아시아 국가들의 경제가 외부영향에 취약하다는 것은 앞서 설명했다. 특히 자원이 풍부해 해당 산업의 집중도가 높은 국가 — 카자흐스탄, 우즈베키스탄, 투르크메니스탄 — 일수록 타격은 클 수밖에 없다. 이에 2000년도 초반부터 이들 국가들 중심으로 산업다각화가 진행되었고 외국자본과 기술유치를 통해 제조업을 육성하기 위한 국가차원의 제조업 육성 프로젝트가 진행되었다(KOTRA, 2016). 그 예로 카자흐스탄의 혁신 산업 육성 정책을 들 수 있다. 카자흐스탄 정부는 지난 2010년부터 향후 2019년까지 2단계에 걸친 <국가 산업·혁신발전 촉진 프로그램 2010-2014>과 <국가 산업·혁신발전 프로그램 2015-2019>을 통해 제조업 중심의 비석유 부분의 경제비중 확대를 위한 다양한 정책들을 실시했다(박지원, 2016, pp.1-2).[7] 우즈베키스탄 역시 1990년대 중반부터 수입대체산업

---

6) Economist, "Rising China, sinking Russia".
   http://www.economist.com/news/asia/21586304-vast-region-chinas-economic-clout-more-match-russias-rising-china-sinking.(검색일: 2016.9.28)
7) 현재 2단계에 있는 산업혁신 프로그램의 주요 목적으로 ① 제조업 발전 촉진 ② 주요 산업분야에서 부가가치와 효율성 향상 ③ 비석유 부문의 비중증가를 위한 시장 확대 ④ 효율적인 일자리창출 ⑤ 제조업 우선 분야의 기술 효율성 증대와 혁신 클러스터 조성을 통한 미래 산업 기반마련 ⑥ 제조업 분야에서 비즈니스 활동 촉진과 중소기업 발전을 들 수 있다(박지원, 2016, pp.1-2).

화 전략(Import-Substitution Industrialization Strategy)을 통해 대외수입을 억제하고 정부가 영향력을 발휘할 수 있는 주요 대기업들을 통해 천연자원개발이 아닌 산업을 발전시켜 산업 다각화를 촉진하고자 했다. 또한 카리모프 우즈베키스탄 대통령이 2010년 12월 제시한 <산업현대화 프로그램 2011-2015년>과 현재 진행중인 <2015-2019년 생산 구조개혁·현대화·다각화 보장 방안 프로그램>을 통해 기존 시설을 현대화하고 신규 생산설비를 도입을 통해 제조업 비중 확대와 산업생산량 증대를 위한 정부차원의 대대적 투자를 진행하고 있다(KOTRA, 2016, pp.9-11).[8] 이처럼 우즈베키스탄, 카자흐스탄 등 중앙아시아 국가들은 적극적인 투자정책, 산업 및 생산 인프라 현대화를 통한 경제구조 개혁을 단행하고 있다. 이를 위해 막대한 자금을 투입하여 산업체질 개선과 고도화, 경제발전, 고용창출, 지역 간 균형 발전, 선진 과학기술 및 경영기법 도입을 목적으로 지속적으로 경제를 개방하며 외국인투자를 유치하기 위해 외국인투자 관련 법을 개정하고 금융환경 및 투자 여건을 개선하고 있다.(조병렬, 장태구, 2015, pp.732-735).

한편 중국의 경우, 현 시진핑 정부는 신창타이(新常態) 경제개혁을 제시하면서 중속 경제성장을 기정사실화 하였다. 그러면서 최근 기존의 수요확대와 자원투입을 통한 경제성장 방식에서 3차 산업 규모 확대와 소비위주 경제성장 모델로의 전환을 꽤하고 있다. 이에 따라 공급을 중시하는 정책과 자본의 자유이동, 투자 자유화 등이

---

8) 그 외 2006년 8월 '과학과 기술부문 발전의 조정 및 개선을 위한 방안(On measures to improve coordination and management of science and technology development)'에 대한 대통령령 436호.

접목되어 탄생한 "신자유주의 경제" 체제로의 변화가 불가피해 졌다.9) 공급중시 경제정책은 감세, 규제완화, 작은 정부 등을 주요 화두로 하여 국가 경쟁력 강화와 기업 환경 개선 및 체질 강화를 통해 투자와 근로의 유인체계를 제공한다는 것이다. 실제로 중국은 신창타이 선언 이후 지속적인 기업구조조정과 대외개방 정책 추진, 규제완화 등을 활발히 진행하고 있으며 이러한 중국 국내 경제정책의 변화는 대외 경제정책 수립에도 영향을 미칠 수밖에 없다(경기연구원 2016. pp.7-12).

중국의 중앙아시아 경제협력 전략은 2000년대 원유·천연가스 중심의 에너지자원 확보와 운송루트 건설에 힘을 기울였다면 점차 인프라개발 및 경제특구 중심의 산업투자로 무게중심 이동하고 있다. 중국의 대외투자(ODI)확대와 와 중앙아시아의 산업구조 다각화를 위한 정책적 움직임에 기인한 것임을 알 수 있다. 실제로 중국은 카자흐스탄과 2020년 까지 이루어지는 무역 및 경제협력 증진을 위한 중장기 프로그램이 체결되었고, 폐쇄적 경제구조를 가진 우즈베키스탄 역시 중국과의 합작기업 설립 증가와 우즈베키스탄 정부가 추진하는 지작(Jizzakh)자유공업지역 건설 프로젝트에 중국 기업이 5000만 달러를 투자하여 30년 동안 운영하기로 하는 등 산업투자를 위한 협력이 강화되고 있다(예브게니 홍, 신범식, 2015, pp.191-192). 여기서 상술한 1차 상호보완과 다른 형태의 2차 상호보완이 나타난다고 할 수 있다. 바로 각기 다른 산업구조 간의 상호보완이다. 중앙아시아 국가는 중국의 3차산업 확대를 위한 시장진입과

---

9) 서울경제. "중국의 '공급 중시 개혁'이 우리에게 던지는 시사점".
   http://www.sedaily.com/NewsView/1KYRUU7926(검색일: 2016.9.29)

수출판로를 제공해주고 중국은 대신 중앙아시아 국가들로 2차 산업 생산요소 이전과 제조업 육성을 위한 투자와 기술 이전 등을 통한 산업 고도화를 지원해 준다. 이를 통해 경제권 통합을 위한 각종 생산요소들의 효율적 배분과 통합 및 협력이 이루어지게 되는 것이다. 이는 상대적으로 경제규모가 작은 중앙아시아 국가들의 대 중국 경제의존도가 심화될 수밖에 없는 이유 중 하나이다.

4 향후 중국의 대 중앙아시아 경제정책의 방향

4.1 일대일로 정책 심화와 대 중앙아시아 경제영향력 강화

중국 신창타이 경제개혁에서 일대일로 정책은 그 의미가 크다. 국가 중점사업으로서의 의미도 지니지만 중국이 현재 당면하고 '중진국의 함정'이라는 위험을 타개 할 중요한 수단이 되기도 하기 때문이다. 중국 국가발전개혁위. 외교부, 상무부가 공동으로 발표한 <실크로드 경제벨트와 해상 실크로드 공동 건설 추진을 위한 비전과 행동(推動共建絲綢之路經濟帶和21世紀海上絲綢之路的願景與行動)>에서 일대일로는 정책, 인프라, 무역, 투자, 금융 이 다섯 가지를 중점 협력내용(五通)으로 정하고 있다고 밝혔다. 정책, 인프라, 무역, 투자, 금융은 현재 중국 신창타이 경제 개혁에서 목표로 하고 있는 해외투자 확대, 무역구조 개선, 투자환경 개선, 금융선진화 등과 상통하는 부분이 있다(KIEP 2015). 이에 일대일로의 중점 개발 지역인 중앙아시아 국가들과 해당 분야 간의 유기적인 협력과 함께 좀 더 체계적이고 포괄적인 협력전략 구축을 위해 노력 할 것이다(盧鋒 외 2015: 19). 실제로 중국 5세대 지도부는 2013년 일대일로 정책 발표 이후 중앙아시아 국가들을 방문하여 인프라, 금융, 에너지, 경제 협력을 위한 각종 계약 체결과 우호도시 수립, 공자학원 설립, 문화 교류 확대 등을 위한 다양한 협의를 진행하였다(대외경제정책연구원 2016. pp.5-7). 또한 시진핑 주석이 2013년 11월 우루무치에서 제시한 신 실크로드 경제지대(New Silk Road Economic Belt) 이니셔티브에서도 실크로드 경제권에 포함된 도시들 간의 발전과 협력을 강조했고, 운송, 문화, 교육, 의학 분야에서의 협력을 규정한 문서가 추가로 채택되기도 했다(예브게니 홍, 신범식, 2015, p.192).

그러나 그 협력은 철저히 경제통합을 위한 것이지 정치통합은 고려하고 있지 않음을 알아야 한다. 중국의 신 실크로드 경제벨트 구축을 위한 단일화 전략의 초급단계는 교통, 자원, 산업의 단일화이며 고급 단계에 이르러 교역단일화와 단일 경제권 수립을 목표로 하고 있다. 특히 고급단계 진입에 있어서 이질(異質) 회원국 간의 통합으로 완성될 실크로드 경제권은 유럽연합과 같은 동질(同質) 회원국 간의 지역경제 통합과는 그 통합 정도와 발전 방향을 달리할 것임을 분명히 시사하고 있다. 즉 실크로드 경제벨트 구축은 공동체 제도마련을 통한 단일화를 최종 목표로 하고 있으며 완전한 정치경제통합은 불가능하다고 판단하고 있는 것이다(王保忠, 何煉成외 2013).[10] 중국의 내정불간섭원칙을 내세운 대 중앙아시아 경제협력과 역내 러시아 등 강대국과의 불편한 관계를 형성하지 않는 선에서의 경제협력 추진 등의 이유에도 스스로가 단일화의 한계선을

---

10) 원문은 "……同質"成員結構的區域相比, "異質"結構成員間進行區域一體化合作的最終目標只能是一種共同體制度安排, 而不可能實現完全的政治經濟一體化."

인식하고 있기 때문이라고 할 수 있다. 그러므로 향후 중국의 중앙아시아 국가들에 대한 경제협력도 기존의 선을 넘지 않는 선에서 지속적으로 행해 질 것이다.

4.2 기존 자원협력구조 심화 및 산업구조 변화

(1) 기존 자원협력구조 심화 및 다각화 추진

중국은 개혁개방 초기 에너지의 원활한 수급을 위해 중앙아시아 국가와의 경제협력이 필요했다면 지금은 일대일로 정책 추진과 함께 지속적 경제성장을 위해서 기존의 에너지자원 협력을 강화시키고 에너지자원 수급의 안정성과 다각화를 추진해야 할 것이다. 동시에 달러자산에 집중되어 있는 외화의 새로운 투자 통로를 확보하기 위해서 투자 대상의 다각화에도 노력을 기울일 것이다(嶽立, 楊帆, 2016, p.33).

한편 중앙아시아 국가들은 독립 후 자체적 경제개발을 위해 자원과 개발을 맞바꾸는 성장을 추구했었다. 그러나 현재 그들 역시 국제 에너지 가격의 등락과 순조롭지 않은 에너지 협력 체결 등의 여파와 자원의 유한성을 인식하면서 새로운 경제협력 구조의 모색과 함께 기존의 자원협력 구조를 확대하여 연관 산업을 개발하고자 노력을 기울이고 있다.

양자 간 국내 경제성장 방향에 대한 인식 변화는 기존의 자원협력 구조를 더욱 공고히 함과 동시에 이 협력구조에서 파생할 수 있는 새로운 경제협력 모델을 구상하게 될 것이다. 그 예로 중앙아시아 국가들은 대체에너지 산업에 대한 관심을 높이고 있으며(조영관,

2015, pp.368-369), 이를 위한 외국 기업 진출 장려와 함께 연관 산업의 발전을 추진하고 있는 것을 들 수 있다. 우즈베키스탄의 경우 태양에너지 산업 개발과 함께 태양전기의 기초 소재인 금속실리콘 생산까지 준비하고 있는데, 이를 위한 투자 프로젝트에 중국이 참여하고 있다.

(2) 산업구조 보완 가속화
  : 〈중국 제조 2025〉 VS. 중앙아시아국가 제조업 육성 정책

중국 국무원이 지난해 <중국 제조 2025>를 발표했다. 여기서 혁신 역량을 키워 질적인 면에서 제조 강대국이 되기 위한 9대 과제를 제시하고 노동과 자원집약형 산업에서 기술집약형 산업으로의 전환을 천명했다. 특히 <제조 2025>은 향후 13·5규획(2016-2020)과 14·5규획(2021-2025)의 기본이며, 시진핑 정부의 산업고도화를 추진하는 핵심전략임을 의미하고 있어 향후 중국의 제조업분야 대내외 정책을 가늠해 볼 수 있게 됐다. 여기서 중요한 점은 대부분이 <제조 2025>의 내용을 일용 소비제품에 대한 것으로 오해하고 있지만, 사실 그 핵심은 중국의 설비 산업이라는 것이다. 최근 중국에서 열린 '글로벌CEO위원회' 제3회 원탁포럼에 참석한 리커창 총리 역시 이점을 강조했다. 즉, 토목공사에 국한된 설비를 넘어 원자력발전·인프라 건설·해양플랜트 등 차세대 산업 발전의 기초가 되는 대형 설비를 모두 가리킨다는 것을 주지해야 한다.[11] 중국이 이러한 설비

---

11) 리커창 총리는 본 회의에서 "你們剛才講的 '中國制造2025', 用的是 'Made in China 2025', 其實 'Manufacture'(制造業)更加合適。" ...... "現在, 傳統的" made in china "中國還要繼續做, 但中國制造的核心, 應該是主打" 中國裝備. "這就要運用信息技術, 智能轉型。"이라고 언급했다. 人民網. "李克強會

산업을 제조강국 전략의 핵심으로 선정한 데는 중국의 인구구조 변화와 자원수급 문제 등 국내적 요인이 작용한 것으로 풀이된다.[12] 이에 중국은 중장비 산업 발전에 유리한 정책지원과 산업환경 조성에 적극적 일 수밖에 없다. 중장비와 주요 기계 설비 산업을 발전시키기 위해서는 대형 공사 프로젝트가 필요한데, 중국 일대일로 전략이 그 좋은 예이며 그 중심엔 一帶국가인 중앙아시아 국가들이 있다.[13]

한편 중앙아시아 국가들은 역시 기존 에너지 산업 중심에서 제조업 육성으로의 산업구조 변화를 위해 각종 정책을 발표하고 있는데, 상술했던 카자흐스탄의 <2015-2019년 생산 구조개혁·현대화·다각화 보장 방안프로그램>과 <카자흐스탄 2050>[14] 그리고 우즈베키스탄의 각종 산업다각화 프로그램 등을 그 예로들 수 있다. 여기서도 본문3.2에서 서술한 양자 간의 2차 상호보완성이 부각되게 된다. 즉, 중국은 일대일로를 통해 중앙아시아 국가들에 대한 인프라 산업과

見全球圓桌峰會CEO代表吹了什麼風",
http://politics.people.com.cn/n/2015/0622/c1001-27190022.html(검색일: 2016.10.3)

12) 2012년을 기점으로 중국의 노동인구가 3년 연속 감소하고 있고, 원유·철광석 등 자원의 대외의존도는 이미 50%를 넘어섰다. 원자재 수입량 증가와 가격 상승, 저가 노동력을 통한 성장 추구가 어려워지면서 세계 시장에서 중국 제조업의 영향력 확대를 기대하기 힘들어졌다.

13) 서부대개발 등을 위한 국내 철도 교통망 확충 등 국내의 국가 주도 대형 프로젝트들 역시 <제조 2025>를 뒷받침 할 것이다.

14) 동 프로그램은 예산의 70%가량을 경제특구 건설, 나머지는 수출장려와 외국인 투자에 할당하고 있다. 주요 목적은 카자흐스탄 경제의 다변화와 경쟁력 강화를 위한 우선분야의 발전; 주요 투자 프로젝트와 산업부문의 발전; 산업화에 우호적인 환경 조성 ; 경제성장 잠재력을 기반으로 한 지역경제의 선도적 중심지역 형성 등이 있다(KIEP, 2016, pp.5-6).

기술집약형 상품의 수출 판로를 개척하고, 반면 인프라와 설비투자 및 기술이 필요한 단계인 중앙아시아는 그러한 중국에게 시장을 내주고 상생의 길을 모색할 수밖에 없다는 것이다.

중국 경제의 소비위주 성장과 함께 기존 2차에서 3차산업의 규모가 확대됨에 따라 중앙아시아 국가들의 대 중국 수출입 품목이 기존의 단순 노동집약형 상품에서 기술집약형 상품으로 변모되어 중국산 기기류 등을 제조하는 기업들의 해당 지역 진출이 확대 될 것이다. 그 예로 우즈베키스탄을 들 수 있다. 앞서 언급했던 지작 자유공업지역에 2013년 중국의 ZTE기업이 입주하여 UZ-TELECOM 브랜드로 스마트폰을 생산하고 있다. 또한 중국은 중앙아시아 지역에 수출하는 제품들 중심으로 양국 합작기업을 설립하여 해당 국가의 수출에도 기여하고 있다. 'Made in Uzbeki-stan' 제품의 수출을 위해 중국은 우즈베키스탄 정부의 요청에 따라 시르다리야주 자유공업지대 개발에 투자하였다. 이를 통해 스마트폰과 같은 기술집약적 상품 생산하고 수출하면서 수출과 기술발전에 기여하고 있다(신범식 외, 2015, p.159). Word Bank(2015) 에서도 ECA국가들의 수출에서 기술집약적 품목의 대 중국수출이 증가하고 있으며, 뿐만 아니라 전체 수출에서 제조업이 차지하는 비중이 꾸준히 증가하고 있다고 지적한다. 이는 중앙아시아 지역은 중국 고부가가치 기업들에 시장을 내주고 해당 기업들을 적극적으로 유치하여 기술이전과 투자 및 산업 고도화를 위한 발판을 마련하고 있으며 중국의 이 지역으로의 산업 이전의 결과로 중국으로의 수출품목의 변화를 가져온 것이다. 중국의 산업구조 고도화가 심화됨에 따라 글로벌 밸류체인에서 중국의 역할이 지속적으로 상향 이동될 것이며 이에 따라 중국의 수출품목 역시 지속적으로 고도화될 것이다. 중국의 <제조 2025>의 방향이 곧 중국의 대 중앙아시아 경제에 큰 영향을 미친다는 것을 부인할 수 없는 대목이다.

4.3 기타: 국제기구 활용과 투자기회 확대

중국과 중앙아시아 국가들 중 투르크메니스탄을 제외 한 나머지 4개 국가들 모두 SCO회원국이다. SCO설립 후 15년여 기간 동안 회원국들은 다양한 방면에서 각종 경제협력 성과를 거두었다. 특히 2015년 7월 개최한 SCO회원국 정상회의에서 실크로드 경제벨트의 공동건설이 지역협력을 위한 주요 과제로 인식되었다. 실크로드 경제벨트의 공동 건설을 위해 중국과 중앙아시아 국가들은 자유무역지구 건설, 무역과 투자의 편익제고, 무역의 효율 극대화를 위한 제도적 차원에서의 협력을 약속했다. 또한 각종 대규모 프로젝트를 통한 과실을 함께 나누어야 하는데 이를 가능하게 해 주는 것이 AIIB와 각종 기금이며 최근 SCO내 새로운 기금 설립에 관한 논의도 활발히 진행 중이다. 중국은 이런 국제기구들의 창설과 기구 내 역할 증대에 적극적으로 임할 것이며, 공동체 제도 확립을 통한 단일 경제권 형성의 기반을 마련 하고자 할 것이다.

또한 투자주체 다양화를 통한 투자기회 확대에도 많은 정책적 노력을 쏟고 있다. 중국의 대 중앙아시아 경제활동 진출의 주체가 주로 대형 국유기업에 한정되어 있어 투자주체 다각화를 통한 투자 확대 방안도 논의 중에 있다. 중국의 최근 경제발전 정책의 주요 과제인 대외투자증대를 위해서도 필요한 조치로 인식되고 있다. 그러나 대 중앙아시아 경제협력 중 상당수가 대형 인프라 사업에 집중되어 있어 중소 민영기업의 진출이 어렵다는 한계가 있다. 이에 중국정부는 다양한 투자주체들이 정부기관들과 계약을 통해 대 중앙아시아 사업에 진입할 수 있도록 민관협력사업 형식으로의 투자촉진을 위한 제도적 장치를 마련하고 있다.

5 결론

지금 강대국들은 1,2차 세계대전과 달리 영토가 아닌 경제권의 확장을 위해 경쟁한다고 해도 과언이 아니다. 지정학(geo-politics)이 아닌 지경학(geo-economics)의 시대이기 때문이다. G2 국가인 중국 역시 이를 잘 알고 있으며 일대일로 정책과 함께 신 실크로드 경제벨트 구상을 위한 노력을 다각도로 펼치고 있다. 올해 6월 23-24일간 타슈켄트에서 개최된 SCO 정상회의에서도 각 회원국 정상들은 중국이 제안한 「실크로드 경제벨트」설립 지지를 재확인하면서, 동 프로젝트의 실현이 지역경제발전을 위한 여건을 개선한다고 평가했다.[15] 또한 금융 부문 협력을 위하여 「SCO 개발은행」 및 「SCO 개발펀드」설립 문제 검토를 지속할 계획이라고 밝혀 향후 단일 경제권 구상을 위한 발판 마련에 회원국 모두가 지지를 보내고 있음을 보여줬다.

---

15) 또한 아시아와 유럽을 연결하는 국제교통회랑 구축 등 교통 부문 다각적인 협력 강화의 필요성을 강조하면서, 지역의 경제성 있는 교통/통과운송 협력을 보장하는 「국제도로운송여건 개선을 위한 SCO 협정(2014.9.12.」) 등 공동 인프라 프로젝트 이행 필요성을 강조(외교통상부. "SCO 정상회의(6.23-24, 타슈켄트) 개최.
http://uzb.mofa.go.kr/webmodule/htsboard/template/read/new_korboardread.jsp?typeID=15&boardid=2925&seqno=1235435&c=&t=&pagenum=1&tableName=TYPE_LEGATION&pc=&dc=&wc=&lu=&vu=&iu=&du=(검색일: 2016.10.2)

실크로드 경제벨트 설립에 있어서 중요한 과제가 중앙아시아와의 경제협력 강화이다. 중국의 대 중앙아시아에 대한 경제적 영향력이 커지고 있는 것은 사실이지만 그 이유와 향후 경제협력 발전 전략을 연구하기 위해서는 중앙아시아 국가들이 현재 당면한 경제문제와 중국이 현재 국내적으로 추진하고 있는 각종 경제개혁 정책을 연결해서 살펴볼 필요가 있다. 이 둘의 상호보완성은 1992년 양자 수교 이후의 경제협력에서 보였던 — 에너지자원 공급과 경제개발 — 것과는 다른 양상을 보이고 있다. 중국이 현재 경제성장 모델의 전환 시기를 맞이하고 있으며 이를 뒷받침하는 13.5규획, 신창타이 경제 개발 관련 정책, <제조 2025> 등이 대 중앙아시아 경제에 미치는 영향이 지대함을 인지해야 할 것이다. 특히 중국 경제정책의 방향성이 생산요소와 투자, 인력 등의 국내투입이 아닌 해외진출에 있으며 국가 차원의 해외 진출 전략의 중심에는 일대일로 정책이 있다. 그러나 본 연구는 중국이 발표한 일대일로 전략은 교통인프라 건설을 통한 물류환경 개선과 일대일로 연선국가들 간의 협력강화에 대한 내용을 주로 담고 있지만 이를 통해 중국이 얻고자 하는 경제적 실익과 활용 계획은 결국 국내경제발전 정책 내에 담겨져 있다고 주장하는 바이다. 본 연구에서 중국의 국내정책들이 실제로 중앙아시아 국가들에 어떤 영향을 미치고 있는지 설명하였다. 중앙아시아의 대 중국 경제의존도가 점점 심화되고 있는 가운데 향후 중국의 대 중앙아시아 경제정책은 지금보다 더 공세적이고 포괄적으로 이루어 질 것이다. 중앙아시아 국가들은 기존의 가장 큰 경제협력 파트너인 러시아의 경제지원 약화와 대외경제 악재, 기존 중국과의 협력관계 심화 및 장기프로젝트 진행, 제조업 확대에 따른 수출시장 확보, 기술이전 및 투자유치 등을 이유로 중국의 적극적 경제협력 제안을 거절할

명분이 사라지고 있다. 이는 과거 ― 에너지개발과 저렴한 소비재수
입 ― 와는 다른 상생의 길을 걷게 될 것임을 의미하기도 한다. 향후
중국이 국내경제 활성화를 위해 시행하는 각종 정책들을 살펴봄으
로써 중국의 대 중앙아시아 경제 전략에 대한 예측가능성을 높일 수
있을 것이며, 이는 중국과 중앙아시아 시장을 놓고 경쟁해야하는 우
리나라에게도 시사하는 바가 클 것이다.

참고문헌

KIEP, 중속성장 중국경제와 한중경제협력, 연구보고서 15-53, 2015.12.
KIEP, 중국의 일대일로 경제외교 행보 및 평가, Kiep 북경사무소 브리핑,
    2016.4.19.
KOTRA, 경제특구를 활용한 기업의 중앙아시아 진출 전략, Global Strategy
    Report 16-003, 2016.
경기연구원, 중국 신창타이(New Normal)경제의 등장과 시사점, 이슈&진단,
    2016.6.
박병인, "시진핑 정부의 대 중앙아시아 안보경제 병진 전략 탐구: 상하이협
    력기구(SCO)와 '신실크로드' 구상을 중심으로", 한국과 국제정치,
    30(4), pp.163-194, 2014
박지원, 카자흐스탄의 투자유치와 산업다변화 정책, EMRCs, 2014.
신범식 외, 중국의 부상과 중앙아시아, 서울: 진인진, 2015
예브게니 홍·신범식, "중국의 중앙아시아 전략과 중국-카자흐스탄의 경
    제협력-현황과 전망", 아시아리뷰, 4(2), pp.181-204, 2015.
조병렬·장태구, "중앙아시아 외국인투자환경 및 유지정책", 예술인문사회
    융합 멀티미디어 논문지, 5(4), pp.731-742, 2015.
조영관, "중앙아시아와 중국의 에너지 협력의 특징과 유라시아 지역에 대
    한 영향", 슬라브학보, 30(2), pp.363-392, 2015.

주장환, "중국의 대 중앙아시아 경제 전략의 변화: '실크로드의 복원'에서 'Greater China'로의 편입", 대한정치학회보, 18(2), pp.217-236, 2010.

이주영, "중국 "실크로드 경제벨트"의 경제협력전략에 대한 고찰", 유라시아연구, 12(2), pp.85-103, 2015.

강명구, "중앙아시아의성장과중국의對중앙아시아 통상전략분석", 유라시아연구, 4(2), pp.127-142, 2007.

盧鋒·李昕외, "爲什麼是中國？一一帶一路"的經濟邏輯", 國際經濟評論, (03), pp.9-34, 2015.

徐坡嶺, 對中亞國家經濟的幾點思考, 歐亞經濟, (04), pp.10-24, 2016.

嶽立·楊帆, ""絲綢之路經濟帶"中國與中亞五國能源合作的經驗借鑒及路徑探析一基於地緣經濟視角", 人文雜志, (09), pp.23-32, 2016.

王保忠·何煉成외, "'新絲綢之路經濟帶'一體化戰略路徑與實施對策", 經濟縱橫, (11), pp.60-65, 2013.

馮頌妹, "絲綢之路經濟帶視角下中國與中亞經貿合作問題研究", 西安財經學院學報, 29(3), pp.26-31, 2016.

張帥, "一帶一路戰略下中國制造業海外轉移的金融需求研究", 時代金融, (2), pp.18-19, 2016.

Word Bank, "Impact of China on Europe and Central Asia", Europe and Central Asia Economic Update, 2016.4.

중국 "실크로드 경제벨트"의 경제협력전략에 대한 고찰

이주영

1 서론

글로벌 경제침체가 장기화되고 있고 중국 국내 경제 성장률이 3년째 하락하고 있는 상황을 고려해 보면 중국의 경제성장이 과거와 같은 고속성장을 기대하기는 어려울 것으로 보인다. 이러한 현상은 중국정부가 지난 경제공작회의(經濟工作報告)와 올 해 양회(兩會)에서 중국의 신창타이(新常態, new normal의 중국식 표현) 진입을 인정함으로써 공식화되었고 새로운 경제성장 패러다임의 변화 즉, 중고속 경제성장 시대에 중국의 안정적 경제성장을 위한 변화가 필요함을 강조하였다.[1] 이러한 변화에 어떻게 대응하고 적응해야 하는지는 현재 중국 정부가 가장 고민하고 있는 부분 중 하나일 것이다. 신창타이 시대에 진입하였음에도 불구하고 중국은 지난 2012년

---

* 이 글은 기존에 발표된 논문 「중국 실크로드 경제벨트의 경제협력전략에 대한 고찰」(『유라시아연구』 제37호, 2015)을 수정·보완한 것이다.

1) 新華網,'中央經濟工作會議闡述新常態下中國經濟趨勢性變化', 2014.12.11. http://news.xinhuanet.com/ fortune/2014-12/11/c_1113611955.htm 2015년 정부공작보고
http://lianghui.people.com.cn/ 2015npc/ n/2015/0305/c394298-26642056.html

11월 29일 중국 공산당 18대 전국인민대표대회(全國人民代表大會)에서 주요 지도사상과 주요 정치이념으로 "중국의 꿈(中國夢)"을 처음으로 제시하였고, 중국의 중장기 발전 전략 목표 실현을 발표하면서 주민 소득을 증대시키고 전체 경제규모를 키워 부유하고 강력한 국가를 건설할 것을 제시한 바 있다.[2] 작년 제22차 아시아태평양경제협력체(APEC) 정상회의에서는 "아시아의 꿈(亞太夢想)"을 실현할 것을 밝힌바 있다.[3] 현재 지난 35년 동안의 고속 경제성장이 담보되지 않은 상황에서 중국이 제창하고 있는 "중국의 꿈"과 "아시아의 꿈"은 어떻게 가능할 것인가? 그것은 새로운 단계의 개혁개방과 개방을 통한 주변국과의 경제협력으로 가능하다고 보고 있다. 새로운 단계의 개혁개방은 제2의 부상을 위한 성장 동력이자 중국의 꿈을 앞당길 수 있는 전략적 대응방안으로 최근 중국의 대외경제정책은 시진핑(習近平) 정부에서 본격적으로 변화를 보이고 있는 전략 중 하나이다. 새로운 개혁개방의 포괄적이고 장기적인 중국의 중장기 전략인 '일대일로(一帶一路)' 구상은 중국이 지속 가능한 경제성장을 이룰 수 있는 방법이자 주변국과 경제협력을 가능하게 하는 구상으로 '실크로드 경제벨트(絲綢之路經濟帶)'와 '21세기 해상실크로드(21世紀海上絲綢之路)'로 시행되고 있다. '일대일로' 구상은 아시아 뿐 아니라 아프리카, 유럽까지 광범위한 지역을 연결하는 거대한 경제벨트 구축을 구상하고 있고, 이를 바탕으로 중국의 대외경제정책 범위를 확대하고, 중국이 국제경제에서 더욱 많은 역할을 할

---

2) 중국공산당 창당 100주년에 소강사회의 전면적 건설이라는 목표는 반드시 실현 가능하며, 신중국 건국 100주년이 되는 시기에는 부강, 민주, 문명, 조화로운 사회주의 현대화 강국의 실현이라는 목표를 실현하고자 함.

3) http://news.shangdu.com/media/20141110/ 15_5954704.shtml

수 있을 것으로 기대하고 있다.

본 연구에서는 일대일로 전략이 중국경제에 어떠한 역할이 가능할 것인지 살펴보고, 일대일로의 핵심지역인 중앙아시아와 유럽을 잇는 실크로드 경제벨트를 중심으로 이 지역의 역할과 경제협력의 협력 가능성에 대하여 분석해 보고자 한다.

이 글의 구성은 다음과 같다. 우선 2장에서 중국의 새로운 개혁개방의 의미와 필요성 그리고 일대일로 구상에 대하여 살펴보고 3장에서는 중앙아시아와 유럽을 연결하는 실크로드 경제벨트 지역의 경제협력 현황을 분석해 보기로 한다. 4장에서는 실크로드 경제벨트 지역 경제협력의 한계점을 고찰하여 5장에서 실크로드 경제벨트 전략의 시사점을 도출하고 중국의 향후 대안을 전망하기로 한다.

2 일대일로—帶—露 전략 구상

2.1 새로운 개혁개방

지역 간 경제발전의 불균형, 경제구조의 불균형, 시장의 자원배치의 불균형, 환경문제, 소득 불균형의 문제 등은 중국의 급속한 경제발전 과정에서 발생한 문제점으로 언급되고 있고, 지속적인 경제성장을 저해하는 요인으로 지적되고 있다(于瀟, 2009. p.12). 중국이 지속 가능한 경제발전을 위해 우선 해결 되어야 할 과제가 바로 연해지역의 경제발전은 유지하면서 중서부지역의 개발을 통해 시역 격차를 효과적으로 축소시킬 수 있는 성장 동력을 구축해야 한다는 점이다. 지난 양회(兩會)에서 리커창(李克强)총리는 중국은 세계 최대의 발전도상국으로 앞으로 오랜 기간 동안 이러한 상태에 놓을 수 있음을 언급하며 중진국 함정에서 벗어나기 위해 중국은 각종 문제들을 해결하여야 하고 발전에 장애가 되는 구조적 모순을 해결하기 위해서 강력한 개혁이 필요하다고 보았다. 시진핑 정부의 새로운 개혁개방은 덩샤오핑(鄧小平) 시기의 개혁개방과 분명 차이가 있다. 경제 대국 중국이 될 수 있게 한 정책 중 하나가 바로 개혁개방이다. 당시 연해지역을 중심으로 개방하여 외자와 기술이 중국으로 유입되도록 한 정책이었다면 지금의 개혁개방은 외자의 유출입으로 해외투자가 가능한 개방 그리고 물자의 이동이 더욱 확대될 수 있는 개방, 해상과 육로의 개방 등 대외개방의 지역 네트워크가 확대되고 있는 차이가 있다. 이것은 개혁개방의 방향이 전환되어야 하는 동기를 부여하고 있고 리커창 총리가 양회에서 "개방도 개혁이다(開放也是改革)"라고 말한 바와 같이 대외개방의 범위가 전방위적으로 확대되고 있다.4)

2.2 일대일로 시행계획

앞에서 언급한 바와 같이 중국의 불균형 발전은 중국이 장기적으로 성장하기 위해 반드시 해결되어야 할 과제이고 중국 지도부는 중서부 지역의 발전을 위해 정책을 시행해 왔다. 2000년부터 시작된

---

4) 대외개방 정책은 2014년 중국 경제 6대 업무(經濟工作6大任務)에도 포함되어 빈곤지역의 발전을 도모하고 중국의 해외투자 지지, 해외투자의 정보제공, 심사 절차의 간소화 등을 통해 실크로드 경제벨트 건설을 제정하여 인프라 건설을 확대하도록 하고 있다. 2013년 12월 13일 중국 중앙경제공작회의 6대 주요 업무는 국가식량안전, 산업구조조정, 채무리스크 방지, 지역협력발전, 민생보장개선, 대외개방의 확대임.
http://news.xinhuanet.com/politics/ 2013-12/13/c_118553239.htm

서부대개발 전략은 중앙정부에서 직접 관할하는 국가급 프로젝트로 '서부대개발영도소조(西部大開發領導小組)'를 설치하여 개혁개방 초기 불균형 발전을 해소하고자 시작되었으나 성과는 저조하였다. 그러나 이런 평가에도 불구하고 2011년 개발의 차별성을 두어 서부 지역의 주요 거점도시를 중심으로 경제지역을 지정하고 이를 중심으로 투자를 확대하였다. 또한 일부 변경 지역의 도시를 중심으로 주변 국가들과의 경제협력 지대를 공동 설치하여 새로운 활력을 모색하기도 하였다 (주장환, 2014, pp.55-56). 서부대개발은 서진전략(西進戰略)으로 발전되어 중국의 서북 지역과 서남 지역 두 개의 축으로 구분되어 진행되었다. 그리고 이 중 서북 지역은 중앙아시아에서 서아시아 그리고 유럽으로 이어지는 지역 중심으로 진행되었고, 서남 지역은 동남아시아에서 서아시아를 거쳐 아프리카의 지역을 포함하여 진행되었다. 이는 다시 중국의 서북 지역과 중앙아시아를 거점으로 하는 '실크로드 경제벨트(絲綢之路經濟帶)'와 중국 서남 지역과 동남아시아를 주요 거점으로 하는[5] '21세기 해상실크로드(21世紀海上絲綢之路)'로 확대되어 지금의 일대일로 구상의 주요 거점 지역으로 발전하였다. 현재 일대일로 구상의 지역적 범위는 중국 동부지역 롄윈강(蓮雲港)에서 중서부 지역을 통해 중앙아시아와 유럽까지 육로로 연결되어 있고, 서남부 연해지역은 동남아시아와 서아시아, 아프리카와 유럽까지 해상으로도 연결되어 있다. 이 두 중심 지역 이외에도 헤이룽장(黑龍江)과 네이멍구(內蒙古)를 통해 러시아와 유럽으로 연결되어 중국의 일대일로 구상은 중국을 통하

---

5) 실크로드 경제벨트의 서북지역은 陝西、甘肅、青海、寧夏、新疆, 서남지역은 重慶、四川、雲南、廣西임.

여 유럽과 아프리카 지역을 아시아로 연결하는 통로 기능을 가능하게 하는 장기적인 전략이라고 보여진다.

중국정부는 서부지역 개발 전략을 발전시킨 일대일로 시행 안을 발표하였다. 양회(兩會) 이후 3월 28일 국가발전개혁위원회(國家發展改革委員會), 외교부(外交部), 상무부(商務部)는 국무원(國務院)을 통해 "실크로드 경제벨트와 21세기 해상실크로드 공동건설 추진 전망과 행동(推動共建絲綢之路經濟帶和21世紀海上絲綢之路的願景與行動_이하 '계획')"을 발표하였고, 국무원 장가오리(张高丽) 부총리를 조장으로 하는 일대일로건설소조("一帶一路"领导小组)를 신

This figure shows One Belt And One Road(The Belt and Road Initiative). That is a development strategy and framework, proposed by China that focuses on connectivity and cooperation among countries primarily in Eurasia, which consists of two main components, the land-based "Silk Road Economic Belt" (SREB) and oceangoing "Maritime Silk Road" (MSR).

그림 1. "One Road And One Belt" strategy

설하여 일대일로를 본격적으로 추진할 토대를 마련하였다. '계획'은 향후 중국이 일대일로를 총괄적으로 어떻게 추진할 것인지 설명해주고 있어 '계획'이 포함하고 있는 내용은 향후 중국이 주변국과의 경제협력을 이해하는데 큰 의미를 갖는다. '계획'에는 배경, 원칙, 중심사상, 주요협력, 협력기제, 중국 각 지방의 개방상황, 중국의 행동방향 등 전체적인 행동방침을 포함하고 있고 주변국들의 상이한 환경으로 경제적 상호보완성이 크고 협력 잠재력이 매우 크기 때문에 협력의 중요한 의미가 있다고 보고 있다. 우선 계획에 드러난 지역은 크게 서북, 동북지역과 서남지역 그리고 연해와 홍콩, 마카오, 대만지역 마지막으로 내륙지역을 모두 개방하여 주변 지역과 협력 가능성을 열어두고 있다. 특히 실크로드 경제벨트의 핵심지역으로 서북에 해당하는 신장(新疆) 지역은 서부 지역을 개방하는 중요한 창구로 중앙아시아를 포함하여 남아시아, 서아시아 등의 국가와 협력 가능한 지역으로 실크로드 경제벨트의 교통중심지이자 무역의 중심지역으로 역할이 강화될 것으로 보인다.[6] 교통의 중심, 무역의 중심지 기능을 강화하기 위해서는 다방면에서 주변국들의 협력이 필요하다. '계획'에서는 일대일로를 성공적으로 실행하기 위한 주요협력 방향으로 정책의 소통(政策溝通), 인프라 네트워크(设施連通), 무역의 통로(貿易

---

6) 그 외 싼시(陝西), 깐수(甘肅), 닝시아(寧夏), 칭하이(青海) 지역은 내륙형 개혁개방 지역으로 중앙아시아, 남아시아, 서아시아 국가와 연결되는 통로이자 물류허브로 개발이 가능하고 네이멍구(內蒙古) 지역은 러시아와 몽골을 연결하는 지역, 그리고 헤이룽장(黑龍江), 지린(吉林), 랴오닝(遼寧)을 포함하는 동북 지역은 러시아 극동지역의 육해상 복합운송이 가능한 지역이며 베이징(北京)과 모스크바 고속운송 회랑을 구축하는 북방 개방의 주요 지역이고, 21세기 해상실크로드의 중심지역인 광서(廣西), 윈난(雲南)은 아세안 국가와 협력이 가능한 지역으로 구분하고 있다.

暢通), 자금융통(資金融通), 민심상통(民心相通) 다섯 가지를 제안하고 있다(胡鞍鋼외, 2014).[7] 첫 번째 협력방향인 정책의 소통(政策溝通)은 관련 국가의 정부 간 신뢰를 구축하여 공동된 인식으로 협력하고 상호 간의 문제를 해결하는 소통의 장을 적극적으로 지지할 것으로 제안하고 있다. 두 번째 인프라 네트워크(设施蓮通)는 일대일로 구축에 있어서 가장 먼저 선행되어야 하는 부분으로 인프라건설, 기술표준 등 관련 국가를 연결하는 현실적인 중요한 과제이다. 세 번째 무역의 통로(貿易暢通)는 대외 무역과 투자를 원활히 하도록 하는 방안으로 무역과 투자 장벽을 없애고 양질의 무역 투자 환경을 조성하는 것으로 경제협력 잠재력을 끌어내고 무역 통로의 기능을 발휘하기 위해 국가 세관(海關) 간의 상호 정보 교환과 감독, 집행, 검역, 인증 등 협력을 중요시한다. 네 번째 자금융통(資金融通)은 일대일로에 사용될 자금 조달의 틀을 제시해 주고 있다. 아시아인프라투자은행(AIIB)을 비롯하여 브릭스(BRICS) 개발은행, 실크로드기금 운영을 통해 자금을 조달하는 설계도를 그리고 있다. 다섯 번째 민심상통(民心相通)은 일대일로 건설의 사회토대 건설로 문화, 학술, 인재, 언론, 청소년, 부녀자의 교류를 광범위하게 협력하여 민심의 기초를 다지고자하는 협력 방향을 제안하고 있다. 일대일로는 결국 서부대개발과 서진전략 등으로 추진해온 중국 내부의 균형발전전략을 주변국으로 확대 발전시키는 전략으로 협력의 범위를 확대하는 동시에 개방의 범위도 확대해 가고 있다.

---

7) 후안강(胡鞍鋼)은 政策溝通, 道路蓮通, 貿易暢通, 貨幣流通, 民心相通 다섯 가지 협력을 제안하였다.

표 1. The Eurasian Economic Cooperation Organization

This table shows various facets of the Eurasian Economic Cooperation Organizations. It includes CIS, CAREC, EAEC, SCO, EEU and especially which is participating China in the SCO and CAREC, Potential competing interests among nations(or Organizations) could threaten economic cooperation.

foundation	Organizations	Countries
1993.12.8	CIS; Commonwealth of Independent States	Russia, Ukraine, Belarus, Turkmenistan, The Azerbaijani Republic, Armenia, Uzbekistan, Kyrgyzstan, Kazakhstan, Tadzhik, Moldavia.
1997	CAREC; Central Asia Regional Economic Cooperation	China, Kazakhstan, Uzbekistan, Tadjikistan, The Azerbaijani Republic, Afghanistan, Mongolia, Turkmenistan, Pakistan
2000.10.10	EAEC; Eurasian Economic Community	Russia, Belarus, Uzbekistan(withdrawal), Kazakhstan, Kyrgyzstan, Tadjikistan observer: Armenia, Ukraine
2001.6.15	SCO; Shanghai Cooperation Organization	China, Russia, Kazakhstan, Kyrgyzstan, Tadjikistan observer: Mongolia, Iran, Pakistan, India
2015.1.1	EEU: Eurasian Economic Union	Russia, Kazakhstan, Belarus, Armenia, Kyrgyzstan

source: www.baidu.com

3 실크로드 경제벨트와 지역 경제협력

3.1. 유라시아 지역의 경제협력기구

중국 서부지역 개방으로 중앙아시아와 유럽으로 연결되어 있는 실크로드 경제벨트를 이해하기 위해서는 중앙아시아 지역의 국가관계와 경제협력체를 우선 이해할 필요가 있다. 중앙아시아 지역은 1991년 구소련 붕괴 이후 해당지역 국가들이 독립을 하게 되면서 중국과의 관계가 성립되기 시작하였다. 90년 대 초 중국은 중앙아시아 지역의 국가안전문제, 에너지 문제 등으로 관계를 구축하기 시작하였고 구소련 해체 이후 1993년 독립 국가들은 평등주권을 기초로 하고 안보협력을 목적으로 한 '독립국가연합(CIS, Common-wealth of Independent States)'를 설립하여 러시아를 비롯한 다수의 중앙아시아 국가들 중심으로 연합체를 구축하였다. 2000년에 설립된 '유라시아 경제공동체(EAEC, Eurasian Economic Com-munity)'는 자유무역지대 구축과 관세동맹, 자본과 노동 및 서비스 중심의 공동시장 설립을 통해 경제협력을 강화하기로 하여 최근에는 에너지 개발, 운송, 이민정책 등 협력 범위를 확대하고 있다. 위 두 개의 협력체는 러시아가 참여하고 있고 정책영향력이 다소 강한 협력기구인데 반해 1997년 설립된 중앙아시아 지역협력체(CAREC, Central Asia Regional Economic Cooperation)와 2001년 설립된 상하이 협력기구(SCO, Shanghai Cooperation Organization)는 중국이 참여하고 있는 협력기구라는 점에서 구분된다. CAREC는 아시아개발은행(ADB)이 미국과 일본 주도로 설립되면서 제안되어 구축된 것으로 중국을 포함한 주요 중앙아시아 국가들이 참여하고 있는 지역협력체로 최근 'CAREC 2020'을 통해 교통운송, 무역, 에너지 등으로 지역협력의 영역을 강화하고 있고 아시아개발은행(ADB)을 비롯하여 6개의 국제기구[8]가 관여하고 있다. 2001년 중국 주도로 설립된 상하이협력기구(SCO)는 안전보장을 목적으로 설립된 '상하이5국'을 모태로 하고 있지만 최근 정치, 경제, 과학기술, 문화, 교육, 에너지, 교통, 환경보호까지 영역을 확대하여 협력의 기반을 갖추고 있어 중국이 중앙아시아 지역과 경제협력을 논의할 수 있는 가장 밀접한 관계가 있는

---

8) 아시아개발은행(ADB), 유럽부흥개발은행(EBRD), 국제통화기금(IMF), 미주개발은행(IDB), 유엔개발계획(UNDP), 세계은행(WB)이 참여

협력기구라고 볼 수 있다. 90년 이후부터 최근까지 중앙아시아 지역은 중국과 경제협력체를 통해 밀접한 경제협력을 해 왔고 특히 무역 파트너로서의 경제적 협력관계는 더욱 밀접해 지고 있다(胡鞍鋼 외, 2014). 실크로드 경제벨트 구축이 본격화되고 있고, 향후 상하이협력기구, 유라시아경제공동체 등과의 협력을 강화하여 일대일로 건설 로드맵이 추진될 가능성이 있다. 예컨대, 올 해 1월 유라시아경제연합(EEU)이 발족되었다.[9] 중국은 이와 같은 협력 기구를 상대로 일대일로 구상에 대한 공감대를 형성하고, 해당 지역을 개발하고자 하는 합의를 도출하여 협력 가능한 분야의 협력을 이끌어 낼 수 있다. 이러한 과정은 관련기구 대 중국 혹은 관련기구 대 중국이 참여하고 있는 또 다른 기구 사이의 협력으로 범위가 확대되어 추진 될 가능성도 있다.

3.2 중앙아시아 지역의 경제협력 기능

중앙아시아는 중국의 신장위구르자치구(新疆維吾爾自治區)와 접경해 있어 중국과 직접 교역이 발생하는 지역으로 이 지역의 교역은 몇 가지 특징을 보이고 있다. 첫 번째, 최대 무역 대상국이 중국으로 변하고 있고 국가 간 차이가 크다는 점이다. 역외 교류 증가로 인하여 독립국가연합, 유라시아경제공동체, 관세동맹 국가 간 무역 교류의 변화는 가시적이지 않았지만 중국과의 교역은 지속적으로 증가

---

9) 러시아, 벨라루스, 카자흐스탄 3국이 창설한 경제연합공동체로 최근 아르메니아가 가입하였고, 키르기스스탄이 가입 예정에 있으며 CIS 지역에서 통관 제도 및 인프라가 정비되고 있는 등 새로운 관세범이 만들어질 예정임.

하여 2006년 이후 주요 교역국이 러시아에서 중국으로 바뀐 이후 2013년 최대 교역대상국이 되었다.(김상원, 2014. p.50). 중앙아시아 교역총액은 2000년 18억 1000만 달러에서 2013년 약 460억 달러로 성장하였다. 그러나 국가 간 교역액 비중 편차가 심하여 중앙아시아 5개 국가[10] 중 신장 세관을 통한 교역에서 카자흐스탄과의 교역이 2014년 기준 약 100억 달러, 59% 점유율을 보여 가장 높은 비중을 차지하고 있는 반면 2위인 키르기스스탄은 40억 달러 정도로 24%를 차지하고 있어 중앙아시아 국가 간 교역 차이가 큰 특징을 가지고 있다. 이는 카자흐스탄의 에너지 수출 규모가 크고 중국과의 에너지 교역이 증가한 것에 기인한다.

두 번째 특징인 에너지 공급처 확대 기능으로, 지역적 특수성을 적극 활용한 것으로 보여 진다. 에너지 측면에서 중아아시아는 자원 대국으로 그 영향력이 크다. <그림 2>에서 보는 바와 같이 신장 우루무치(烏魯木齊) 세관을 통해 카자흐스탄, 키르기스스탄, 우즈베키스탄, 타지키스탄, 투르크메니스탄 등 중앙아시아 5개 국가와 교역되는 수출입 규모는 중국 전체 교역의 약 1% 정도[11]에 불과하지만 2006년 73억 달러에서 2014년 약 170억 달러로 증가하는 등 증가 추세에 있고 주요 수출입 품목을 통해 중국과 중앙아시아 지역 무역을 통한 협력을 이해할 수 있다. 신장을 통해 수입되는 수입품 비중과 증가 추세가 가장 빠른 품목은 원유이다. 2009년 CIS 지역의 석유채굴량은 전 세계의 16%, 유라시아 연합 3개국은 14.3%를 차지하고 있

---

10) 카자흐스탄, 키르기스스탄, 우즈베키스탄, 타지키스탄, 투르크메니스탄
11) 중국의 중앙아시아 수출입 비중은 수출 1%, 수입 0.6% 정도임(투르크메니스탄 제외).

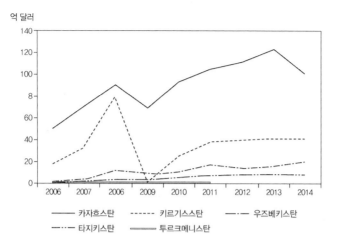

억 달러

According to the figure, Kazakhstan was among the five Central Asian nations with the highest proportion of accounting with nearly 59 percent of the total trading volume. source: 烏魯木齊海關(Urumqi.customs), http://urumqi.customs.gov.cn

그림 2. Top Export, Import countries of Urumqi

고 천연 가스 역시 러시아를 포함하고 있긴 하지만 19.7%로 가장 높은 점유율을 보이고 있다(김영진, 윤인하, 2014, p.213). 반면 중국은 에너지 공급부족 문제로 에너지 확보가 필요한 상황이며 2014년 기준 중국의 에너지 수입의존도는 59.6% 정도로 매우 높다.[12] 그러나 중국 대부분의 원유는 중동과 아프리카 지역에서 수입되고 있고 신강에서 수입되는 비중은 낮은 편이다. 중동과 아프리카 지역의 불안정한 정세는 에너지 확보에 위협이 되고 있다. 뿐만 아니라 에너지 대부분이 해상운송을 통하고 있으며 80%정도가 인도양과 말라카해협을 통해 공급되고 있어 유통라인이 협소한 문제와 지역 안보의 불

---

12) 我國2014年進口石油3億噸 對外依存度逼近六成,《每日经济新闻》2015년 1월 14일자 검색. http://www.cs.com.cn/xwzx/cj/201501/t20150114_4617246.html

안정성 문제를 해결하기 위해 수송 경로를 다변화하고 공급지를 확대할 필요가 있다. 중국과 중앙아시아 지역의 에너지 교역 확대는 중앙아시아 지역 국가의 대 러시아 수출 의존도를 낮추고 수출을 다원화 시켜야 한다는 필요성과 중국의 에너지 공급처를 다변화해야 한다는 필요성이 상충하고 있기 때문인 것으로 해석된다. 이러한 상황을 고려해 보면 2006년 중국은 카자흐스탄과 원유파이프라인을 설치하여 약 7,700만 톤의 원유를 신장 아라산커우(阿拉山口)를 통해 수입해오고 있다는 점에서도 알 수 있듯이[13] 중앙아시아 지역의 에너지 공급은 중국의 경제 전략에 매우 중요한 역할을 할 수 있다고 볼 수 있다.

세 번째, 중앙아시아 지역과 중국의 무역 활성화는 경제협력의 가장 큰 성과 중 하나로 교역 자체로도 의미가 있지만 중앙아시아 지역이 중국과 유럽 교역의 교두보 역할을 하고 있다는 점에서 더욱 의미가 크다. 중국의 주요 수출품은 의류와 전기제품이고 수입품은 원유와 전기제품으로 주요 수출품에서 케찹과 같은 상품은 신장(新疆) 특수 작물을 이용한 가공품의 수출이지만 의류, 전기제품, 자동차, 철강재 등 순위권에 있는 상품들은 신장에서 제조된 상품이 아니라 내륙 혹은 연해지역에서 생산된 제품들이고 신장을 거쳐 중앙아시아 국가뿐만 아니라 유럽으로 수출되는 상품이 포함되어 있다. 신장 세관통계를 분석해보면 유럽으로 수출입 되는 비중은 2014년 교역액기준으로 수출은 1.4%, 수입은 5.3% 정도로 미미한 수준이지만 실제 중국의 10대 수출국 중 유럽 국가는 독일, 네덜란드, 영국,

13) '中亞油氣合作之中哈原油管道項目巡禮', 中國石油新聞中心, 2015년 3월 12 일자 검색

러시아 4개 국가가 포함되어 있고 10대 수출국 수출총액의 18.1%를 차지하고 있을 정도로[14) 유럽은 중국의 대외무역에서 매우 중요한 위치를 차지하고 있다. 더욱이 올 해 양회에서 발표한 '중국제조 2025' 프로젝트에 따라 중국이 양질의 상품이 대량 생산된다면 고품질의 제품이 수출될 새로운 시장이 필요할 것이고 이런 측면에서 유럽시장은 중국의 새로운 수요처로 부상할 가능성이 크다.

3.3 인프라 건설 협력

2014년 말, 중국 전체 수출입 규모는 약 4조 3천억 달러로 2013년에 이어 수출입 총액이 4조 달러를 초과하여 무역대국으로 성장하였다. 이중 유럽과의 교역관계는 점점 밀접해지고 있다. 중국 전체 교역에서 유럽이 차지하는 비중에 비해 신장을 통해 교역되는 비중이 낮은 것을 미루어 볼 때 현재 육송(철도 혹은 도로) 운송보다는 해상 혹은 항공 운송 비중이 높을 것으로 추측된다. 그러나 최근 중국과 유럽으로 연결되는 국제철도를 통해 유럽으로 수출입 되는 규모는 확대되고 있다.

2014년 11월 18일 개통된 이신어우(義新歐) 국제철도는 실크로드 경제벨트를 대표하는 중심 철도로 중국의 최대 상품시장인 이우(義烏)를 출발하여 신장을 거쳐 유럽의 스페인까지 상품교역이 가능하게 되었다. 이신어우 철도는 중국 역사상 가장 길고, 저장(浙江), 안후이(安徽), 허난(河南), 싼시(陝西), 깐수(甘肅), 신장(新疆) 등 6개

---

14) 2014년 중국 수출총액에서 독일이 차지하는 비중은 2010년 4.3%에서 3.1% 비중 하락 추세, 수입은 5.3%로 동일

의 성(省)을 지나 카자흐스탄, 러시아, 벨라루스, 폴란드, 독일, 프랑스, 스페인 등 중국을 포함하여 가장 많은 도시를 경유하는 노선이다. 이신어우를 포함하여 최근 중국과 유럽을 연결하는 철도는 8개 정도로 충칭(重慶), 쓰촨 청두(四川成都), 정저우(鄭州), 쑤저우(蘇州), 우한(武漢), 창샤(長沙), 이우(義烏), 하얼빈(哈爾濱)에서 출발하여 신장 아라산커우(新疆阿拉山口) 혹은 신장 휘얼궈스(新疆霍爾果斯)를 거쳐 유럽으로 연결되어 있고 최근 몇 년 사이 개통을 하여 운행 중에 있다. 중국에서 중앙아시아를 거쳐 유럽으로 연결되는 이들 철도를 이용할 경우 해상운송을 이용할 경우보다 회항시간을 훨씬 단축시킬 수 있다.[15] 예를 들어 창샤(長沙)에서 독일 뒤스브르크까지 운행되는 씨앙어우(湘歐)철도의 경우 해상운송보다 27일 도착 시간을 단축시킬 수 있어[16] 중국과 유럽 간의 인프라 건설 구축으로 중국 내륙에서 생산되는 상품이 교역되는 방법이 더욱 다양해지고 운송비용 절감으로 육송을 통한 교역이 증가할 것으로 보인다. 실제 10%의 운송비용이 증가하면 무역규모가 20% 감소한다는 연구와 통관 시간이 10% 줄어들면 교역 규모가 5-8% 증가한다는 연구결과[17]를 미루어 볼 때 만약 신장과 중앙아시아 지역을 통해 유럽으로까지 운송되는 시간과 비용이 절감된다면 이 지역 무역규모는 더욱

---

15)   http://baike.baidu.com 검색
     위신어우(渝新歐): 2010년 10월, 충칭(重慶) - 독일, 룽어우콰이티에(蓉歐快鐵): 2013년 4월, 청두(成都) - 폴란드, 정어우궈지콰이티에(鄭歐國際快鐵); 2013년 7월, 정저우(鄭州) - 독일, 한신어우(漢新歐); 2014년 4월, 우한(武漢) - 독일, 수멍어우(蘇蒙歐); 2014년 9월, 수저우(蘇州) - 폴란드

16)   貨聲財經, 湘歐快線首開, 湘貨18天可抵歐 2014.10.30.
     http://epaper.voc.com.cn/sxdsb/html/2014-10/16/content_890497.htm?div=0

17)   Limao, L.and A. J. Venables(2001), pp.451-479.

표 2. China - Europe International Railway

This table shows international railway in China that would ultimately connect China to Europe. Currently China has built eight International Railways between China and Europe, using trans-Eurasia railway could reduce time and cost. For example using Xiang-ou International railway could be reduce 27 days than maritime transport.

	China–Europe Railway line		date	since
1	Chongqing-Germany Duisburg (Yuxinou Railway)	Chongqing(重庆团结村站)-Xian(西安)-Lanzhou(兰州)-Ulumuqi (乌鲁木齐)-Alashankou(阿拉山口)-Kazakhstan-Russia-Belarus -Poland-Germany(Duisburg)_Total 11,000km	15	2011. 3.19.
2	Chengdu-Poland Lodz(Rong-ou-Railway)	Chengdu(四川成都城厢站)-baoji(宝鸡)-Lanzhou(兰州)-Alasha nkou(新疆阿拉山口)-Kazakhstan-Russia-Belarus-Poland(Lodz) _Total 9,965km	14	2013. 4.26.
3	Zhengzhou-Germany Hamburger(Zheng-ou Railway)	Zhengzhou(郑州圃田)-Alashankou(阿拉-Kazakhstan-Russia-Bel arus-Poland-Germany(Hamburger)_Total 10,245km	15	2013. 7.18
4	Suzhou-Poland Warsaw(Sumang-ou Railway)	Suzhou(苏州)-Inner Mongolia Manzhouli(内蒙古满洲里)-Russia -Belarus-Poland(Warsaw)_Total 11,200km	15	2013. 9.29
5	Wuhan-Czech (Wuxing-ou Railway)	Wuhan(武汉)-Alashankou(阿拉山口)-Kaza- khstan-Russia-Belarus-Poland-Czech_Total 10,700km	15	2012. 10.24
6	Changsha-Germany Duisburg (Xiang-ou Railway)	Line1:ChanSha(长沙霞凝)-Xian(西安)-Alashankou (阿拉山口)-Kazakhstan-Russia-Belarus-Poland-Germany Duisburg_Total 11,808km	18	2014. 10.30.
		Line2:ChanSha(长沙霞凝)-Zhengzhou(郑州)-Xian(西安)-Huerg uosi(新疆霍尔果斯)-UzbekistanTashkent(乌兹别克斯坦的塔 什干)_Total 6,146km	11	
		Line3:ChanSha(长沙霞凝)-Zhengzhou(郑州)- Inner Mongolia Erlianhaote(二連浩特) or Manzhouli(二连浩特(或满洲里)-Russia Moscow_Total 8,047(10,090)km	13 (15)	–
7	Yiwu-Spain Madrid	Yiwu(義乌)-Xian(西安)-Lanzhou(蘭州)-Alashankou(阿拉山口) -Kazakhstan-Russia-Belarus-Poland-Hamburge-France-Spain Madrid_Total 13,052km	21	2014. 11.18
8	Harbin-Russia Biklyan	Haerbin(哈尔滨)-Manzhouli(满洲里.)-Binzho line(滨洲铁路)- Russia(Biklyan)_Total 6,578km		2015. 2.28

source: www.baidu.com

증가할 것으로 추측된다.

즉 유럽 시장 개척의 핵심은 중국과 유럽을 연결하는 중앙아시아 지역의 인프라 구축에 있고 중국이 주도하는 아시아인프라투자은행(AIIB) 설립으로 중앙아시아 지역의 인프라 건설이 원활히 추진되도록 하는 것이 중요하다. 현재 AIIB에 창립멤버는 우리나라를 포함하여 57개 국으로18) 아시아 주변국과 유럽 국가들이 포함되어 있어 AIIB가 유라시아 경제협력을 이끌어 내는 데 매우 중요한 역할을 할 것으로 보인다. 따라서 중앙아시아 지역의 인프라 구축을 통해 안정적인 에너지 공급과 유럽시장 개척을 확대 할 수 있는 기반 구축은 중국의 새로운 경제성장 도약과 주변국과의 경제협력을 강화 할 수 있는 기회가 될 수 있다.

4 실크로드 경제벨트의 한계점

2013년 9월 시진핑 주석이 카자흐스탄 대학 강연에서 '실크로드 경제벨트(絲綢之路經濟帶)'에 대해 연설 한 것에 이어 10월에는 해

---

18) 아시아 34개국, 유럽 18개국, 대서양 2개국, 남미 1개국, 아프리카 2개국(오스트리아. 오스트레일리아. 아제르바이잔, 방글라데시, 브라질, 브루나이, 캄보디아, 중국, 덴마크, 이집트, 프랑스, 핀란드, 그루지아, 독일, 아이슬란드, 인도, 인도네시아, 이란, 이스라엘, 이탈리아, 요르단, 카자흐스탄, 한국, 쿠웨이트, 키르기스스탄, 라오스, 룩셈부르크, 말레이시아, 몰디브, 몰타, 몽고, 미얀마, 네팔, 네덜란드, 뉴질랜드, 노르웨이, 오만, 파키스탄, 필리핀, 폴란드, 포르투갈, 카타르, 러시아, 사우디아라비아, 싱가포르, 남아프리카, 스페인, 스리랑카, 스웨덴, 스위스, 타지키스탄, 태국, 터키, 아랍에미리트, 영국, 우즈베키스탄, 베트남) 미국, 일본 제외

상 실크로드의 중추지역인 ASEAN 국가 방문 시 '21세기 해상실크로드(21世紀海上丝绸之路)'를 제안하였고, 2014년 정부공작회의와 2015년 양회 이후 "실크로드 경제벨트와 21세기 해상실크로드 공동 건설 전망과 행동(推動共建絲綢之路經濟帶和21世紀海上絲綢之路的願景與行動)"인 일대일로 로드맵을 발표하였다. 특히 실크로드 경제벨트 구상은 중앙아시아와 유럽을 연결하여 발전하고자 하는 구상으로 해당 지역의 경제협력을 더욱 강화하기 위해 국가 간 상호 협력 의사가 상충해야 하고, 안정적이어야 하며, 이를 기반으로 국가들을 연결하는 인프라 구축이 지속되어야 하며 인프라 구축에 필요한 자금조달이 원활히 이뤄져야 한다. 그러나 여전히 해결되어야 할 문제점이 남아 있다.

첫 번째, 실크로드 지역의 경제협력을 주도하는 주체가 다양하여 구성원들 간 이익관계 충돌로 발생되는 지역의 불안정성과 중국 부상을 견제하는 태도를 보이고 있다는 점이다. 2006년 우즈베키스탄은 유럽경제연합(EAEC)에 정식 회원국으로 가입한 바 있으나 러시아와 카자흐스탄, 벨라루스의 관세동맹을 견제하여 EAEC 탈퇴를 선언하였고, 2014년 크림 공화국이 러시아와의 합병으로 우크라이나가 독립국가연합(CIS)에서 탈퇴 신청 중에 있다. 따라서 국가 간의 상이한 경제적 이해관계 뿐 아니라 상이한 외교적 이해관계가 실크로드 경제벨트 주변국과의 경제협력에 악영향을 미치기도 한다. 이렇듯 동일 지역 내에 다양한 방법으로 경제개발과 경제협력을 시도하고 있지만 대부분 국가의 실크로드 전략은 국가와 국가 혹은 지역과 지역 사이의 인식 차이로 가시적인 진전을 보이지 못하고 있다. 다시 말해 실크로드 경제벨트 전략은 같은 지역에 다양한 주체들이 혼재해 있는 모습을 보이고 있어 과거와 현재 사이에 유사 하지만 상이한 각 주체들의 이해관계가 경제협력의 장애가 될 수 있다는 한계점을 보이고 있다는 점이다.

또한 일대일로의 한 축인 실크로드 경제벨트는 더 큰 범주에서 보면 중국이 처음 제안한 것이 아니다. 1993년 UN은 실크로드 연해국가와 지역 경제, 문화교류 협력으로 실크로드의 경제개발과 국제협력을 추진하여 국제경제의 활성화를 도모한 바 있고, 1997년 일본 하시모토 내각 역시 '실크로드 외교'를 제안하여 에너지의 다각화, 국제시장으로의 진입, 중앙아시아 지역의 정치, 경제적 영향력을 강화하기 위해 개발 원조를 제공하고 실크로드 주변국 인프라 건설에 적극적인 지원을 하고 있다. 이에 1999년 미국은 '실크로드 전략법안'을 미국 국회에서 통과시킴으로써 일본의 실크로드 계획을 공동으로 추진하고 있다. 2013년 우리나라의 '유라시아 이니셔티브'는 부산 – 북한 – 러시아 – 중국 – 중앙아시아 – 유럽을 관통하는 '실크로드 익스프레스(SRX, Silk Road Express)'를 건설하고 에너지 네트워크를 구축하기 위한 구상이다. 실크로드 익스프레스 실현을 위해 선행적으로 가입해야 할 국제철도협력기구(OSJD)에 북한의 반대로 가입을 못하고 있는 상황이었으나 제43차 국제철도협력기구(OSJD) 장관회의에서 한국의 정식 회원국 가입이 정식 안건으로 상정되었고 6월 최고 의결기구인 장관회의에서 상정하기로 결정하여 유라시아 이니셔티브 실현 가능성을 보여주고 있다.[19] 이렇듯 실크로드 경제벨트 지역에 미국, 러시아, 일본 그리고 한국 등 다양한 경제주체들이 이 지역에 영향력을 강화하려고 하고 있다. 그렇기 때문에 중국이 이들

19) "OSJD, 한국 정회원 가입 안건 상정.북 반대 안해", 통일뉴스, 2015.4.22.일자 검색

경제주체들과 합의를 이끌어 내는 것이 매우 중요하지만 미국, 일본 등 일부 국가들로부터 신임을 얻지 못하고 있다. 특히 미국은 중국 주도의 실크로드 경제벨트 구상에 대해 아시아와 세계 영향력을 강화하려는 의도가 있다고 보고 있으며 견제의 대상으로 여기고 있다(田惠敏 외, 2015).

두 번째, 실크로드 경제벨트 지역의 인프라 구축에 필요한 자금조달이 원활히 이뤄져야 하지만 이 역시 많은 문제점을 내포하고 있다. 중앙아시아 지역의 교통, 통신, 전신망, 천연가스 파이프라인 등의 인프라 현황은 상대적으로 낙후되어 있고 유럽의 인프라 시설은 노화되어 있지만 해당 국가들의 심도 있는 협력이 어려운 환경에 처해있다(田惠敏 외, 2015). 그럼에도 불구하고 중국은 아시아 지역의 인프라 투자 기금 조성을 목적으로 하는 AIIB 출범을 계획하여 우리나라와 러시아를 포함한 20개의 역내국과 영국을 포함한 37개의 역외국의 합의를 얻어내었다. 문제는 AIIB가 국제 금융기구로서 갖추어야 할 거버넌스의 문제, 중국의 선진국에 비해 상대적으로 낮은 신용등급[20] 그리고 투자자들의 장기적인 이익이 담보되어야 하지만 이런 부분에 있어서 회의적인 면이 존재한다.[21] 게다가 아시아개발은행(ADB)과 사업 영역 및 기능이 중복되어 있는 점은 자금 조달의 어려움으로 작용할 수 있다.

---

[20] AIIB의 상임 이사회 설치 여부, 지분율 등은 논의 중에 있는 사안으로 중국의 높은 지분율로 발생될 수 있는 결정권이 문제의 소지가 되고 있으며 AIIB가 낮은 비용으로 채권을 발행하기 위해서 신용등급이 높아야 하지만 영국(AAA) 등 선진국에 비해 중국 신용등급(AA-)은 낮은 수준이다.

[21] 성균중국연구소 국가전략 시리즈 세미나, '일대일로와 한중관계', 중국사회과학원 짱원링 교수 강연내용 중에서, 2015.5.18. http://sics.skku.edu/

셋 번째, 중국을 견제하는 협력조직의 증가이다. 실크로드 경제벨트를 통해 중국은 중앙아시아를 거쳐 유럽시장으로 교역의 범위가 확대될 가능성이 커질 것이라는 것을 앞서 살펴본 바 있다. 유럽이 국제경제에서 차지하는 규모와 기술력은 상당한 수준이지만 최근 유럽의 경기는 쉽게 회복되지 못하고 있다. 그럼에도 불구하고 중국이 유럽시장과의 교역을 확대하고자하는 이유는 환태평양경제동반자협정(TTP, Trans-Pacific Partnership) 협상에 이어 2013년 미국이 유럽연합(EU)과 범대서양무역투자동반자협정(TTIP, Transatlantic Trade and Investment Partner-ship)협상을 개시하여 유럽 지역의 경제적 영향력을 확대하려는 움직임을 보이고 있고 게다가 올 해 초 창설된 유라시아경제연합(EEU)은 독립국가 연합국에 포함되어 있는 러시아, 벨라루스, 카자흐스탄, 아르메니아, 키르기스스탄 등의 국가로 독립국가연합(CIS)에 포함된 국가의 50%로 구성되어 있어 EEU를 통해 EU와 중국의 영향력 확대를 견제할 것이라고 분석되기도 한다.[22]

마지막으로 실크로드 경제벨트의 주요 범위는 중앙아시아와 유럽으로 한반도를 논의되고 있지 않다는 한계점이 있다. 한반도는 중국과 러시아를 접경하고 있고 동북아시아로 연결되는 중요한 지리적 위치에 있음에도 불구하고 실크로드 경제벨트 지역에서 제외되어 있다. 중국 국가철도국에 따르면 2013년 기준 중국 단둥(丹東)에서 북한 신의주까지 연 39만 톤의 물동량과 지안(集安)에서 만포까지

---

22) 아주경제,무협"TPP. RCEP, TTIP등 메가 FTA 올해 타결 목표, 한국 적극 대응해야", 2015년 2월 22일자 검색,
http://www.ajunews.com/view/ 20150221214152545

6만 톤, 투먼(圖們)에서 남양까지 연 7만 톤의 화물을 운송하는 국제 철도가 운행되고 있다.[23] 물론 북한으로 운송되는 물동량의 규모는 러시아나 카자흐스탄에 비해 미미한 수준이지만 북한 접경지역과 중국의 국가급 사업인 '랴오닝 연해경제벨트개발(遼寧沿海經濟帶 發展規劃)'과 창지투개발사업(中國圖們江區域合作開發規劃)'과 연결하고 우리나라의 '유라시아 이니셔티브'와 연결하는 것이 실크로드 경제벨트 구상에 포함되어 있다면 동북아 지역의 발전을 도모할 수 있을 것이다. 그러나 실제 이런 단계까지 논의되지 않고 있고, 이는 중국이 주장하고 있는 주변국과 원-원하고 상호 발전할 수 있는 기회를 만들겠다고 하는 일대일로의 기본 취지와 모순되고 있다.

⑤ 결론 및 시사점

시진핑 시대에 가장 중요한 이슈 중 하나는 '일대일로'이다. 중국은 지난 30여 년간의 고속 성장에서 중고속 성장으로 신창타이(新常態) 시대로의 진입을 공식 인정하면서 중국이 향후 나아가야 할 경제 전략을 새롭게 구축해야 하는 부담을 안고 있다. 그럼에도 불구하고 중국의 경제 발전 전략은 더욱 확고하고 분명해졌다. '일대일로'를 통해 중국 경제발전을 도모하고 주변국과의 경제협력을 강화하여 새로운 경제발전의 기회로 삼고자 하고 있다. 일대일로는 '실크로드 경제벨트'와 '21세기 해상실크로드' 전략 크게 두 개의 전략으로 진행되고 있어 아시아 뿐 아니라 이프리카, 유럽까지 광범위한 지역을 연결하는 거대한 경제벨트 구축을 구상하고 있는 프로젝트

---

23) 중국국가철도국, http://www.nra.gov.cn, 2015년 1월 28일 자료

이다. 본 연구에서는 중아아시아와 유럽으로 연결되는 '실크로드 경제벨트'를 중심으로 이 지역의 역할과 지역 경제협력에 대하여 분석해 보았다. 일대일로는 중국의 서부개발 프로젝트로 중국의 균형발전 전략으로 시작되었지만 개발 범위가 주변국 경제협력으로 확대발전된 모습을 보이고 있다. 신창타이 시대에 진입한 중국이 안정적 성장과 지속가능한 성장을 담보하기 위해서 불균형 경제발전은 반드시 해결해야 할 과제였고 그런 측면에서 서부지역 개발은 선행되어야 했다. 과거 서부대개발에서 서진전략으로 중국 신장은 중앙아시아와의 교역이 확대되었고 상품교역 뿐 아니라 중앙아시아에서 서부지역을 통해 공급되는 에너지 확보에 상당한 진전을 보였다. 최근 개통되어 운행되고 있는 중국과 유럽 간 국제철도는 중앙아시아가 중국과 유럽 시장을 연결하는 교두보 기능을 하는 중요한 지역으로서의 기능이 확대되었다. 인프라 구축으로 교역 시간과 거리가 단축되고 교역 비용을 절감시키고 교역을 활성화 시킬 수 있는 기본조건으로 인프라 구축이 주변 발전도상국이 발전할 수 있는 기반을 제공한다는 측면에서 중국은 아시아인프라투자은행(AIIB) 창설을 앞두고 있고 57국가의 가입 협의를 마쳤다. 그러나 중국 뿐 아니라 미국을 비롯한 일본, 러시아 등이 중앙아시아 지역 개발 전략이 시행되고 있는 등 여러 경제협력기구가 동일지역에 다수의 주체가 혼재해 있는 모습을 보이고 있어 국가 간 혹은 협력기구 간의 상이한 이해관계가 마찰을 일으킬 가능성이 있다. AIIB의 지배구조 등 아직 해결되지 않은 문제들이 남아 있고, 유라시아경제연합(EEU)과 같이 중국을 견제하는 새로운 경제협력체의 등장 그리고 유라시아 지역의 국가 간 이념과 갈등으로 발생되는 문제점들은 실제 주변국의 경제협력을 늦추거나 저해하는 요인이 될 수 있어 실크로드 경제벨트 구축에 장애가 될 수 있다. 실크로드 경제벨트가 성공적으로 실행하여 중국 경제발전과 지역경제발전을 도모하기 위해서 중앙아시아 지역의 안정적인 경제협력이 무엇보다 중요하다. 따라서 실크로드 경제벨트 구상에 참여하는 많은 국가들의 합의를 도출하는 것은 실크로드 경제벨트를 성공적으로 실행 시키고 주변국가와 중국의 경제성장을 도모하는 중요한 전제조건이라고 할 수 있다. 그렇다면 중국이 실크로드 경제벨트 지역의 안정적인 경제협력을 유지하기 위해 어떠한 대응을 할 수 있을 것인가? 4장에서 분석한 몇 가지 한계점을 보완하기 위한 몇 가지 전략이 가능 할 것으로 보인다.

첫 번째, 실크로드 경제벨트에 경제협력을 진행해온 미국, 유럽, 러시아 등 경제주체들과의 합의를 얻기 위한 전략이다. 유라시아 지역에 유사한 전략목표를 가지고 추진해 온 각 국가들과 이 지역의 경제협력을 경쟁적으로 추진함으로써 발생되는 비합리적 비용과 노력을 감소시키는 전략을 추진할 가능성이 있다. 실제 일본과 미국은 AIIB에 참여 의사를 밝히고 있지 않지만 ADB, World Bank, IMF와 AIIB의 협력방안을 통해 우회적 협력이 논의 되고 있다.

두 번째, 유라시아 지역의 경제협력기구에 대응할 수 있고 중국이 영향력을 활용할 수 있는 협력조직의 강화 혹은 창설 가능성이다. CIS, CAREC, EAEC, SCO, EEU 등 유라시아 지역 국가들은 그 동안 자유무역지대, 유라시아경제공동체를 통한 관세동맹, 공동경제구역 창설에서 유리사아경제연합까지 지속적인 노력을 기울여 왔다. 특히 경제통합 추진과정에서 중앙아시아의 역할과 협력이 강조되었다. 그러나 각 단계별 완성도가 충분히 진행되지 않은 상태에서 전환이 이루어져(김상원, 2014, p54) 있기 때문에 중앙아시아 지역의 안정적 성장을 담보 할 수 있는 협력체가 필요하다. 러시아 등 중앙아시아 지역과 경제협력을 추진해온 경제통합의 협력체들이 미온적 성과를 보인 이유는 경제통합의 비용부담이 크기 때문일 것으로 판단된다. 그 동안 러시아 주도의 유라시아 경제협력이 추진되었지만 최근 러시아 경제위기로 중앙아시아를 포용할 여력이 감소하고 있는 점은 중국에게 기회일 수 있다. SCO와 같이 중국 주도의 협력조직을 통해 중앙아시아 지역의 경제협력을 강화하고 나아가 유럽경제권과의 협력을 확대할 기회를 모색할 가능성도 있다.

세 번째, 자유무역지대 형태의 경제협력 가능성도 고려해 볼 수 있다. 중국은 상하이(上海)를 시작으로 올 해 광둥(廣東)과 텐진(天津)에 자유무역지대를 정식 인가하여 주변국과의 자유무역 범위를 확대하고 있고 중국과 중앙아시아 변경지역인 신장(新疆)의 카스(略什) 경제개발구의 인가를 통해 이 지역의 전력, 통신 등 인프라시설 및 금융무역지대, 종합보세구 등의 틀을 마련하고 있다. 중국은 중앙아시아 지역과 유럽과의 자유무역협정이 아직 미온적이지만 2006년 파키스탄, 2013년 스위스와 이미 FTA를 체결한 바 있고, 쌍무 협정 이외에도 EEU와 같은 다자간 자유무역협정을 추진할 가능성도 있다.

네 번째, 주변국의 새로운 대안을 수용하기 위한 대화 채널의 확대 가능성이다. 실크로드 경제벨트 구상은 기본적으로 중국에서 제안하였고 중국 중심으로 구상되었다. 물론 주변국과 상호 윈-윈하고 발전하는 것을 목표로 하고 있지만 이 구상은 초기 단계이고 장기적으로 진행될 것이라는 점에서 주변국의 새로운 의제는 계속 생길 것이고 중국은 이런 새로운 의제를 수용하고 협의하겠다는 입장(兼容並蓄)이다.24) 한국은 '실크로드 익스프레스'를 실크로 경제벨트와 협력할 수 있는 방안이나 실크로드 경제벨트로 구축되는 네트워크를 한국이 활용할 수 있는 해저터널 건설과 같은 협력방안에 대한 의제를 제안할 수 있다. 현재 국가 대 국가 차원에서 논의되고 있는 것은 AIIB 참여나 도시와 도시 간의 협력 논의에[25] 지나지 않고 있지만 새로운 대안을 수용할 수 있는 대화채널을 활용하여 중앙아시아와 유럽 시장으로 연결되는 실크로드 경제벨트가 가지고 있는 잠재력을 우리가 활용할 수 있는 기회로 만들어야 한다.

중국의 실크로드 경제벨트는 주변국 경제협력을 통해 중국의 경제 범위를 확대하고 영향력을 확대 시킬 수 있는 방법으로 중앙아시아를 포함하여 유라시아 지역의 안정적인 협력이 매우 중요하다. 중국이 성공적인 실크로드 경제벨트 구상을 이끌어 가기 위해 다방면의 전략을 시도할 것으로 보이지만 여전히 이 지역 국가들의 이해관계가 상충하는 어려움이 존재하는 측면도 있다. 이들 지역의 이해관계를 도모하고 협력하는 방안들은 실크로드 경제벨트를 성공으로 이끌 수 있는 중요한 요인이 될 수 있을 것이다.

참고문헌

김영진·윤인하, "유라시아연합 구상의 조건과 과제", 동유럽발칸연구, 38(5), pp.212-213, 2014.
김상원, "유라시아 경제연합과 중앙아시아 – 경제통합 실현을 중심으로", 슬라보학보, 29(4), p.54, 2014.

24) 일대일로 건설 5원칙: 다른 문명 간의 대화를 강화한다, 공동점을 논의하고 이견은 보류한다. 수용한다. 평화공존한다. 공생공영한다. 참고: 일대일로 홈페이지http://www.yidaiyilu.cn
25) 중국 웨이하이(威海)시와 인천시 협약

주장환,「중국의 대 중앙아시아 정책 – 서진(서진) 전략의 배경 · 내용 · 전망」, 한중사회과학연구(한중사회과학학회), 12(3), pp.55-56, 2014.

조영관 · 성원용 · 이상준 · 주진홍, 『CAREC의 현황과 한국의 협력방안』, 대외경제정책연구원, 전략지역심층연구, 12(9), 2014.

Tsui, Kai Yuen, "Decomposition of China's Regional Inequalities[J]", Journal of Comparative Economics.(17), 1993.

Gallup, J. L., Jeffrey D. Sachs, and A. Mellinger, "Geography and Economic Development." Center for International Development(CID) at Harvard University, Working Paper (1), 1999.

Limao N. and A. J. Venables, "Infrastructure, Geographical disadventage and Transport Costs." World Bank Economic Review, 15(3). pp.451-479, 2001.

蔡春林, '新兴经济体参与新丝绸之路建设的政策战略研究', 中国经贸, (05), p.28, 2014.

範劍勇, 朱國林,「中國地區差距演變及其結構分解[J]」. 管理世界. (7), 2002.

胡鞍剛 馬偉 鄢一龍,「"絲綢之路經濟帶"：戰略內涵、定位和實現路徑」. 新疆師範大學學報. 35(2). pp.8-9, 2014.

劉卓,「絲綢之路經濟帶"推進跨越式發展」. 中共烏魯木齊市委黨校學報, (1). p.40, 2014.

彭國華.「中國地區經濟增長及差距的來源[J]」. 世界經濟. (9), 2005.
(Translated in English), Peng Guohua, "Regional Divergence of Growth in China and Its Explanation", World Economy. (9), 2005.

齊良書,「收入、收入不均與健康：城鄉差異和職業地位的影響[J]」. 經濟研究 (11), 2006.

田惠敏, 田天, 曾琬云,「中国 "一带一路" 战略研究」. 中國市長(21), pp.11-12, 2015.

魏後凱,「地區間居民收入差異其分解[A]. 魏後凱.中國地區發展[C]」. 北京：經濟管理出版社.(11), 1997.

於璐, "地域經濟發展問題研究," 現代經濟信息, (15), pp.11-12, 2009.

일대일로에 대한 한국 전문가들의 인식
: 초보적 조사

조형진
송승석

1 조사의 배경

국립인천대학교 중국학술원은 2018년 12월 10일 중국 연길에서 연변대학, 중국사회과학원과 함께 「한반도와 일대일로: 기회와 도전」 국제회의를 개최했다. 본 회의는 학술회의이기도 했지만, 참가 기관들의 일대일로에 대한 공동 연구와 협력을 논의하는 자리이기도 했다.

본 조사는 중국측이 한국의 일대일로에 대한 인식을 알고 싶다는 요청에 따라 시작되었다. 중국의 '서진(西進)'으로 인식되던 일대일로가 내용과 범주를 확대하면서 한반도로의 '동진(東進)'을 모색하고 있다는 공동의 인식 하에 본 회의가 진행된 만큼, 중국 연구자들이 한국이 일대일로를 어떻게 바라보고 있는지에 대해 궁금증을 가지는 것은 당연했다. 사실 한국 연구자들도 한국의 일대일로에 대한 인식에 대해서는 쉽게 단정 지을 수가 없었다.

이러한 배경 하에서 본 조사는 매우 촉박하게 기획되었다. 일반 시민을 대상으로 전면적인 설문조사를 시행하거나, 한국 언론의 전체적인 동향을 파악하기에는 시간이 부족했다. 이는 향후의 과제로 남겨 두고 우선 한국의 중국 전문가를 대상으로 이들의 인식을 조사하기로 했다. 전문가의 범주를 좁혀 중국 관련 박사학위를 가진 자로 한정하고 설문조사를 진행했다. 보름 남짓에 불과한 기간 동안 61명의 응답을 얻을 수 있었다.

조사의 대상과 규모에서 보듯이 본 연구는 본격적인 조사에 앞선 예비조사(pilot survey)의 성격을 갖는다. 따라서 본 연구의 결과는 향후 본격적인 연구를 위한 가설 수준으로 이해되어야 한다. 본 주제에 대한 본격적인 연구를 위해서는 조사의 대상을 비전문가로 확대하고 조사인원도 대폭 늘려야만 할 것이다. 그러나 한국 사회의 중국에 대한 인식과 정책결정에 있어서 비전문가보다 영향력을 더 가질 수밖에 없는 중국 전문가를 대상으로 상당한 인원을 조사했다는 점에서 한국의 일대일로 인식에 대한 초보적인 분석을 제공한다. 특히 회의에 참가한 중국 연구자들이 조사 결과에 대해 깊은 관심을 표명했었다.

이러한 이유로 조사의 방법과 내용이 구조화되지 못했고 조사 인원도 매우 적지만, 향후 추가적인 연구를 위한 정보를 제공하고 공동의 협력을 모색하는 마중물을 제시한다는 차원에서 본 저서에 게재하게 되었다.

2 조사의 개요

2.1 조사의 대상 및 방법

중국 관련 박사학위를 가진 중국 전문가를 대상으로 문항을 작성하고 설문을 진행했다. 설문지는 객관식 문항으로 구성되었으나,

문항별로 답변의 이유를 서술하도록 했다. 또한 향후 연구하고 싶은 주제와 중국이 일대일로를 추진하는 목적을 별도로 서술하도록 했다.

2.2 조사의 내용

응답자의 일대일로에 대한 인식 수준과 관심도를 자기 평가하도록 했으며, 한국의 전반적인 일대일로에 대한 인식을 평가하도록 했다. 또한 일대일로의 현재 상황과 미래 전망을 성공과 실패로 간단히 답변하도록 했다. 이와 함께 일대일로가 한국에 미치는 영향을 평가하도록 했다. 이는 안보와 평화, 경제, 현 정부의 정책 등을 별도의 문항으로 나누었다. 마지막으로 응답자 개인이 연구하고 싶은 일대일로 관련 주제와 중국이 일대일로를 추진하는 목적을 서술하도록 했다.

마지막 두 응답을 제외하고는 각 문항에 대한 대답은 긍정과 부정, 성공과 실패 등 매우 간단하게 구성되었다. 이처럼 단순한 선택을 강요하는 것은 심도 있는 대답을 얻지 못할 수 있다. 그러나 전문가를 대상으로 한 설문의 경우, 오히려 복잡한 응답이 많아 인식의 방향을 판단하기 어려운 경우가 많다. 이럴 경우에 별도의 분류 (sorting) 작업이 필요하고 이 과정에서 분석자의 주관적인 견해가 개입되기 쉽다. 또한 전문가들은 정확한 입장보다는 중간의 모호한 입장을 선택하는 경향이 많다. 이런 이유로 선택 가능한 응답을 최대한 단순화했다. 또한 이러한 배열에도 불구하고 응답을 거부하는 진실한 판단유보자를 가려낼 수 있다는 장점도 있다.

2.3 기본 통계량

응답 인원은 총 61명이었다. 그중에서 남성이 37명, 60.7%였으며 여성이 22명, 36.1%였고 미응답자가 2명, 3.3%였다. 전공에 대한 응답을 별도로 분류였다. 그 결과 인문학 전공자가 30명, 49.2%였으며 사회과학 전공자가 31명, 50.8%였다. 출생연도를 보면, 1961년생부터 1990년생까지 30년에 걸쳐 비교적 다양한 연령이 균등하게 분포되었다.

3 조사의 결과

우선 분석방법에 있어서 조사인원이 적은 관계로 회귀분석을 사용하지 않고 조사결과의 기본적인 통계량과 함께 교차분석만을 제시하였다는 점을 밝힌다. 교차분석에 대해서도 엄격한 분석을 위해서는 t값, p값 등이 제시되어야 하나, 일종의 예비조사이기 때문에 이를 생략하고 경향성을 직관적으로 파악하는 데 의의를 두었다.

3.1 일대일로에 대한 인식과 관심

먼저 인식과 관심을 보면, 일대일로에 대한 관심은 매우 높으나 이와 비교하여 잘 알지 못한다는 비율이 상당히 높았다. 이는 한국인 전반에 대한 인식과 관심에 대한 평가에서도 유사했다. 과반수 이상의 전문가들은 한국인들이 일대일로에 관심은 있으나 잘 알지 못한다고 평가했다. 비록 전문가의 자기평가와 한국의 인식상태에 대한 추정이지만, 일대일로에 대한 인식과 관심을 요약하면 관심은 높으나 지식은 그에 미치지 못하는 상태라고 할 수 있다. 특히 중국 관련 박사학위를 가진 사람들이 조사대상이라는 점을 고려하면, 이들조차 40% 이상이 스스로 잘 알지 못한다고 대답했다는 점에서 한국의 일대일로에 대한 인식 수준이 높다고 할 수는 없을 것이다.

표 1. 인식에 대한 자기평가

	빈도	비율
잘 알고 있다	35	58.3%
잘 알지 못한다	25	41.7%
합계	60	100.0%

N=60, 결측치: 1명

표 2. 관심에 대한 자기평가

	빈도	비율
관심이 있다	52	85.2%
관심이 없다	9	14.8%
합계	61	100.0%

N=61, 결측치: 0명

표 3. 한국인의 인식과 관심에 대한 평가

	빈도	비율
잘 알고 있고 관심이 있다	4	6.6%
잘 알고 있으나 관심이 없다	2	3.3%
잘 알지 못하나 관심은 있다	35	57.4%
잘 알지 못하고 관심도 없다	20	32.8%
합계	61	100.0%

N=61, 결측치: 0명

3.2 일대일로에 대한 평가

일대일로에 대한 평가 중 가장 뚜렷한 특징은 현재에 대한 평가가 매우 부정적임에도 불구하고 미래에 대한 전망은 상대적으로 긍정적이라는 점이다. 현재에 대한 부정적인 평가의 주요한 이유는 참여국의 불만과 미국의 견제였다. 참여국의 불만은 부채, 종속 등의 단어가 주로 제시되었는데, 이는 최근 파키스탄 등에서 일대일로로 인해 부채가 증가했다는 보도 등이 영향을 미친 것으로 보인다. 미국의 견제라는 견해를 서술한 이유를 보면, 패권 경쟁이라는 현실주의적 국제정치의 시각과 함께 최근의 중미 무역분쟁도 영향을 미친 것으로 보인다. 중국의 일방적인 정책 추진과 패권주의가 언급되기도 했다.

응답을 유보한 사람이 다른 질문과 비교하여 많은 점에서 드러나듯이 미래의 전망에 대한 평가의 대부분은 전면적인 성공과 실패를 의미하는 것이 아니었다. 긍정적인 전망에 대한 응답들도 대부분 성공과 실패의 내용을 구분하였다. 경제, 인프라 부문에서는 성공이 예상되지만 정치, 안보 부문에서는 실패할 것이라는 내용이 많았다. 또한 현재 진행되고 있는 일대일로에 대한 조정과 함께 이를 실천할 수 있는 중국의 적응력이 긍정적인 전망의 원인으로 언급되기도 했다.

표 4. 일대일로의 현재 진행상황에 대한 평가

	빈도	비율
성공적으로 진행되고 있다	9	14.8%
성공적으로 진행되고 있지 못하다	52	85.2%

N=61, 결측치: 0명

표 5. 일대일로의 미래 전망

	빈도	비율
성공할 것이다	31	56.4%
실패할 것이다	24	43.6%

N=55, 결측치: 6명

3.3 일대일로의 한국에 대한 영향 평가

미래에 대한 전망처럼 한반도에 대한 영향력에 있어서도 안보와
경제에 대한 평가가 달랐다. 안보와 평화보다 경제에 대한 평가가
훨씬 긍정적이었다. 또한 현재 문재인 정부의 정책과 일대일로의 연
계 가능성에 대해서도 대부분 긍정적이었다. 특히 응답의 이유에 관
한 서술에서 가장 많이 언급된 단어는 북한이었다. 안보와 경제 모
두에서 북한, 나아가 한반도의 평화와 번영이 일대일로에 대한 평가
와 연결되었다.

표 6. 일대일로의 한반도의 안보와 평화에 대한 영향

	빈도	비율
긍정적	35	60.3%
부정적	23	39.7%

N=61, 결측치: 3명

표 7. 일대일로의 한국의 경제에 대한 영향

	빈도	비율
긍정적	42	76.4%
부정적	13	23.6%

N=55, 결측치: 6명

표 8. 일대일로와 한국의 한반도신경제구상, 동북아플러스책임공동체(신북방정책, 신남방정책)의 연계 가능성

	빈도	비율
가능	47	78.3%
불가능	13	21.7%

N=61, 결측치: 1명

3.4 인문학 전공자와 사회과학 전공자의 상이한 평가

한 가지 흥미로운 결과는 인문학 전공자와 사회과학 전공자 사이의 차이점이다. 일대일로에 대한 관심, 한국의 정책과의 연계 가능성에서는 응답의 비율이 유사했으나 다른 문항에서는 상당한 차이를 드러냈다. 사회과학 전공자들이 인식에 대한 자기평가에 훨씬 긍정적이었으며, 또한 현재와 미래에 대한 평가에서도 긍정적인 응답이 더 높았다. 한국에 대한 영향력도 마찬가지이다.

제한된 질문과 적은 인원으로 인해 현재로서는 이러한 차이점의 정확한 원인을 찾을 수 없고 통계적인 유의성을 검사할 수도 없다. 또한 뒤이어 보듯이 이는 전공의 차이가 직접적인 원인이 아니라 인식에 대한 자기평가가 진짜 원인일 수도 있다. 하지만 인문학과 사회과학 전공에 따른 차이를 그대로 인정한다면 역사, 문화 등의 인문학적 내용이 정치, 사회 등의 사회과학적 내용보다 일대일로에 대한 평가에 부정적인 영향을 미치고 있다고 가정해 볼 수 있다.

표 9. 인문학 전공자와 사회과학 전공자의 응답별 비율 비교

		인문학 전공자	사회과학 전공자
인식에 대한 자기평가	잘 알고 있다	13 (44.8%)	22 (71.0%)
	잘 알지 못한다	16 (55.2%)	9 (29.0%)
관심에 대한 자기평가	관심이 있다	25 (83.3%)	27 (87.1%)
	관심이 없다	5 (16.7%)	4 (12.9%)
현재 진행상황 평가	성공적으로 진행되고 있다	2 (6.7%)	7 (22.6%)
	성공적으로 진행되고 있지 못하다	28 (93.3%)	24 (77.4%)
미래 전망	성공할 것이다	14 (48.3%)	17 (65.4%)
	실패할 것이다	15 (51.7%)	9 (34.6%)
한반도의 안보와 평화에 대한 영향	긍정적	15 (51.7%)	20 (69.0%)
	부정적	14 (48.3%)	9 (31.0%)
한국의 경제에대한 영향	긍정적	17 (63.0%)	25 (89.3%)
	부정적	10 (37.0%)	3 (10.7%)
한국의 정책과의 연계 가능성	가능	22 (75.9%)	25 (80.6%)
	불가능	7 (24.1%)	6 (19.4%)

3.5 인식과 평가의 긍정적인 관계

인식에 따라 평가의 차이가 뚜렷했다. 잘 알고 있다는 인식에 대한 긍정적인 자기평가가 일대일로에 대한 대부분의 평가에서 부정적인 자기평가보다 훨씬 긍정적인 평가와 연관되었다. 이는 인문학 전공자와 사회과학 전공자에서 인식에 대한 자기평가가 상당한 차이가 있다는 점을 고려하면, 자기평가와 전공 등 다른 변수의 영향력을 구분해야만 더 정확한 분석이 가능할 것이다. 그러나 현재로서 이러한 분석을 하기에는 표본집단의 크기가 너무 적다.

인식에 대한 차이를 그대로 인정한다면, 이러한 결과는 일대일로에 대한 인식이 높아질수록 긍정적인 평가도 높아질 수 있다는 것을

의미할 수 있다. 물론 이는 자신에 대한 주관적 평가이기 때문에 객관적인 일대일로에 대한 지식이나 인식 수준을 평가하는 것은 아니다. 그러나 전문가들의 주관적인 자기평가라는 점에서 이러한 추론의 가능성을 높인다.

참고로 연령에 따른 차이가 있는지를 검토했지만, 연령 변수는 현재로서는 뚜렷한 차이를 드러내지 못했다.

표 10. 인식에 따른 평가 비율 비교

		잘 알고 있다	잘 알지 못한다
현재 진행상황 평가	성공적으로 진행되고 있다	7 (20.0%)	2 (8.0%)
	성공적으로 진행되고 있지 못하다	28 (80.0%)	23 (92.0%)
미래 전망	성공할 것이다	21 (67.7%)	10 (43.5%)
	실패할 것이다	10 (32.3%)	13 (56.5%)
한반도의 안보와 평화에 대한 영향	긍정적	24 (72.7%)	11 (45.8%)
	부정적	9 (27.3%)	13 (54.2%)
한국의 경제에 대한 영향	긍정적	29 (87.9%)	13 (59.1%)
	부정적	4 (12.1%)	9 (42.9%)
한국의 정책과의 연계 가능성	가능	31 (88.6%)	16 (66.7%)
	불가능	4 (11.4%)	8 (33.3%)

3.6 일대일로의 목적

우선 일대일로와 관련하여 연구하고 싶은 주제와 관련해서는 전공에 따라 너무 다양한 내용이 서술되어 의미있는 분류가 불가능했다. 이는 조사대상이 중국 전문가들이어서 현재 관심이 있는 상세한 연구주제가 그대로 반영되었기 때문이다.

중국이 일대일로를 추진하는 목적에 대한 문항은 자유롭게 서술하는 문항이었다. 이에 따라 내용의 양과 범주가 매우 다양했다. 새로운 경제성장의 동력 확보, 내륙 지역의 개발, 공급과 투자의 과잉 해소, 중화민족의 부흥, 글로벌 영향력 확대 등의 내용이 서술되었다. 특히 미국에 대한 견제이든, 미국의 견제에 대한 대응이든 '미국'이 많이 등장했다. 또한 범주가 아시아이든, 글로벌 차원이든 '패권' 추구의 관점도 상당히 많았다. 기본적으로 일대일로를 안보와 국제정치의 측면에서 이해하는 경향이 매우 강했으며, 이러한 경향성은 인문학 전공자로 분류될 수 있는 응답자의 경우에도 마찬가지였다.

자유로운 서술 문항이었던 만큼 안보와 정치에 치우친 정도를 정확하게 측정할 수는 없었다. 추가적인 연구가 진행된다면, 이러한 경향성을 파악할 수 있는 방법을 강구해야 할 것이다.

4 결론: 미국, 패권, 북한

서두에 언급했듯이 표본집단의 수가 제한적이고 전문가 집단에 국한된 조사이기 때문에 본 연구의 결론은 추가적인 연구를 위한 잠정적인 분석으로서 이해되어야 한다. 이러한 점을 염두에 두고 몇 가지 확인된 사항을 보자면, 우선 현재에 대한 강력한 부정적인 평가와 달리 일대일로의 미래와 분야별 정책에 대해서는 긍정적인 평가가 강하다는 점이다. 종합적인 평가보다 안보, 경제, 정책적 연계성 등 세분화된 평가가 훨씬 긍정적이었다. 이는 추상적이고 거대한 청사진보다 실리적이고 구제적인 내용이 일대일로의 평가에 긍정적으로 작용할 수 있다는 점을 보여준다.

또한 일대일로에 대한 인식이 높을수록 긍정적인 평가도 높았다.

이를 통해 일대일로에 대한 정보와 지식의 제공이 많아질수록 긍정적인 평가가 높아질 수 있다는 추론이 가능하다. 물론 조사대상이 정보와 지식의 구체적인 내용을 객관적으로 판단할 수 있는 전문가 집단이었기 때문에 이러한 인식과 평가 사이의 양의 관계가 비전문가와 일반 대중들에게 그대로 발휘될 수 있을지는 의문이다.

응답에 대한 이유를 서술한 것과 더불어 일대일로의 목적에 대한 서술을 통해 이번 조사의 핵심적인 키워드를 선별하자면 '미국,' '패권,' '북한'이라고 할 수 있다. 미국과 패권은 양면적인 내용을 모두 포함했다. 지나친 단순화의 위험이 있지만, 이를 간단히 정리하면 다음과 같다. '중국은 미국의 패권을 견제하기 위해서 일대일로를 추진하고 있으며, 미국이라는 패권의 견제를 이겨내야만 일대일로가 성공할 수 있다.' 또한 이러한 인식만큼이나 일대일로 자체를 중국의 패권 추구이자 중국몽 또는 제국몽의 실현으로 보는 시각도 존재했다. 아울러 한국의 전문가들은 일대일로를 북한과의 연계, 한반도 전체의 안보와 번영이라는 틀에서 사고하고 있다는 점을 확인할 수 있다.

이러한 결론은 매우 모순적으로 보인다. 미국, 패권, 북한이라는 키워드에서 보듯이 한국 전문가들은 경제만큼이나 국제정치와 안보의 측면에서 일대일로를 평가하고 있다. 그러면서도 구체적인 실리와 정세적인 판단이 크게 작용하고 있다. 이런 점에서 일대일로의 내용이 복합적인 만큼 한국 전문가들의 인식도 복잡하고 모순적이라고 할 수 있다.

제 **2** 부

한중도시

이중의 도시, 이중의 근대

/ 김남희

1 서론

　중국 다롄(大連)역에서 차를 타고 서쪽으로 가다보면 10분도 채 되지 않아 독특한 주택가를 만날 수 있다. 현재 이곳에 길게 늘어선 낡은 건물들은 하나같이 시멘트로 문을 봉해놓았거나 유리가 깨져 텅 빈 내부가 훤히 들여다보인다. 중국의 전통주택 사합원(四合院)과 서양식 주택을 합쳐놓은 듯한 2,3층 주택의 문으로 들어가면 작은 뜰이 나오기도 하고, 사람이 살았던 듯한 방으로 곧장 이어지기도 한다. 일대가 온통 가림막으로 둘러쳐진 채 철거를 기다리고 있는 이 주택가는 샤오강쯔(小崗子)라 불리는 곳이다. 샤오강쯔 북단에서 노후한 주택들을 등지고 서면 차도를 따라 이어지는 철로를 받치고 선 철교가 보인다. 인천의 배다리와 유사한 풍경이다.

　이것은 말하자면 개항장 주변의 풍경, 또 하나의 근대의 모습이다. 감히 모든 개항도시가 그렇다고 단언하지는 못하겠지만, 이것은 식민 모국에서 건너온 정착민과 피식민 토착민의 거주지를 분리한 식민통치자의 도시계획이 만들어낸 경관으로서 식민을 경험한 동아

---

*　이 글은 기존에 발표된 논문 「이중의 도시, 이중의 근대」(『중국문화연구』 제39집, 2018)를 수정·보완한 것이다.

시아의 개항도시 간에 상당한 유사성을 보이는 문제라고 할 수 있다. 다시 말해, 식민통치계급이 식민지에 도시를 건설하며 공간을 구획하는 방식에서 비롯된 패턴이라는 것이다. 이 글에서는 이러한 패턴의 사례로서 인천과 다롄을 분석 대상으로 하여 '개항장 바깥의 근대'에 주목하고자 한다. 인천과 다롄은 같은 개항도시로서 일본의 식민 지배를 받았다. 중국 동북지역으로 진출하려는 일본의 계획에서 다롄은 관문과도 같은 곳이었고, 인천은 일본이 중국으로 가는 길목에 위치한 징검다리였던 셈이다. 아시아에서 세력을 확장하려 했던 일본은 이 두 도시에 이주민을 보내 도시를 건설함으로써 거점을 마련했다. 두 도시는 이렇게 역사적, 지리적으로 연결된 채 개항장을 기점으로 근대 도시의 구조와 기능을 갖추며 확장되었다. 그렇다면, 이 '개항장'을 포함한 두 도시의 경관은 지금은 어떤 모습으로 남아있을까.

그간 인천과 다롄, 혹은 다른 개항도시들 간의 비교연구는 꾸준히 이루어졌다. 기존의 연구는 한국과 중국에 있는 개항도시의 공간 구조를 통해 개항도시들이 공통적으로 보이는 공간적 특징을 분석하거나[1] 식민지도시의 발전이 복합적인 성격을 띠며 전개되는 과정을 고찰함으로써 식민통치자와 토착민 간 종족, 계급의 차이에 의한 공간적 격리를 전제로 하는 이중도시론의 추상성을 비판[2]하는 등, 식민지의 공간 구조와 그것이 갖는 의미를 해석하려는 시도가 많았다. 혹은 범위를 한층 넓혀 식민도시 부산과 다롄의 도시 건

---

1) 김주관, 「공간구조의 비교를 통해 본 한국 개항도시의 식민지적 성격 — 한국과 중국의 개항도시 비교를 중심으로」, 『한국독립운동사연구』, 2012.8.
2) 현재열, 김나영, 「비교적 전망에서 본 식민지도시의 역사적 전개와 공간적 특징」, 『석당논총』 50권, 2011.

설과 이를 통한 공간 재편, 토착사회와의 관계 변화 등을 통해 제국 일본이 투사하는 심상지리 속 각 도시의 역할 체계를 그려내기도 했다.3) 식민도시 간 근대유산의 보존과 활용 실태를 비교한 연구도 빠뜨릴 수 없다. 김정하의 연구는 근대사의 이해에 있어 지배자의 논리에만 충실하거나 '부끄러운 역사'라는 이유로 식민역사를 무조건 부정하는 이분법적 접근을 지양하는 것을 출발점으로 삼고 있다. 그리고 부산과 다롄, 타이페이 등 과거 피식민 역사를 가진 도시의 근대유산 보존을 둘러싼 문제들을 세심하게 고찰하고, 이러한 유산을 끊임없이 재평가하며 탈식민주의적 관점에서 '현재화'할 것을 제안한다.4) 이처럼 식민지 이중도시론과 근대유산 보존문제에 대한 분석과 제안은 다양하게 진행되고 있으나 이 두 가지 문제를 연관 지어 토론하는 목소리는 찾기가 힘들다. 공간 구조에 대한 분석, 남아있는 근대유산(주로 개항장에 있는 유산)의 보존과 활용문제가 각기 독립적인 주제로 제시될 뿐 이중도시 구조 속에서 구분 지어진 공간 사이에 존재하는, 현재까지도 유효한 권력의 문제는 잘 드러나지 않는다.

이 글에서는 식민통치 하의 도시건설 과정에서 채택한 공간 구획 위에 형성된 서로 다른 근대화 과정을 살펴보고 그것이 남긴 유산이 오늘날의 현실에서 갖는 의미, 향후 예상되는 변화와 문제점을 살펴보고자 한다. 이것은 단순히 개별 건축물이나 유적이 보존되어야 하

---

3) 이상균, 「일제 식민지 해항도시의 근대적 재편성 연구: 한국 부산(釜山)과 중국 대련(大連)의 비교연구」, 『해항도시문화교섭학』 9호, 2013.
4) 김정하, 「탈식민주의담론에 의한 동아시아 근대역사유적 보존과 활용 실태 및 개선방안 연구―부산과 다롄, 타이페이를 중심으로」, 『동북아문화연구』 41권, 2014.

는 당위성을 구성해내려는 것이 아니라 도시 안에서의 장소만들기가 실천해야 하는 목표, 보다 구체적으로 말하자면 식민을 경험한 개항도시가 지속적으로 발전시켜가야 할 문화의 가능성을 탐색하기 위해서이다.

> ...... 우리가 어떤 도시를 원하는가 하는 문제는 우리가 어떤 사람이 되려고 하는가, 사회와 어떤 관계를 맺으려고 하는가, 자연과는 어떤 관계를 맺고 싶어 하는가, 어떤 생활양식을 원하는가, 어떤 미학적 가치관을 품고 있는가 등의 문제와 떼려야 뗄 수 없는 관계에 있다.5)

다시 말해, 이 주제는 여러 다른 문제들과 연결되어 있다. 도시를 하나의 장소로 만드는 문제이자 그 장소가 가질 집합적 상징자본6)을 만드는 일이며 더 나아가 우리의 일상, 가치관과도 관계가 있다. 유산의 선택과 보존에 있어 단순히 '역사적 가치'를 주장하는 것은 한계가 있다. '가치'는 현실적 맥락 안에서 얼마든지 바뀔 수 있기 때문이다. 그렇다고 오로지 경제적 효용성으로 결정하거나 평가할 일도 아니다. 도시를 만드는 일은 지금 도시의 경관이 형성된 역사를 이해하고 미래 생활의 밑바탕을 그리는 일과 관련된다.

---

5) 데이비드 하비 지음, 한상연 옮김, 『반란의 도시』, 서울, 에이도스출판사, 2014, p.26.
6) 데이비드 하비, 같은 책, 2014, p.184.

2 개항도시의 이중도시 양상 — 인천과 다롄

2.1 공간적 유사성

개항장은 "외국인의 거주와 통상을 위해 개방하였거나 개방하기로 약속한 항구 또는 지역"으로 동아시아에만 존재하는 독특한 공간이다.[7] 특히 개항장 내에 구획되었던 조계에는 문호가 열린 나라에 들어와 일정 정도의 지방행정권을 위임받아 거주와 통상의 권리를 누린 타자의 생활방식이 이식되었다.[8] 다시 말해, 동아시아 근대사에서 개항은 앞바다로부터 밀려오는 외세에 굴복해 나라를 열어야 했던 치욕스런 역사이지만, 서구의 신문물이 아시아로 유입된 것도 개항을 통해서였다. 동아시아의 개항장에 남아있는 비슷한 경관들은 영토 확장과 시장 확대를 꿈꾸는 제국주의 열강의 탐욕의 산물인 동시에 근대의 문화와 생활방식이 유입된 흔적이기도 하다.

하지만 이것만이 근대의 모습은 아니다. 이것은 단지 개항장에 남아있는 '외부로부터의 근대성'일 뿐이다. 개항장을 통해 들어온 식민통치자들은 안전과 위생 등의 이유로 식민 모국에서 건너온 이주민과 피식민 토착민의 거주지를 분리하고 식민지경략과 이주민 편의에 필요한 시설들을 개항장에 집중시켰다. 이로써 공간적으로 격리된 일종의 이중도시가 만들어졌다.[9] 식민통치가 자리를 잡아

---

7) 김주관, 「공간구조의 비교를 통해 본 한국 개항도시의 식민지적 성격 — 한국과 중국의 개항도시 비교를 중심으로」, 『한국독립운동사연구』, 2012.8, p.250.
8) 개항장과 조계의 보다 자세한 개념과 성격에 대해서는 손정목, 「개항장·조계제도의 개념과 성격」, 『한국학보』 26, 1982.을 참조할 것.
9) 선행연구에서 언급했듯, 식민지도시 '이중도시론'을 비판하는 관점도 있다. 말하자면 식민지도시를 이분법으로 보는 이중도시론이 원래 식민지도시계획 입안자들이 의도한 것을 그대로 되풀이함으로써 실제 현상의 복잡다단한 문

가면서 공간 사이의 경계는 점차 종족의 경계에서 사회경제적 경계로 옮겨갔다. 부유하고 지위가 높은 토착민이 정착민이 거주하는 곳으로 진입하는 일도 적지 않았다. 토착민 거주지에서는 인구 유동이 활발하게 일어났지만, 그들은 대부분 노동력을 제공하는 빈민층이었다. 해방과 전쟁 혹은 혁명, 산업화 등 사회발전 과정을 겪으며 이러한 구분은 점점 뚜렷해지고, 지속적으로 격차가 벌어졌다.

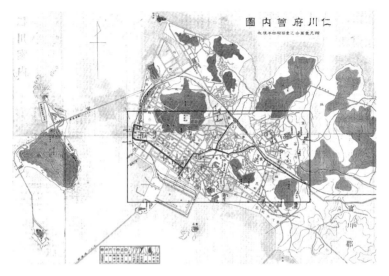

그림 1. 쇼와4년(1929년) 인천부관내도(인천광역시립박물관 소장)

제를 획일화하고 있다고 보는 입장이다. 이 관점에 따르면 거주지의 분리는 그렇게 엄격하게 이루어지지 않았으며, 그러므로 이분법적 인식론을 벗어나 지배자와 피지배자 간 상호작용을 파악하는 것이 중요해진다. 이러한 문제제기는 충분히 설득력을 가지고 있지만 본문에서는 잡거와 혼재의 문제가 아닌, 분리된 공간 안에 남겨진 유산의 문제를 고찰하고 있으므로 '이중도시'라는 용어를 그대로 사용한다. 현재열, 김나영, 「비교적 전망에서 본 식민지도시의 역사적 전개와 공간적 특징」, 『석당논총』 50권, 2011. 김종근, 「식민도시 인천의 거주지 분리 담론과 실제」, 『인천학연구』 14, 2011.2. 참조.

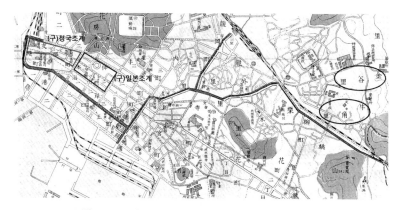

그림 2. <그림 1>의 사각형 표시 지역을 확대한 부분

청국조계, 일본조계가 설정되었던 곳이 현재 차이나타운과 개항장에 해당하는 지역이다. 청국조계는 1914년 철폐되어 지나정(支那町)이라는 일본식 명칭으로 불렸다. 조선인은 금곡리, 우각리 방면으로 밀려나 거주지를 형성했다.

이러한 격차는 오늘날까지 이어지며 조금 다른 방식으로 드러나고 있다. 두 개의 근대 가운데 한 쪽이 '개항장'으로 통칭되는 근대유산의 전시장이 되었다면, 한 쪽은 방치되어 쇠락한 구도심으로 남아있는 것이다.

해방과 함께 식민통치자들이 자기 나라로 돌아간 후 인천의 개항장에 남겨진 시설들은 '적산'이라는 이름 아래 적대의 시선을 받기도 했지만 1990년대 이후 지방자치단체의 적극적인 지역발전 정책에 힘입어 지역 문화자원으로 신분이 상승했다.[10] 특히 1992년 한중

---

10) 1890년 지어진 일본18은행은 현재 인천개항장 근대건축전시관으로, 1883년 지어진 일본제1은행은 인천개항박물관으로 일반에 공개되어 있으며, 이 밖에 일본58은행, 인천우체국, 일선빌딩이 아직도 남아있다. 구 인천부 청사 역시 옛 모습을 일부 간직한 채 현재 중구청으로 사용되고 있다.

수교를 계기로 차이나타운[11]이 주목받기 시작해 2001년에는 차이나타운권역이 '월미관광특구'에 포함되었고, 지속적인 중국풍 경관조성과 문화·관광 자원 활성화를 통해 국내 및 중국 관광객을 끌어들이고 있다. 이렇게 개항장을 찾는 관광객이 증가하면서 일본조계 지역이었던 중구청 주변으로도 일본 전통 목조주택인 마찌야(町家)형 주택들이 들어서 일본풍 경관을 만들어내고 있다.

중국 다롄은 명청대 칭니와(青泥洼)로 불리던 작은 어촌 마을이었던 것이 근대 식민주의의 침략과 함께 성장했다. 1895년 청일전쟁

그림 3. 1912년 다이렌(다롄의 일본식 이름) 개항장 부근 지도

출처: https://legacy.lib.utexas.edu/maps/historical/dairen_dalny_1912.jpg

---

11) 다른 나라의 차이나타운이 이민자들로 형성된 것과는 달리 인천의 차이나타운은 1884년 청국조계가 설치되면서 화교의 이주와 정착이 시작되었다는 점에서 '개항장'의 범위에 포함시킨다.

에서 패배한 청나라로부터 러시아가 1898년 이곳을 조차하면서 도시계획이 시작되었다. 그리고 1904년 러일전쟁에서 일본이 승리함에 따라 이번에는 일본의 지배 아래 40년 간 도시의 모습을 갖추어 갔다. 뤼순(旅順)을 군항으로 만들어 중국 진출의 교두보로 삼고자 했던 러시아는 다롄을 '동방의 파리'로 만들려 했고, 그런 만큼 파리의 도시계획에서 많은 영향을 받았다. 당시 유럽의 도시계획에서 유행했던 광장도 도입했다. 이러한 다롄에서 가장 먼저 조성된 광장이 바로 '중산광장(中山廣場)'[12]이다. 이 광장을 중심으로 방사선상으로 뻗어나간 가로망은 분명 파리의 도시구조를 연상시킨다. 방사선상의 가로망은 각각 다른 광장들과 연결되며 행정구, 유럽구, 중국구로 구획을 나누었다.

러시아의 도시계획은 7년 만에 미완으로 끝났지만, 뒤를 이어 다롄의 새로운 통치자가 된 일본이 러시아의 계획을 이어받았다. 기능과 인종에 따라 구획을 명확히 하였고, 도시건설의 첫 단계로 중산광장을 중심으로 웅장한 건축물을 차례로 세웠다.[13] 1904년부터 1936년 사이에 중산광장 주변으로 다롄민정서(1908), 요코하마쇼킨(橫濱正金)은행 다롄지점(1909), 야마토(大和)호텔(1914), 조선은행(1920), 동양척식은행(1936) 등이 들어섰다.[14] 중산광장은 도시공간

---

12) 당시에는 제정러시아의 마지막 황제인 니콜라이 2세의 이름을 따 '니콜라예프 광장'으로 명명했다.

13) 리웨이, 미나미 마코토, 「다롄 도시공원의 탄생과 변천—식민지 통치시대(1898-1945)를 중심으로」, 『해항도시문화교섭학』 12권, 2015.4.

14) 현재 다롄 민정서는 랴오양(遼陽)은행, 요코하마쇼킨은행은 중국은행 다롄지점, 야마토호텔은 다롄빈관, 조선은행은 중국공상은행, 동양척식은행은 교통은행으로 사용되고 있다. 稽汝廣, 『記憶·大連老街』, 大連: 大連出版社, 2012, pp.239-252.

의 중심일 뿐 아니라 식민지 다롄 사회·경제의 중심으로서 일본의
식민지 금융정책을 한 눈에 볼 수 있는 곳이기도 하다. 광장을 둘러
싼 근대 건축군은 지금도 여전히 은행과 호텔 등으로 활용되며 관광
객에게는 볼거리를, 다롄 주민들에게는 쉼터를 제공하고 있다.

개항장에 식민통치자의 생활방식이 이식되는 동안, 얼마 떨어지
지 않은 곳에 또 하나의 근대의 공간이 만들어졌다. 개항장에서 밀
려난 피식민자들의 공간, 인천의 배다리와 다롄의 샤오강쯔였다<그
림 2, 그림 3 참조>. 이 공간들은 공통적으로 항구, 기차역에서 멀지
않은 곳에 있었다. 토착민들은 식민지배층에 노동과 서비스를 제공
해야 했고, 외지에서 흘러들어온 이들, 청말 산둥(山東)의 기근을
피해 고향을 떠난 하이난듀(海南丟)가 할 수 있는 일이란 항구와
역에서 날품을 파는 것이었다. 아무래도 낮은 지대에 위치해서일
까, 철로문다리(철교)가 있는 것도 공통점이라면 공통점이다. 그리
고 오늘날 인천과 다롄의 장소마케팅 전략에서 개항장의 경관은 도
시 랜드마크로서 지위를 확립했지만, 배다리와 샤오강쯔는 그렇지
못했다.

2.2 문화적 유사성

일본조계가 확장됨에 따라 이곳에서 밀려난 조선인들이 모여들어
만들어졌다는 배다리는 "경인선 전철이 지나는 배다리 철교 아래
동구와 중구의 경계를 이루는 지점"[15]으로 지금의 금창동, 송림동

---

15) 이희환, 「오래된 서민들의 삶의 터전—배다리 일대의 문화와 풍속」, 이희환
엮음, 『인천 배다리 시간, 장소, 사람들』, 인천: 작가들, 2009, p.58.

일대를 가리킨다. 이곳에 자리 잡은 조선인들의 전통문화와 외래문화의 접변을 통해 배다리에서는 토착민이 중심이 된 근대문화가 형성되었다. 우선 한국 최초의 서구식 초등교육기관 영화학교(1892년 설립, 1911년 금창동 현재 위치로 이전)와 인천의 첫 공립초등교육기관인 인천공립보통학교(1907년, 현 창영초등학교)가 이곳에 자리 잡아 근대 교육의 요람이 되었다. 특히 한국 최초의 여성 유학생 하란사(본명 김란사), 한국 최초의 여성박사 김활란, 여성교육자 서은숙, 김애마, 음악가이자 교육자인 김영의 등이 영화학교를 통해 배출되었다. 이곳의 교육이 조선인들의 구심점이 되면서 인천 3.1 운동 역시 인천공립보통학교와 인천공립상업학교 학생들의 항일시위에서 시작되었다. 조선인촌주식회사(1917년 설립)는 성냥 생산으로 지역 경제를 발전시키며 근대산업의 대명사가 된 한편, 1921년에는 부당한 노동착취와 민족차별에 대항해 동맹파업에 나선 조선인 직공들을 통해 인천 노동운동의 시작을 알리기도 하였다.

해방 후에는 인천을 떠나는 일본인들이 가지고 있던 물건들을 처분하면서 배다리에 시장이 형성되었다. 이러한 장소이다 보니 한국전쟁이 끝난 후 무엇이든 물건을 사고팔려는 사람들이 모여든 곳 역시 배다리였다. 시장, 병원, 극장 등이 들어서면서 서민의 일상은 배다리를 중심으로 이루어졌다. 지금까지 남아있는 배다리 헌책방거리가 형성된 것도 이러한 배경에서였다.

다롄의 샤오강쯔에서도 토착민의 문화가 만들어졌다. 1905년 러일전쟁의 승리로 다롄의 새로운 주인이 된 일본은 러시아의 도시구획에 일본구를 더해, 새롭게 만든 일본인 구역에 살던 중국인들은 중국구로 몰아냈다. 중국인들이 모여들면서 샤오강쯔의 인구는 빠르게 증가했다. 그중에서도 가장 활기를 띤 곳이 둥관가(東關街)였다. 둥관이라는 이름도 이러한 도시구획과 관련이 있다. 당시 샤오강쯔에 사는 중국인이 일본인 구역으로 가기 위해서는 검문소를 지나야 했는데 이 검문소가 샤오강쯔 동쪽에 세워져 그곳을 '둥관(東關)'이라고 불렀다는 것이다.[16]

주로 부두노동자나 인력거꾼 등, 식민사회에 인력 노동을 제공하는 이들이 거주하던 이곳의 인구가 늘어나면서, 중국인의 생활에 필요한 두부공장, 자전거포, 잡화점 등 가내수공업자들은 물론, 중국인이 경영하는 상점들도 이곳에 자리 잡았다. 중국인이 경영하는 다롄의 첫 사진관(華春), 최초의 약국(康記西棧, 이후 康德記로 상호를 바꾸었다)이 들어선 곳도 이곳이었다.[17] 1909년 세워진 시강시장(西崗市場)은 다롄에서 가장 먼저 생긴 시장이었다. 오늘날 중국인들이 이곳을 '다롄 민족상공업의 발원지'[18]라 부르는 것도 이 때문이다. 공장 노동자가 중심이 된 노동운동이 일어났고, 1920년 조직된 중국 공산당 지방조직 중화청년회(中華靑年會)가 1922년 이곳으로 옮겨와 신문화와 신사상을 전파하는 애국운동을 전개했다. 공산당 지하운동의 연락거점이 되었던 필방(益記筆店) 역시 시강시장 맞은편에 위치해있었다.[19] 차별로 보이는 공간의 격리 속에서 이렇듯 분출한 역동성을 개항장에서는 찾을 수 없는 '피지배자의 저항과 주체적 수

---

16) 王巍, 「以大連東關街爲例談歷史街區保護」, 『山西建築』 제41권 제36기, 2015.12, p.8.

17) 嵇汝廣, 『記憶·大連老街』, 大連: 大連出版社, 2012, pp.295-303.

18) 張呆陽, 黃玲, 「基于地方文化保護視角下的老城區改造硏究—以大連東關街爲例」, 『今傳媒』 제10기, 2015, p.125.

19) 王軍, 萬映辰, 「俄日占領時期的大連東關街」, 『大連大學學報』 제37권 제1기, 2016.2, p.23.

용, 재창조'[20]라고 이해한다면 배다리와 샤오강쯔의 공통점은 더욱 분명한 의미를 가진다.

그러나 현재 배다리와 샤오강쯔의 공통점이란 도시개발에서 뒤처진 채 낙후된 생활환경을 끌어안고 있다는 점이다. 충분히 웅장하지도, 이국적이지도 못한 근대성이 보존과 개발의 갈림길에서 적절한 발전방향을 찾지 못했다고 해야 할 것이다. 1970-80년대 한국경제의 비약적인 성장에 따라 헌책의 수요가 격감하자 헌책방들이 타격을 받았고, 여기에 1985년 도시계획으로 공설운동장과 동인천을 연결하는 도로가 확장되면서 생활용품을 만들어 팔던 수공업자들도 뿔

그림 4. 철거를 앞둔 시강시장과 샤오강쯔(2016년 필자 촬영)

20) 김정하, 「탈식민주의담론에 의한 동아시아 근대역사유적 보존과 활용 실태 및 개선방안 연구 —부산과 다롄, 타이페이를 중심으로」, 『동북아문화연구』 제41집, 2014, p.21.

뿔이 흩어졌다. 배다리를 관통하는 산업도로 공사를 두고 1997년부터 시와 주민 사이에 대립이 일어나기도 했다. 여러 가구가 함께 사는 샤오강쯔의 주거양식은 최근까지도 공동화장실과 공동수도 그리고 주로 석탄에 의지하는 개별난방 등 열악한 생활환경으로 남아있었다. 원래 살던 주민들은 새로 지은 아파트나 타지로 이주하고, 외지에서 유입된 또 다른 하층민이 이곳을 채웠다. 사정이 이렇다보니, 이 일대를 보존하고 계승하는 데에 필요한 자금을 확보하기도 어렵거니와 딱히 그렇게 해야 할 필요성도 느끼지 못했다. 결국, 개항장의 이국적인 식민유산이 도시의 역사경관을 그려내는 동안, 외래문화를 받아들이고 그 위에 자신들의 문화를 만들어온 피식민 주체의 생활공간은 잊혀져 온 것이다.

3 '개항장 주변'의 변화와 문제

그 동안 잊혀져있던 개항장 주변에서 변화가 나타나고 있다. 다롄의 샤오강쯔에서 철거가 진행된다는 것은 어떠한 형태로든 재개발을 준비하고 있다는 의미이기도 하다. 둥관가 노후지역 개조공정은 이미 '국가판자촌개조계획(國家棚戶區改造計劃)'에 포함되어 있다.[21] 100년이 넘는 역사를 가진 시강시장은 이미 문을 닫았고 면적 112,350m^2 내 2,310가구가 다른 곳으로 옮겨갔다. 특기할만한 점은 철거·이주 과정에서 시강구가 기업을 참여시키지 않고 정부차원에서 사업을 추진하고 있다는 것이다. 또한 이주민들이 원래 살던 곳

---

21) 「東關街舊城區改造要開始了」, dltv, 2015.10.8.
   http://www.dltv.cn/news/redianminsheng/2015-10/08/cms555896article.shtml

으로 다시 돌아오는 방식은 배제하고 경제적으로 보상하거나 가까운 곳으로 이주하게 하는 방식을 취함으로써 일단 이 지역을 완전히 비우는 데에 중점을 두고 있다. 이러한 양상으로 볼 때 둥관가 일대 재개발은 지방정부의 도시계획을 충실하게 반영할 것으로 보인다. 그러나 당국은 둥관가 재건축이 최대한 과거의 모습을 유지하는 방향으로 진행될 것이라는 원칙은 공개하면서도 구체적인 계획에 대해서는 밝히지 않고 있다.[22]

배다리의 역사적 가치를 인정하는 이들은 몇 남지 않은 헌책방과 배다리를 지키려는 문화운동을 전개해왔다. 최근에는 지방정부 차원에서도 이 지역에 관심을 기울이고 있다. 배다리가 위치한 동구에서 '경인선 역사·문화자산 스토리텔링' 사업을 시작해 경인선을 중심으로 한 근대 역사문화자산을 발굴하고 홍보하고 있다. 또한 '도시재생' 패러다임을 수립하고 노후시설을 개선하는 동시에 문화예술과 결합한 주민참여형 프로그램을 진행할 계획이다. 동구 도시재생교육홍보관에서는 다양한 체험 프로그램을 통해 동구의 변천사를 보여주고 도시재생에 대한 장기적인 비전을 제시하고 있다.

인천의 배다리에 문화콘텐츠가 늘어나고, 다롄에서 둥관가 개조 계획이 시작된 것은 분명 반길 만한 일이다. 그러나 이러한 변화가 역사적 의미와 지속가능성을 동시에 확보해야 한다는 점에서 우려되는 문제도 많다. 우선, 배다리와 둥관가의 변화가 단순한 노스탤지어를 충족시켜주는 볼거리에 그치지 않을까 하는 것이다. 이것은 상하이(上海)의 경험을 통해 이미 목도한 바이기도 하다.

근대주택의 개발과 활용에 있어 상하이는 하나의 모델을 제시하

---

22) 「110年歷史的東關街開始舊城改造」, 『半島晨報』 2015.10.9.

고 있다. 상하이 식민지배를 상징하는 황푸강(黃浦江) 와이탄(外灘) 지역의 고풍스러운 근대 상업건축물 활용은 지방정부가 주도하는 도심재생의 사례가 되었다. 여기에 1920-30년대 대량으로 지어져 사회주의 중국 성립 이후 정부의 관리 아래 저소득 주민에게 분배되었던 스쿠먼(石庫門)주택이 또 하나의 신화적인 모델을 제시하였다. 과거 도심의 빈민주택이었던 이곳을 개조하여 상하이의 옛 모습과 함께 이국적 분위기를 연출하면서 상업용으로 용도를 전환한 것이다. 신톈디(新天地)는 현재 상하이에서 가장 세련되고 유명한 소비공간이 되어 관광객들의 발길을 끌고 있다.

하지만, "보존을 선별적으로 응용하면 수익성이 좋다는 것을 중국 개발업자들에게 보여준 첫 사례"[23]인 이곳은 결국 높은 지가를 자랑하는 고급 상업지구일 뿐, 상하이라는 지역의 복잡한 역사적 경험을 드러내 보여주는 자원이 되는 데에는 실패한 듯 보인다. 이처럼 "식민주의와 관련된 부정적 기억이 화려한 과거에 대한 노스탤지어로 전환될 때에야 비로소 가능"[24]한 도심재생은 애초에 복원을 통한 재생의 목적이 무엇이었는지 의심을 불러일으킨다. 개발 직후, 그리고 이 지역이 점차 유명세를 얻어가는 사이 발생한 이익을 가져간 이는 누구이며 배제된 이는 누구인지도 제기해볼 만한 문제이다. 그럼에도 다롄과 인천에서 진행되는 도심재생에 있어 신톈디는 적

---

23) 예룬 흐루너베헌-라우, 「베이징, 중국의 문화창의산업과 스펙터클한 장소만들기」, 신현준·이기웅 편, 『아시아, 젠트리피케이션을 말하다』, 파주: 푸른숲, 2016, p.83.

24) 한지은, 『도시와 장소 기억―근대역사경관의 노스탤지어를 이용한 상하이의 도심재생』, 서울, 서울대학교출판문화원, 2014, p.246. 근대건축을 이용한 상하이 도심재생에 관한 자세한 내용은 이 책을 참조할 것.

어도 성공사례로서 벤치마킹의 대상이 될 것이다. 다만 신텐디가 완공된 것이 2001년, 이미 20년 가까운 시간이 흐른 지금 개항도시들이 어떤 도심재생전략을 내놓을지 자못 궁금하다.

배다리나 둥관가의 장소마케팅이 더욱 신중해야 하는 또 한 가지이유는 바로 뚜렷한 개성을 가진 이 지역의 '문화' 때문이다. 배다리도 둥관가도 지역의 가치를 언급할 때면 우선 역사와 문화를 강조한다. 문화를 강조하는 것은 다른 지역도 마찬가지다. 다만 현재 '문화'가 가지는 함의가 과거와 달라졌음을 인식해야 한다.

> 도시들은 관광객과 투자자, 상향이동 중인 계층을 끌어들이는 데 적당한 '토착적 진정성(indigenous authenticity)'을 발산한다고 여겨지는 온갖 물질적·상징적 경관의 독특한 측면을 부각시켜 문화의 기반으로 삼는다.[25]

인천, 다롄 역시 개항장의 경관을 바로 이러한 '문화'적인 관점에서 재구성해왔고 계속해서 새로운 '문화' 자원을 찾고 있다. 결국 역사경관이 노스탤지어에 의한 소비 공간이 되어가더라도 사람들은 여전히 그것을 '문화'라고 느낄 것이다. 신자유주의적 다문화주의에서는 "상품화되는 문화만 인정"하기 때문이다.[26]

이 문제에 있어서는 최근 한국에서 일어나고 있는 변화에 주의를 기울일 필요가 있다. 서울의 홍대, 서촌 등이 (한국적 맥락의) 젠트

25) 왕췬, 「선전과 리수이, 끊임없이 이동하는 예술가들과 불안정한 노동조건」, 신현준, 이기웅 편, 『아시아, 젠트리피케이션을 말하다』, 파주, 푸른숲, 2016, 278.
26) 모리 요시타카, 「도쿄 코리아타운 신오쿠보, 소수민족 문화의 상업화와 정치적 반응」, 신현준, 이기웅 편, 『아시아, 젠트리피케이션을 말하다』, 파주, 푸른숲, 2016, 339.

리피케이션 현상으로 고유의 문화적 개성을 잃어가는 상황이다. 게다가 문래동과 성수동, 망원동으로 확산되는 젠트리피케이션 현상에서도 노스탤지어를 자극하는 경향이 눈에 띈다. 서울의 현재로부터 균열을 만들어내는 이 지역의 소규모 공장, 철공소, 재래시장의 경관이 색다른 체험에 대한 욕구를 자극한 결과, 현재는 이 지역에 카페, 빵집 등 비슷한 형태의 소비 공간이 형성되고 이로써 독특한 문화의 기반이 되었던 이질성은 오히려 약화되고 있다. 배다리나 샤오강쯔의 역사적 의미를 고려할 때, 어떻게 하면 토착적 개성이 문화의 형태로 소비와 접목된 후에도 개성을 유지하고 문화가 급속하게 동질화되는 것을 막을 수 있을까 하는 것이 해결해야 하는 중요한 과제가 될 것이다.

4 결론

근대의 이중도시 구조가 지금까지 유지되고 있는 것은 오늘날 도시가 처한 현실에 기인한 바가 크다. 자본의 세계화에 따라 도시가 국가를 넘어서서 세계 경제의 범위에서 경쟁을 벌이기 시작하면서, 도시정체성을 구성하고 지역브랜드를 제고할 수 있는 역사경관이 장소마케팅의 중요한 자원이 된 것이다. 지역 역사경관을 상업적으로 개발, 이용하는 것이 각 지방정부와 기업들에게 '문화'를 지키면서 장기적인 이익을 기대할 수 있는 전략이 되고 있다.

개방과 다양성, 글로벌화가 그 어느 때보다 강조되는 지금, 타자들이 개항장에 남기고 간 흔적은 아시아의 개항도시들이 외부세계와 교류하는 길목이자 무역, 외교의 각축장으로서 '화려했던' 과거를

뽐낼 수 있게 해주었다. 반면, 그 주변 지역은 외부로부터의 근대의 영향을 받으면서도 토착문화의 근간을 잃지 않은 또 다른 근대성을 발전시켰지만, 개항장과 비교해 충분히 이국적이지도, 웅장하지도 않은 이곳의 경관은 지방정부의 장소마케팅에서 제외되었다. 이러한 외면이 지금으로서는 오히려 다행인지도 모르겠다. 이중도시 구조 속에서 다르게 발전해온 문화의 흔적이 아직 남아있다는 점에서 그렇다.

역사경관 복원에 대한 지방정부의 관심이 높아지고 있는 상황에서 배다리와 샤오강쯔는 각각 새로운 전기를 맞고 있다. 이 두 공간은 식민의 역사 속에서 토착민의 문화를 발전시켰다는 점에서 의미가 있다. 그렇다면 이 공간의 역사적 가치를 되살리는 일은 단순히 옛 모습을 복원하는 것이 아니라 현재의 맥락에서 새로운 문화다양성을 모색하는 것을 목표로 해야 할 것이다. 다시 말해 우리가 개항장 주변에서 해야 할 일은 현재 엇비슷한 형태로 나타나고 있는 문화 향유 방식에 대한 이질성을 유지하는 일이라는 것이다. '외부로부터의 근대성'이 도시 역사경관을 지배하고, 노스탤지어를 자극하는 소비 공간이 늘어나 상업화가 본격화됨에 따라 (일본조계에서 토착민이 밀려나듯) 젠트리피케이션에 떠밀린 문화·주민의 이동이 가속화되고 있는 상황에서, 문화 영역에서의 '저항과 주체적 수용, 재창조'를 시도할 만한 공간이 필요하다. 개항장 주변의 복원은 이 지역이 가진 장소성을 통해 이러한 시도를 이끌어낼 수 있는 방향으로 진행되어야 할 것이다.

물론 역사경관의 복원이 일방적인 의미의 전달에만 치중한다면 경제적으로 자립하지 못하고 지역사회의 부담을 가중시킴으로써 최소한의 '역사적 의미' 조차 지키지 못하게 될 것이다. 하지만 어떠한

역사적 의미를 담아내지 못하고 단순한 과거 기억에 대한 소환, 정
서적 공감에만 의지해 상업화되어서도 역시 의미를 반감시킬 뿐 아
니라 지속성을 담보하기 어려울 것이다. 이러한 점을 고려했을 때,
개항장 주변을 둘러싼 장소화 전략, 또 하나의 근대성에 대한 접근
은 더더욱 신중해야 한다는 것이 분명해진다.

참고문헌

데이비드 하비 지음, 한상연 옮김, 『반란의 도시』, 서울, 에이도스출판사, 2014.
이-푸 투안 지음, 구동회, 심승희 옮김, 『공간과 장소』, 서울: 도서출판대윤,
        2011.
신현준·이기웅 편, 『아시아, 젠트리피케이션을 말하다』, 파주: 푸른숲, 2016.
한지은, 『도시와 장소 기억 — 근대역사경관의 노스탤지어를 이용한 상하
        이의 도심재생』, 서울: 서울대학교출판문화원, 2014.
이희환 엮음, 『인천 배다리 시간, 장소 사람들』, 인천, 작가들, 2009년,
산업도로 무효화 주민대책위원회, 배다리를 지키는 인천시민모임 엮음,
        『인천 배다리에서 도시의 미래를 묻다 — 인천 배다리와 산업도로
        관련 기사·글 모음』, 인천: 도서출판미주, 2009.
인하대학교 한국학연구소 편, 『동아시아, 개항을 보는 제3의 눈』, 인천:
        인하대학교출판부, 2010.
인하대학교 한국학연구소 편, 『동아시아 개항도시의 형성과 네트워크』,
        서울: 글로벌콘텐츠, 2012.
정근식·신혜선 편, 『다롄연구』, 과천: 진인진, 2016.
조정민 엮음, 『동아시아 개항장 도시의 로컬리티』, 서울: 소명출판, 2013.
취샤오판 지음, 박우 옮김, 『중국 동북 지역 도시사 연구 — 근대화와 식민
        지 경험』, 과천: 진인진, 2016.
권경선·구지영 편저, 『다롄 환황해권 해항도시 100여 년의 궤적』, 서울:

도서출판선인, 2016.

嵇汝廣 著, 『記憶·大連老街』, 大連: 大連出版社, 2012.

大連晚報社周刊部 編, 『印象·大連老地兒』, 大連: 大連出版社, 2012.

蔣耀輝 著, 『大連開埠建市』, 大連: 大連出版社, 2013.

李振榮 主編, 『大連夢中來』, 北京: 人民美術出版社, 1996.

김주관, 「공간구조의 비교를 통해 본 한국 개항도시의 식민지적 성격 — 한국과 중국의 개항도시 비교를 중심으로」, 『한국독립운동사연구』, 2012.8.

현재열·김나영, 「비교적 전망에서 본 식민지도시의 역사적 전개와 공간적 특징」, 『석당논총』 50권, 2011.

이상균, 「일제 식민지 해항도시의 근대적 재편성 연구: 한국 부산(釜山)과 중국 대련(大連)의 비교연구」, 『해항도시문화교섭학』 9호, 2013.

김정하, 「탈식민주의담론에 의한 동아시아 근대역사유적 보존과 활용 실태 및 개선방안 연구 — 부산과 다롄, 타이페이를 중심으로」, 『동북아 문화연구』 41권, 2014.

손정목, 「개항장·조계제도의 개념과 성격」, 『한국학보』 26, 1982.

김종근, 「식민도시 인천의 거주지 분리 담론과 실제」, 『인천학연구』 14, 2011.2.

리웨이·미나미 마코토, 「다롄 도시공원의 탄생과 변천 — 식민지 통치시대 (1898-1945)를 중심으로」, 『해항도시문화교섭학』 12권, 2015.4.

王巍, 「以大連東關街爲例談歷史街區保護」, 『山西建築』 제41권 36기, 2015.2.

張杲陽·黃玲, 「基于地方文化保護視角下的老城區改造硏究 — 以大連東 關街爲例」, 『今傳媒』 2015년제10기.

王軍·萬映辰, 「俄日占領時期的大連東關街」, 『大連大學學報』 제37권 제1기, 2016.2.

포스트식민의 장소만들기
: 인천을 중심으로

1 서론

　존립이 위태롭다는 소식이 들리던 공씨책방이 건물주와의 명도소
송에서 져 점포를 비워야할 처지에 놓였다. '서울시 미래유산'이라는
명판도, 서울시의 임대료 지원 의향도 그 자리에서 카페를 운영하겠
다는 건물주의 계획을 바꾸지 못했다. 홍대 앞, 경리단길, 북촌과 서
촌 등에서 진행되어온 젠트리피케이션은 45년 역사를 이어온 작은
책방 하나조차 빠뜨리는 법 없이 휩쓸어가려는 모양이다. 공씨책방
을 지키려는 운영자와 시민사회의 노력에도 불구하고 법원은 현 건
물을 건물주에게 인도하고 연체된 임차료를 지급하라고 선고했다.
현행법의 해석이 무형의 가치까지 포괄하지 못하는 것이야 그렇다
치더라도, 판결문의 내용 — "공씨책방의 문화적 가치는 특정 장소,
건물과 결부돼 있기보다는 책방이 보유하는 서적과 운영자의 해박
한 지식, 오랜 시간 누적돼 온 단골고객의 인정"이며 "장소가 이전
되더라도 본질적인 부분이 침해될 것으로 보이지 않는다."에 대해서
는 좀 더 생각해볼 여지가 있을 듯하다.

---

* 이 글은 기존에 발표된 논문 「포스트식민의 장소만들기: 인천을 중심으로」
　(『도시인문학연구』 제10권, 2018)를 수정·보완한 것이다.

그것은 '장소'에 관한 것이다. 자명해 보이는 단어인 '장소'는 그저 존재하는 것이 아니라 만들어지는 것이다. 존재하는 것은 공간이다. 공간 안에 사물이 놓이고 행위가 일어나고 관계가 발생하고, 그것들이 시간 속에 누적됨에 따라 공간은 장소가 된다. "장소란 의미 있는 곳을 말한다."[1] 나아가 "장소는 조직된 의미 세계이다."[2] 다시 말해 공간이 특정 맥락 속에서 의미를 획득함으로써 비로소 장소가 되는 것이다. 공씨책방의 가치를 인정하는 이들에게 이 장소는 그저 헌책을 파는 공간이 아니다. 이 공간 안에 있는 책을 비롯한 사물들의 배치와 변화, 심지어 이곳에서 일어난 행위, 관계 등 많은 요소가 시간 속에 누적되며 그 곳을 장소로 만들어준다. 때문에 어떤 공간을 '장소화'하는 것은 그것을 둘러싼 사회의 의미망과 쌍방향적 관계를 맺는다. 특정한 공간을 선택하여 보존함으로써 가치를 부여하는 것을 하나의 장소화라고 한다면, 이러한 장소화는 그 사회의 의미망을 구성하는 요소가 되며 동시에 그것에 가치를 부여하는 사회적 의미망을 해석할 수 있는 근거가 된다.

한국의 경우, 근대 이후 식민 역사와 근대화, 전쟁, 산업화를 거치면서 다양한 변화를 겪었고, 그 과정에서 수많은 장소가 사라지거나 남겨지거나, 혹은 예전과 다른 모습으로 탈바꿈했다. 이렇게 해서 남겨진 장소들은 역사경관으로서 한 도시의 정체성을 보여준다. 역으로 이것을 통해 그 도시에서 작동해온 의미망을 그려내 볼 수도 있을 것이다. 예컨대 식민 잔재를 청산한다는 이유로 서울에 남아있

---

1) 팀 크리스웰, 『짧은 지리학 개론 시리즈 : 장소』, 심승희 옮김, 서울: 시그마프레스, 2016, p.9.
2) 이-푸 투안, 『공간과 장소』, 구동회, 심승희 옮김, 서울: 도서출판대윤, 2011, p.287.

던 옛 중앙청(구 조선총독부)을 철거한 것이 1996년의 일이다. 경복
궁을 가로막는다는 현실적 이유 외에도 수도로서의 상징성도 중요
한 요인이 되었다. 1990년대 한국의 문화민족주의는 민족의 주체적
역량을 확인하는 방법으로 식민유산을 철거하고 조선왕조를 소환하
는 방식을 선택한 것이다.[3] 이처럼 역사경관을 통한 도시정체성 수
립에 있어 한국의 도시들은 민감한 문제에 직면하곤 한다. 그것은
근대 식민역사와 그 유산을 어떻게 처리할 것인가 하는 문제다.

한국의 근대유산을 중심으로 한 장소화 방안에 대해서는 2000년대
이후 많은 논의가 이루어졌다. 관련 연구는 현존하는 근대건축물의
현황을 조사하고 분류하여 문화적으로 활용할 수 있는 방안을 제안
하고[4] 이러한 건축자산의 활용을 도시재생계획과 긴밀하게 연결시
키는 사례를 제시하기도 했다[5]. 다만 이 글의 논점에서 비추어볼
때 이러한 연구들은 이미 문화재로 가치를 인정받고 있는 대표적인
근대건축물을 대상으로 하였거나, 근대유산의 보존과 활용의 당위
성을 기본 전제로 하고 있어 어느 정도 논의의 한계를 지니고 있다.

우선 개별적인 건축물을 대상으로 한정할 경우, 그 건축물을 둘러
싼 역동적인 장소성과 유기적 의미로서의 도시정체성을 파악하기

---

3) 전진성, 『상상의 아테네 베를린·도쿄·서울 — 기억과 건축이 빚어낸 불협화
   음의 문화사』, 서울: 천년의 상상, 2015, pp.600~617 참조.
4) 이주형·장석하, 「한국근대건축물 보존 및 활용 방안에 관한 연구」, 『대한건
   축학회 논문집—계획계』22(3), 2006.3. 이완건, 「도심지 근대건축의 보존과
   활용에 관한 연구」, 『한국실내디자인학회 논문집』 21(6), 2012.12.
5) 최강림·이승환, 「역사문화환경을 활용한 도시재생계획 사례연구 — 인천시
   구도심 '인천아트플랫폼' 사업을 중심으로」, 『국토계획』 44, 2009.4. 윤현위
   ·이호상, 「역사·문화적 도시재생을 위한 건축자산제도의 활용 모색 — 인천
   의 근대건축물을 사례로」, 『인문학연구』 26, 2016.12.

어렵다. 또한 근대유산이 '근대에 만들어진 오래된 것'이라는 이유로 보존을 당연한 전제로 삼는 것은 유산을 활용하려는 오늘날 현실에서 설득력을 얻기 힘들다. 유산이란 과거가 우리에게 남겨놓은 것이 아니라 우리가 과거로부터 선택한 일부이며, 우리는 이 '선택'을 문제 삼아야 하기 때문이다. 이러한 점에서 도시 내부의 다층적 공간과 문화에 주목한 일련의 연구들은 일면 시사하는 바가 크다. 어떠한 근대유산을 왜 보존해야 하며 어떻게 활용할 것인가 하는 문제는 유산 자체가 아니라 유산과 연결되어 있는 역사·문화적 맥락, 현재의 의미망과 밀접한 관련을 맺기 때문이다. 이러한 연구는 개인이나 집단이 가진 도시권에 대한 실천의 관점에서 도시재생사업과 도시문화운동 기획의 가능성을 모색한다. 그리고 이러한 논의를 통해 개발지상주의를 경계하는 동시에 배제되고 있는 대안적 문화 공간에 주의를 기울일 것을 촉구한다.6)

인천은 도시정체성에 있어 근대(식민)유산과 밀접한 관련을 맺고 있는 도시 가운데 하나다. 조선왕조의 수도였던 서울과 달리 인천은 개항과 함께 외국인조계가 생기고 국제항이 되어 근대문물을 받아들이는 관문의 역할을 떠맡은, 그야말로 근대가 낳은 도시라고 할 수 있다. 이러한 개항도시 인천의 발전 역사에서 근대유산은 가장 주요한 흔적이자 증거물이다. 그러나 오늘날 인천의 도시정체성 수립에 있어 근대에 만들어진 모든 것이 '유산'으로 받아들여지는 것은 아니다. 근대에 대한 인위적인 선택과 배제가 일어나는 상황에서, 우리는 장소의 선택에 영향을 미치고 나아가 이러한 선택을 통해 확

---

6) 이희환, 「인천 지역의 도시문화운동」, 『로컬리티 인문학 』2, 2009.10. 「도시마을 공동체 복원의 가능성을 묻다.」, 『인천학연구』 25, 2016.8. 「'인천 가치 재창조' 시책과 도시에 대한 권리」, 『황해문화』 2016.9.

장, 공고화될 의미망에 관심을 기울일 필요가 있다. 다양한 근대유산을 물려받은 도시로서 인천의 장소화 전략은 이 도시가 근대를 바라보는 관점과 연결될 수밖에 없기 때문이다. 이러한 맥락에서 볼 때, 현재 개항장에 남아있는 근대유산을 적극 활용하고 있는 듯 보이는 인천의 도시정체성은 외부로부터의 근대화만 강조하고 있을 뿐, 근대문화의 내발적인 발전과정은 충분히 포용하지 못하고 있다.

　이와 같은 한계를 극복하기 위해 이 글에서는 식민역사가 남긴 유산을 통한 탈식민의 장소만들기를 제안하고자 한다. 우선, 현재 인천에 남아있는 근대유산의 보존과 활용에 있어 근대역사에 대한 이분법적 접근을 지양할 필요가 있다. 이것은 단순히 식민유산을 철거하느냐 보존하느냐에 관한 문제가 아니다. 이러한 문제제기는 기본적으로 '식민유산'을 식민통치계급이 만든 유산으로 한정한다는 점에서, 그것을 보존하고 포용할 것을 주장한다고 하더라도 이분법적이다. 또한 개항만을 강조하는 것 역시 근대를 '충격/반응', '서구/전통'의 틀에서 이해하고 외래요인을 중심으로 근대를 구성한다는 점에서 한계가 있다. 이것은 결과적으로 근대에 대한 단선적 역사관을 증명하는 근거가 될 수 있다. 현재 필요한 것은 이러한 이분법적 인식에서 벗어나 "피지배자의 저항과 주체적 수용, 재창조"를 아우를 수 있는 "현재적 재해석"이다.[7] 기존의 식민주의나 민족주의적 탈식민주의의 관점에 의해서는 걸러지지 않은 구체적이고 실제적인 역사에 주목하고 그것을 복수(複數)의 근대화로 포용함으로써 근대역사를 보다 풍부하게 해야 하는 것이다.

　7) 김정하, 「탈식민주의담론에 의한 동아시아 근대역사유적 보존과 활용 실태 및 개선방안 연구 — 부산과 다롄, 타이페이를 중심으로」, 『동북아문화연구』 41권, 2014.

2 인천, 개항에서 개방까지

인천의 개항장은 이국적인 공간이다. 전통과 서구식 현대화 사이에 존재하는, 조금은 이질적인 흔적이 남아있다. 식민통치자에 의해 계획되고 건설된 이러한 공간은 이후 인천의 발전 과정—식민 잔재에 대한 파괴, 전쟁, 산업화 속에서 어렵게 살아남은 유산이라고 할 수 있다. 하지만 한때 '적산'으로 불리기도 했던 만큼, 식민유산은 결코 누구나 마음껏 사랑할 수 있는 유산이 아니다. 최근에 이르러서야 옛 중앙청 건물을 철거한 90년대의 민족주의적 사고는 어느 정도 지양되고 있는 듯 보인다. 시간이 흐름에 따라 강렬한 민족주의에서 벗어나 객관적인 거리를 두고 역사에 대해 이성적인 판단을 내릴 수 있게 된 것도 중요한 요인이 될 것이다.

하지만 민족주의 논리에서 벗어난다고 해서 식민유산을 보존해야 한다는 당위성이 생기는 것도 아니거니와, 그에 대한 심리적 앙금이 완전히 사라진 것도 아니다. 그럼에도 불구하고 식민유산의 보존을 주장하는 것은 어떤 이유에서일까. 이-푸 투안은 과거의 것들을 유지하려는 보존론자들의 관점을 심미적 유형, 사기진작형 유형, 도덕적 유형으로 나누었다. 조상이 보여준 미적 우수함을 보존하거나, 유명한 정치나 발명가에 대한 공경심과 자부심을 고취하려는 목적이 우리가 흔히 아는 심미적 유형, 사기진작형 유형이라면, 인간적인 미덕과 다채로운 삶의 양식을 촉진하고 변화시키려 하는 힘에 대항해 자신들의 독특한 관습을 유지하고자 하는 사람들이 호소하는 것이 바로 도덕직 유형이다.[8] 이-푸 투안은 지적하고 있지 않지

---

8) 이-푸 투안, 같은 책, p.312.

만, 우리가 식민의 경험과 관련된 유산에 적용하는 또 하나의 기준을 여기에 더할 수 있을 듯하다. 치욕적인 역사를 똑똑히 배우고 기억하여, 그러한 역사가 다시는 되풀이되지 않도록 하기 위해 유산을 보존하는 학습형 유형이 그것이다.

오늘날 많은 관광객이 찾고 있는 인천의 '개항장'[9] 역시 학습형 유형에 해당하는 근대유산이라고 할 수 있다. 1883년 개항 이후 같은 해 9월, 현재의 관동, 중앙동 내에 일본조계가 설정되었다. 일본인들은 영사관을 중심으로 거류지규칙에 따라 조계를 운영했다. 영사관 주변으로 일본제1은행, 일본18은행 등 금융기관이 들어와 자리잡으며 개항장은 일본이 인천에서 전개한 식민지경략의 정치·경제 중심이 되었다.

1884년에는 일본조계 서쪽에 청국조계가 설정되었다. 현재 청일조계지경계계단을 사이에 두고 '차이나타운'을 형성하고 있는 북성동,

---

9) 다른 나라의 차이나타운이 이민자들로 형성된 것과 달리 인천의 차이나타운은 1884년 청국조계가 설치되면서 본격적인 화교의 이주와 정착이 시작되었다는 점에서 본문에서는 넓은 의미의 '개항장'에 포함시킨다. 사실 식민통치 계급이 일본이었기 때문에 간과되는 부분이 있지만 조계란 그 자체가 서구 및 주변 열강들과의 불평등조약에서 비롯된 산물이며 인천의 청국조계 역시 당시 조선에 대해 청나라가 다양한 특권을 누린 지역이다. 오늘날 인천차이나타운을 찾는 중국인들은 이곳이 과거 청국조계였다는 것을 알게 되면 근대 중국이 침략을 당하기만 한 줄 알았지 다른 나라에 조계를 가지고 있었던 것은 몰랐다며 놀라워한다. 중국이 해외에 가졌던 유일한 조계가 바로 한국에 있던 청국조계인 것이다. 그럼에도 이웃해 있는 일본조계 지역에 대해 가질 수밖에 없는 일말의 거북함을 차이나타운에서는 느낄 수가 없는 것은 2차 대전이 끝난 후 본국으로 돌아간 일본인과 달리 화교들은 이곳에 남아 한국전쟁을 함께 치르고 냉전 기간 반공주의를 표방하며 생활을 영위함으로써 어느 정도 현대사를 공유해온 것이 중요한 요인이 될 것이다.

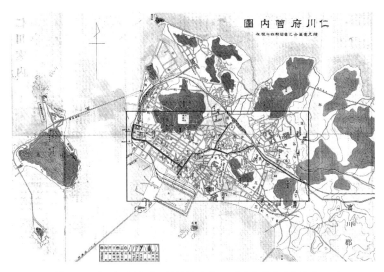

그림 1. 쇼와4년(1929년) 인천부관내도(인천광역시립박물관 소장)

송월동 일대에 해당한다. 북성동은 1977년 선린동을 통합했는데, 이 선린동이 청국조계 설정 이후 중국인들이 많이 거주했던 지역이다. 청국조계와 일본조계는 인구의 증가와 함께 확장되어 상당한 규모를 갖추기도 했다. 말하자면 인천의 개항장은 보기 드물게 일본과 중국이라는 아시아의 두 타자가 공존하며 그들의 생활양식을 이식한 장소라고 할 수 있다. 그리고 지금의 인천은 이러한 역사 속의 타자를 다시 드러내 보이는 경관 조성을 통해 인천의 정체성을 구성하고 있다.

　현재 인천이 구성하고 있는 도시정체성을 살펴보면 국제공항과 항구를 보유한 인천이 가지는 개방성, 대외 교류의 교량 역할, 다양성을 포용하는 미래지향적 글로벌 도시로서의 면모를 유독 강조하고 있다.[10] 그리고 이러한 인천의 역할을 역사적으로 증명하는 장소

10)최근 인천 브랜드 홍보에 사용되고 있는 'all ways INCHEON 모든 길은 인천

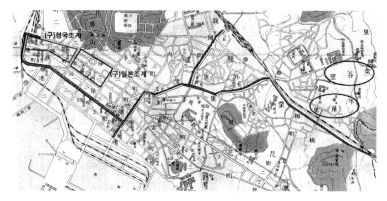

그림 2. <그림 1>의 사각형 표시 지역을 확대한 부분

청국조계, 일본조계가 설정되었던 곳이 현재 차이나타운과 개항장에 해당하는 지역이다. 청국조계는 1914년 철폐되어 지나정(支那町)이라는 일본식 명칭으로 불렸다. 조선인은 금곡리, 우각리 방면으로 밀려나 거주지를 형성했다.

가 바로 개항장이다. 이러한 맥락에서 강제적으로 이루어졌던 개항은 '개방'이, 청국인과 일본인들이 차지했던 조계는 '글로벌화'와 '혼종성'의 시작이 되었다. 이러한 인식의 전환은 1990년대 이후 도시·지자체가 경제발전의 주체가 되면서 글로벌경쟁력 강화에 나선 시장 변화와 흐름을 같이 한다. 지자체의 주도 아래 문화자원을 개발·활용하는 지역명소화 정책은 '지역경제 활성화'라는 강력한 타이틀 아래 채택되곤 했다. 지역정체성의 유지, 혹은 구성을 통해 경제적 이익을 추구할 수 있게 되면서 산업화 시대 보존이냐, 개발이냐를 놓고 대립을 야기하곤 했던 역사경관은 그 어느 때보다도 가치를 인정받고 있는 것처럼 보인다. 그러나 여전히 변치 않는 듯 보이는 보존의 이유―'역사적 가치'란 현재 세계화된 자본 시장에서 경제

으로 통한다'와 같은 슬로건이 이러한 전략을 잘 보여준다.

활동의 주체가 되어 경쟁하고 있는 도시의 의미망 속에서 결정되는
것이다. 이 의미망 속에서 마케팅에 적합한 장소와 그렇지 못한 장
소가 구분되고, 이러한 구분에 따라 장소들은 보존되거나 제거 혹은
방치된다. 그리고 선택된 장소들은 변형과 재창조를 통해 도시정체
성을 구성해간다.

　2000년대에 들어서면서 인천 개항장의 경관조성은 더욱 활기를
띠었다. 특히 지역 역사·문화와 근대건축물 가치에 대한 인식에 변
화가 생기면서 도시재생사업에 역사·문화 자원을 적극 활용했다.
그 가운데 차이나타운이 먼저 활성화되기 시작한 데에는 1992년 한
중 수교 이후 중국의 중요성이 증가하며 교류가 빈번해지고, 화교자
본에 대한 관심이 증대된 사회 분위기도 큰 영향을 끼쳤다. 인천시
는 청국조계였던 차이나타운 권역을 '관광특구'로 지정하고 '중국풍'
경관 조성에 나서는 한 편, 개항장에 남아있던 1930-40년대 건축물
과 산업유산을 매입해 복합 문화예술공간을 조성하고 주변 근대건
축물은 등록문화재로 지정하여 공공문화시설로 활용하거나 관리하
고 있다.[11] 이러한 역사경관 조성을 통해 과거 조계지역은 '개항장'

---

11) 일본영사관이 있던 자리에는 1933년 인천부 청사가 세워졌고 인천직할시 청
　　사를 거쳐 1985년 시 청사가 이전하면서 지금은 옛 모습을 일부 간직한 채
　　인천 중구청으로 사용되고 있다. 1882년 지어진 일본제1은행은 현재 인천개항
　　박물관으로, 1890년 지어진 일본18은행은 인천개항장 근대건축전시관으로 일
　　반에 공개되고 있으며, 이 밖에 일본58은행지점, 제물포구락부, 인천우체국,
　　홍예문 등이 남아있다. 개항장에 남아있는 문화재 현황에 대해서는 중구사편
　　찬위원회, 『인천광역시 중구사: 상 - 발자취와 사람들』, 인천광역시 중구문화
　　원 발행, 2010, pp.596-607을 참조. 차이나타운은 한국전쟁 중 인천상륙작전의
　　현장이었던 데다가 국내 화교의 불안정한 지위 등으로 인해 남아있는 유산이
　　많지 않지만, 청국영사관이었던 화교협회에 남아있는 회의청(1910년대 건축된
　　것으로 추정), 1893년부터 화교의 정신적 안식처가 되었던 의선당 등이 있다.

으로 통칭되는 근대문화유산의 전시장이 되었다.

개항장을 중심으로 하는 경관 만들기의 문제는 단순히 그것이 식민의 기억을 남겨서가 아니다. 개항과 개방을 혼용하여 근대가 남긴 이국적 경관을 해석하고 그러한 해석을 통해 보존된 근대유산으로써 도시정체성을 구성하는 것은 반성 없는 식민논리의 연장이며 그 자체로 탈역사적이라는 점에서 문제다. 또한 이러한 유산의 선택이 보여주는 사회의 의미망이 아시아의 근대가 외부로부터의 충격에서 시작해 발전해왔다고 가정하는 단선적 역사관과 상당부분 일치하고 있다는 점에서 위험하다.

인천은 개항과 함께 그 중심이 비류의 도읍지였던 문학산에서 제물포로 옮겨짐으로써 이전의 역사는 지워진 채 개항장을 중심으로 한 "과거가 없는 식민도시"로 다시 태어났다.[12] 그리고 현재 보이는 바, 일본조계에 남은 근대건축물은 과거 식민의 역사를 몇몇 유물과 함께 늘어놓은 전시관이 되었고 주변의 상점가는 일본 전통 목조주택인 마치야(町家)형 주택으로 리모델링하여 교토(京都)의 옛 골목을 연상시키는 경관을 만들어내고 있다. 차이나타운은 복고풍으로 단장한 중식당이 늘어서있고 짜장면을 처음 만든 것으로 알려진 중화요리점 공화춘 자리에는 짜장면박물관이 들어섰다. 그리고 곳곳에 공자상과 패루, 삼국지 벽화거리가 조성되었다. 말하자면 한국인이 일본과 중국을 상상할 때 가장 쉽게 떠올릴 수 있는 이미지들로 개항장의 공간을 채움으로써 인천의 근대 역사를 이국적 경관으로 재현하고 있는 것이다.

----

12) 최원식, 「도론: 인천과 환황해네트워크」, 인하대학교 한국학연구소 편, 『동아시아, 개항을 보는 제3의 눈』, 인천: 인하대학교 출판부, 2010, p.25.

그림 3. 인천 중구청 부근 개항장 모습(2017년 필자 촬영)

그림 4. 중국풍으로 꾸며진 인천 차이나타운(2017년 필자 촬영)

근대 유럽 양식의 박물관과 전시관에서 일본은 근대문물을 들여온 타자로, 조선인은 피식민 · 피지배계급으로 박제되고 일본식 목조 건물들은 근대에 대한 노스탤지어를 불러일으킨다. 도로 양 옆으로 중식당이 늘어선 차이나타운 어디에서도 근대 한중 간 무역을 활성화시키고 원교(遠郊)농업과 상업농업을 발전시켰지만 해방 후 신중국 수립, 중국과의 국교단절로 이어지는 혼란 속에서 차이나타운을 떠나 뿔뿔이 흩어져야 했던 화교의 삶이나 1960년대 토지소유 제한으로 인해 식당업으로 전업해 짜장면을 팔 수 밖에 없었던 차별의 역사는 찾아볼 수 없다. 근대화와 식민화가 동시에 일어나는 동안, 해방 후 현대사를 지나오는 동안 이 장소를 중심으로 전개되었던 다양한 주체의 모색과 실천은 비가시화되고 인천의 발전이란 이렇듯 매끈하게 '개항도시 → 다양한 혼종문화를 포용하는 글로벌도시'로 이어지는 것이다.

이렇게 단순화된 의미망은 근대로부터 특정한 유산만을 선택하여 도시를 세계성과 다양성을 담지하는 장소로 자리매김하고, 이것을 미래의 발전가능성으로 이어감으로써 단선적 역사관을 미래로까지 확장시킨다. 식민유산이 문제인 것이 아니라 식민역사가 단순화된 의미망 속에서 일부 유산이 선택되고 이렇게 선택된 유산이 기존의 의미망을 더욱 매끄럽게 다듬어가는 구조가 문제인 것이다. 도시를 상징하는 장소들이 이러한 의미망 속에서 형성되고 다시 현존하는 의미망을 강화시킬 때, 도시는 탈식민을 위한 어떠한 실천도 할 수 없게 된다.

3 배다리, 개항장 주변의 근대

개항장의 역사적 의미와 학습에 있어서의 가치는 부정할 수 없는 것이지만 식민역사에 대한 학습이 식민통치계급이 남겨놓은 유산을 통해서만 가능한 것일까. 만일 그렇다면 식민역사에 대한 우리의 이해는 식민/피식민, 침탈/수탈이라는 틀 안에만 갇혀있게 될 것이다. 식민의 유산이라고 해서 통치계급의 유산만 있는 것은 아니다. 같은 시기, 다른 양상으로 발전해온 또 다른 역사와 문화가 현재 어떠한 상황에 처해있는지 돌아볼 필요가 있다. 이러한 또 하나의 유산을 찾아 발전시키는 것 역시 유산을 보존하는 학습형 유형이 될 것이다.

"인천의 근대역사가 '개항장' 중심의 역사만 있고, '개항장' 밖(변두리)의 역사는 존재하지 않는다."[13]는 말은, 다시 말해 도시 자체가 단선적 역사관에 충실한 공간으로 발전해왔다는 의미에 다름 아니다. 즉, 개항장을 중심으로 한 타자의 거주공간이 역사서사의 유일한 중심이 되었다는 것이다. 이 같은 서사는 외부로부터의 영향 외에 이러한 영향과의 접촉을 통해 발생하는 다양한 문화적 접변, 혹은 독자적으로 발전해온 또 다른 역사와 문화에 대해서는 주의를 기울이지 않는다. 그러나 근대 이후 인천의 문화발전 양상을 살펴보면 개항장 밖에서 또 다른 하나 이상의 문화가 발전해오며 인천의 역사를 구성했음을 알 수 있다.

---

13) 이성진, 「우각로로 들어온 근대문화 - 역사적 의미와 가치성」, 이희환 엮음, 『인천 배다리 - 시간, 장소, 사람들』, 인천: 작가들, 2009, p.35.

개항장을 중심으로 하는 이식문화 지역(중앙동, 송학동 등)과 이식문화와 전통문화가 공존하는 완충문화 지역(신포동, 용동, 경동 등)을 거쳐 철로를 건너면서 조선인 이주민들에 의해 형성된 변두리 문화가 존재하였다. 그리고 그 변두리 문화의 중심지가 바로 동구의 배다리 지역이었다.[14]

앞서 전한 공씨책방 소식에 가장 서글픈 공감을 느낀 이 역시 이곳 배다리의 사람들일 것이다. 배다리는 지리적으로는 대략 "경인선 전철이 지나는 배다리 철교 아래 동구와 중구의 경계를 이루는 지점"[15]으로 "좁게 보면 철로문다리를 중심으로 경동, 동인천역, 도원동, 송림동으로 갈라지는 사거리 한복판과 금곡동 입구, 그리고 중앙시장 초입 부근"[16]이 된다. 이웃하는 중구가 개항장을 중심으로 근대 문물을 수입하는 관문이었고 또한 당시의 근대 유산을 보존하여 인천의 관광명소가 된 반면, 개항장에서 밀려난 조선인, 타지에서 흘러들어온 이주민들의 삶의 터전이었던 배다리는 사뭇 다른 경관을 보여준다. '장소'로서 배다리가 갖는 의미는 식민, 근대화의 지배층, 주류와는 차별되는 또 다른 목소리를 대표하는 것이라고 할 수 있다.

인천 배다리는 피식민의 역사가 낳아 한반도의 전쟁이 키운 공간이다. 인천 개항에 따라 일본조계와 청국조계가 잇따라 설정되고 인천항의 무역거래는 크게 늘었다. 특히 러일전쟁 이후에는 인천항의 무역액이 한반도 전국에서 개항되었던 8개 항구(인천, 부산, 원산,

14) 이희환, 「오래된 서민들의 삶의 터전 - 배다리 일대의 문화와 풍속」, 이희환 엮음, 『인천 배다리 - 시간, 장소, 사람들』, 인천: 작가들, 2009, p.45.
15) 이희환, 같은 글, 58.
16) 김윤식, 「배다리에 관한 몇 가지 기억들」, 이희환 엮음, 『인천 배다리 - 시간, 장소, 사람들』, 인천: 작가들, 2009, p.94.

군산, 목포, 마산, 진남포, 성진) 총 무역액의 44%를 차지했다고 하니,[17] 수많은 상인과 노동력이 인천으로 몰려들었으리라는 것은 충분히 짐작하고도 남음이 있다. 인천으로 몰려든 것은 이들 뿐이 아니었다. 1900년대에 들어선 이후 중국과 조선 간에 무역을 하는 화교들과 만주로까지 세력을 확장하려던 일본인들도 중간지점인 인천으로 모여들었다. 이로 인해 거주공간이 부족해지자 지계의 확장이 불가피해졌다. 외국인 거주공간이 확장되면서 원래 그 지역에서 살던 조선인들은 또 다시 외곽으로 밀려났다.

우리가 주목해야 할 것은 바로 이곳 개항장 주변부에서 진행된 근대화의 과정이다. 개항장 중심에 기관, 은행 등 식민지경략과 통치계급의 편의를 위한 시설들이 들어섰다면, 주변부인 배다리에는 토착민의 일상과 더욱 밀접한 관련이 있는 철도, 학교, 일터가 자리 잡아 이들의 근대의식을 자극했다. 1897년 3월 27일, 한국 최초의 철도인 경인선 기공식이 인천 우각리(현재 도원역 부근)에서 열렸다. 그러나 공사 도중 자금조달의 어려움 때문에 부설권이 일본으로 넘어가고 1899년 4월에야 일본인들이 설립한 경인철도합자회사에서 본격적으로 공사를 재개했다. 같은 해 9월 현재의 인천역과 노량진을 잇는 노선이 개통되면서 우리나라 최초의 철도영업이 시작되었고 이듬해 노량진 – 서울 구간이 개통됨으로써 인천은 외부의 타자와 한국의 수도를 잇는 '길'이 되었다.[18]

1892년부터 교회에서 신교육을 펼치며 시작된 한국 최초의 서구

---

17) 나채훈·박한섭, 『인천개항사』, 고양: 미래지식, 2006, p.97.
18) 경인선 철도 부설에 대한 내용은 중구사편찬위원회, 『인천광역시 중구사 : 상 – 발자취와 사람들』, 인천광역시 중구문화원 발행, 2010, pp.406-407을 참조.

식 초등교육기관 영화학당이 1911년 지금의 금창동에 교사를 마련
해 오늘날의 인천영화초등학교로 발전했고, 1907년 인천공립보통학
교로 시작된 인천창영초등학교가 바로 그 옆에 자리 잡고 있다. 미
감리교 선교사가 설립한 영화여학당은 특히 여성교육의 요람이 되
어 한국의 첫 여성 유학생 하란사(본명 김란사), 첫 여성박사 김활
란, 교육자 서은숙, 김애마, 김영의 등 졸업생을 배출했다.[19]

1917년 금곡리에 설립된 '조선인촌주식회사'는 최초의 성냥공
장[20]으로 500여 명에 달하는 직원이 연간 7만 상자를 생산해 국내
소비량의 20%를 차지했고, 인근 500여 가구가 성냥갑 제조 하청을
받아 생계를 유지했다. 성냥제조업이야말로 인천 근대산업의 대명
사라고 할 수 있는데, 이것은 압록강 오지에서 생산되는 목재를 쉽
게 들여올 수 있고 아직 기계화가 이루어지지 않아 수공업으로 작업
해야 하는 성냥제조에 값싼 노동력을 제공할 수 있는 인천의 지리
적, 현실적 여건에 힘입은 바 크다. 물론 우각리에 자리 잡은 변전소
(1922년 이전 낙성), 송림산(수도국산)에 배수지를 설치하고(1908년
준공) 노량진 수원지에서 끌어온 물을 급수하는 등, 기반시설의 역
할도 무시할 수 없을 것이다. 그렇다고 해서 이러한 발전의 양상을
식민지근대화론으로만 설명할 수는 없다. 이 지역에서 형성된 독특

19) 배다리와 근대교육에 대한 내용은 이성진, 「김애마 ― 역사 속의 인천여성」,
김윤식, 「'인천출신 이화인 4대 여걸'의 한 사람 김영의」, 목동훈, 「우월 김활
란」 등 기사와 글 참조. 자료집『인천 배다리에서 도시의 미래를 묻다 - 인천
배다리와 산업도로 관련 기사·글모음』, 2009, pp.115-133.
20) 1886년 인천 제물포에 성냥공장이 세워졌다는 기록이 있으나 위치와 상호가
남아있지 않다. 정확한 기록이 남아있는 것으로는 조선인촌주식회사가 최초
이다. 조우성, 「1886년 제물포에 최초 공장 세워 - 성냥」, 김학준, 「인천이 원
조 '성냥공장'」, 인천 성냥산업에 대한 소개 참조, 같은 자료집, pp.5-7.

한 정서와 그것을 바탕으로 한 문화가 존재하기 때문이다.

경인선은 일제의 군사적 목적 아래 계획되었지만 뜻밖에도 인천의 문화역량을 한층 북돋았으니, 그 첨병 노릇을 맡아한 것이 바로 경인기차통학생들이었다. 그런데 이들의 경인선 근거지가 바로 축현역이었다. 인천역으로 일본인 통학생들이 주로 드나들었다면 축현역은 조선인통학생들이 애용했다고 한다(『인천석금』55면). 이것은 조선인 주거지가 싸리재를 중심으로 형성되어 있었기 때문에 자연스러운 일이다. 인천역에 대해 축현역은 일종의 민족적 공간이었던 것이다.[21]

축현역은 지금의 동인천역으로, 동인천역과 도원역 사이 송림동, 금창동 등이 배다리 일대에 해당한다. 1919년 3월 1일 서울에서 시작된 3·1 만세운동에 가장 먼저 호응한 것도 이곳의 학생들이었다. 인천의 3·1 운동은 3월 6일 인천공립보통학교 학생들의 동맹휴업에서 비롯되었는데[22] 현재 배다리에 있는 창영초등학교이다. 3·1 운동을 통해 민족의식을 자각한 이 지역 학생들의 항일운동은 계속해서 이어졌다. 인천공립상업학교(인천고등학교) 학생들은 동맹휴학을 주도하고 조선인 학생을 모욕하는 교사를 배척하는 등 일본의 식민지교육과 민족차별에 강력하게 반발했다.[23] 저항은 학교에서만

---

21) 최원식, 「경인선의 역사문화지리 ─ 동인천역의 상상적 복원」, 『황해문화』 12, 1996.9. 글에서 인용한 『인천석금』은 인천에서 성장한 언론인 고일(高逸)이 1954년 『주간인천』 주필로 활동하며 '인천석금'이린 제목으로 개항 조기부터 1950년대 초에 이르는 인천의 사회상을 소개한 내용을 1955년 책으로 발행한 것이다. 근대 이후 인천의 역사를 이해하는 데 중요한 자료가 되고 있다.

22) 중구사편찬위원회, 『인천광역시 중구사 : 상─발자취와 사람들』, 인천광역시 중구문화원 발행, 2010, p.526.

이루어진 것이 아니었다. 1921년 3월에는 조선인촌 여공 150명이 부당한 노동착취에 항의하고 처우개선을 요구하며 일본인 관리자를 배척하는 동맹파업을 벌였고[24], 1931년 8월에도 여공 170명이 임금삭감에 항의해 파업에 나서기도 했다.[25] 민족적 저항의식에 바탕을 둔 이들의 쟁의는 인천 노동운동의 시발점이 되었다. 이러한 생명력 넘치는 생활환경과 민족적 정서가 있었기에 한국전쟁으로 갈 곳을 잃은 피난민들이 모여든 곳도 개항장이 아닌 배다리였을 것이다.

1970년대 인천의 번화가였던 배다리의 시작은 6·25 전쟁 직후 이곳에 선 난장이었다. 사람들은 무엇이든 가진 것을 들고 와 필요한 것으로 바꾸어갔다. 사람이 모여들자 시장이 커지고 병원, 극장 등이 들어섰다. 또한 해방 후 일본인들이 버리고 간 책, 전쟁 통에 버려진 책을 수습해 모은 리어카 책방이 모여 들면서 점차 '헌책방골목'이 형성되었다. 전성기였던 60년대에는 서울 청계천에 버금가는 전국에서 두 번째로 큰 헌책방거리를 형성해 '작은 동대문'이라고 불리기도 했다. 작가 고(故) 박경리 선생이 주안염전 관리인으로 부임한 남편을 따라 이곳으로 이사와 헌책방을 드나들며 책을 읽다 아예 헌책방을 경영하기도 했다는 일화는 이미 잘 알려진 이야기이다. 여기에 1960-70년대 산업화가 진행됨에 따라 일자리를 구해 도시로 나온 지방 사람들이 모여들면서 1980년대까지 배다리는 인천 상권의 중심이 되었고 근대로부터 이어진 시정(市井), 서민문화가 끊어지지 않고 발전할 수 있었다.

---

23) 같은 책, p.529.

24) 「仁川燐寸職工同盟罷業」, 『매일신보』 1921.3.14, 인천광역시립박물관 전시 도록, 『안녕하세요, 배다리』, 2013, p.62에 수록.

25) 「燐寸女職工 今朝에 盟罷」, 『동아일보』 1931.8.26.

그림 5. 배다리 헌책방골목 진입로(2018년 필자 촬영)

그림 6. 배다리 골목 모습
그림 왼쪽 건물은 1920년대 인천양조주식회사에서 사용하던
양조장을 문화예술공간으로 개조했다.(2018년 필자촬영)

그러나 배다리는 근대를 지나며 이루어온 독특한 발전의 역사를 뒤로 하고 낙후한 환경을 끌어안은 채 도시개발의 속도를 따라가지 못하고 있다. 우선 1970-80년대 한국경제의 비약적인 발전에 따라 헌책의 수요가 격감하자 헌책방들이 타격을 받았고, 여기에 1985년 도시계획에 따라 공설운동장과 동인천을 연결하는 도로가 확장되면서 생활용품을 만들어 팔던 수공업자들도 뿔뿔이 흩어졌다. 특히 1997년부터 원도심을 관통하는 산업도로 개설공사가 추진되면서 많은 지역 주민들이 공사에 반대하고 나섰고, 주민들 간에도 재개발과 보존을 두고 대립하는 갈등을 겪었다. 시민단체와 지역 문화활동가들을 중심으로 배다리의 역사·문화를 보존하고 마을 공동체를 회복하려는 노력이 이루어지고 있지만, 문화재 활용 방안, 공간적 연계성과 접근성 등에서 나타나는 한계로 인해 어려움을 겪고 있다. 이것은 배다리만의 문제라기보다는 개항장을 새로운 장소로 거듭나게 해준 현대의 의미망으로는 배다리와 같은 독특한 공간을 적절하게 포용할 수 없었던 것도 원인이 될 것이다.

최근 배다리가 위치한 동구에서도 지역활성화에 나서고 있다. 배다리 지하공예상가에서 무료 공예 프로그램을 운영하고 근대 역사 문화자산 발굴을 위한 '경인선 역사·문화자산 스토리텔링' 사업을 진행하고 있다. 가상현실(VR)과 증강현실(AR)을 이용해 인천의 근현대 문화자원을 재현한 콘텐트체험관이 개장했으며, 앞으로도 경인선의 역사와 결합한 콘텐트를 관광산업에 적극 활용할 예정이다. 이러한 노력은 원도심활성화를 위해 필요한 것이지만 우려되는 바도 없지 않다. 배다리가 하나의 장소로서 가지는 의미를 충분히 살려야 한다는 과제가 남아있다. 외부로부터 들어온 근대성을 보여주는 개항장과 달리, 식민지배자에 저항하면서 근대의 문화를 주체적

으로 받아들이고 자신의 근대성을 발전시킨 내발적 동력을 보여줄
수 있는 콘텐트가 되어야 하는 것이다. 그리고 개항장과 배다리를
유기적으로 연계함으로써 근대화의 다각적인 측면을 드러내 보여주
는 방식으로 인천의 역사를 복원하고 도시정체성을 구성해야 한다.

4 결론: 도시박물관을 위한 제안

> 도시는 하나의 장소이며, 특히 의미의 중심이다 …… 더욱 중요
> 한 것은 도시 그 자체가 하나의 상징이라는 점이다.[26]

외부의 유입, 거칠게 말해 외세의 침입이 시작된 장소가 인천이라
는 도시가 발전해온 역사에서 가장 중요한 유산이 되고 많은 이들이
그 곳을 찾고 있다. 인천의 개항장에 남아있는 식민시기 건축물을
식민주의의 산물로 간주하고 무조건 파괴하고 철거할 수는 없는 일
이지만, 근대의 유산 가운데 식민통치계급이 만들어놓은 이국적인
건축물만을 보존하고 보수하여 이를 대대적으로 상품화하는 장소만
들기라면 이러한 '현재적 재해석'에는 탈식민주의적 관점이나 포스
트구조주의 역사관은 끼어들 틈이 없다. 이러한 개항장의 모습은 오
히려 식민통치계급이 당초 기대했을 그런 모습이며, 그 자체로 단선
적 역사관의 모델이 된다. 작은 포구였던 제물포가 개항을 통해 근
대화되고 글로벌 도시로 성장한 발전서사 속에서, '충격/반응', '서구
/전통'의 이분법을 극복하고 복수의 역사로서의 근대를 찾는 것이
과연 가능할까. 이러한 관점에서 인천의 대표적인 명소가 된 개항장

---

26) 이-푸 투안, 같은 책, p.278.

에서 진행되는 역사경관 조성과 그것을 둘러싼 기억의 생산 및 재구성이 결과적으로 타자에 의한 근대화만을 강조한 나머지 오히려 현재의 과제가 되어야 할 탈식민주의 인식과 기획을 가로막고 있는 것은 아닌지 살펴볼 필요가 있다.

'배다리'는 개항과 근대화의 과정을 거쳐 전쟁까지 겪으면서도 인천을 발전시켜온 주체가 만들어낸 또 하나의 근대의 공간이다. 이곳을 장소화하고 가치를 부여해야 하는 이유는 이러한 공간이야말로 식민통치계급이 만들어놓은 경관 속에 전시물로 존재하는 '피지배자의 저항과 주체적 수용, 재창조'가 아닌, 우리 역사의 저항과 수용, 재창조 그 자체이기 때문이다. 물론 개항장에 남아있는 유산을 박물관으로 용도를 바꾸어 전시물을 통해 '역사교육'을 하는 것도 의미가 없는 것은 아니다. 하지만 이러한 장소만들기를 통해 만들어진 도시의 모습은 하나의 상징으로서 그 안에 사는 이들의 생활양식에 스며있다.

도시의 정체성은 일부 건축물의 보존 여부로 결정되는 것이 아니며, 박물관의 전시로 간단하게 계몽할 수 있는 것도 아니다. 최근 유산을 내보여주는 대표적인 장소인 박물관들은 전시물의 선택과 전시 방식에 있어 다양한 방법을 시도하고 있다. 보여주는 주체와 보여지는 대상 간에 존재하는 담론 권력의 차이로 인해, 전시는 때때로 문화의 문제가 아닌 정치의 문제가 되곤 한다. 무엇을 어떻게 보여줄 것인가 하는 문제는 한 박물관의 정체성과 관련된다. 특히 박물관 전시의 형식과 방법을 바꿈으로써 식민주의를 극복하고자 하는 노력은 지금도 계속되고 있다.[27]

----

27) 식민주의와 박물관 전시의 관계에 관한 자세한 논의는 김용우, 「식민주의의

필자는 이러한 '보여주기' 방식에 관한 고민을 박물관 내부가 아닌 도시의 공간구성으로 확장할 것을 제안한다. 박물관의 전시를 넘어 도시 자체를 하나의 담론을 실천하는 전시장으로 기능하게 할 수 있다면, 그것은 도시의 정체성과 발전 방향을 결정하는 데에도 중요한 역할을 할 것이다. 말하자면 식민역사에 대한 단선적 사유 속에서 유산을 선택하면서 탈식민을 외치기보다 혹은 의미 있는 장소를 없애고 그 흔적을 전시관 안으로 밀어 넣기보다, 도시 자체를 탈식민의 전시관, 탈식민을 담지하는 장소로 만드는 기획의 가능성을 모색하는 것이다. 개항장과 배다리의 장소화와 유기적 연계는 이러한 기획으로서 의미를 갖는다. 개항도시가 식민을 가장 먼저 접하고 경험한 장소였다면, 이제는 그곳이 탈식민의 실천을 진행하는 현장이 되어야 한다. 우리가 외부로부터의 근대가 갖는 한계와 식민의 기억을 극복하는 방법은 그것이 한 도시에 남겨준 유산을 보존, 혹은 철거하는 것이 아니라 바로 그 도시를 탈식민의 장소로 만드는 것이다.

이것은 또한 식민의 아픈 역사를 지워야 하는가, 남겨야 하는가라는 해묵은 논쟁의 무게를 덜어줄 수 있는 방법이기도 하다. 우리는 아픈 역사도 남겨야 한다는 이유로 반감을 눌러 참으며 그 흔적을 유산으로 보호하고 그것을 통해 역사를 배우고자 했다. 식민의 역사는 아프지만 아픈 흔적만 남은 것은 아니다. 식민의 또 다른 모습, 저항 속에서 주체적인 수용과 내발적인 근대화를 이루어낸 흔적을 찾아 장소화할 수 있다면 복수의 역사를 객관적으로 드러낸다는 점에서 아픈 역사의 유산을 남기는 작업도 보다 수월해질 수 있을 것이다.

그림자들 ― 새로운 세계사와 서구 포스트 - 식민박물관의 경우」, 『코기토』 71, 2012.2를 참조할 것.

팀 크레스웰, 심승희 옮김,『짧은 지리학 개론 시리즈: 장소』, 서울: 시그마
　　프레스, 2016.

아-푸 투안, 구동회·심승희 옮김,『공간과 장소』, 서울: 도서출판대윤, 2011.

전진성,『상상의 아테네 베를린·도쿄·서울 — 기억과 건축이 빚어낸 불협
　　화음의 문화사』, 서울: 천년의 상상, 2015.

데이비드 하비, 한상연 옮김,『반란의 도시』, 서울: 에이도스출판사, 2014.

중구사편찬위원회,『인천광역시 중구사 : 상 – 발자취와 사람들』, 인천광역
　　시 중구문화원 발행, 2010.

이희환 엮음,『인천 배다리 – 시간, 장소 사람들』, 인천: 작가들, 2009.

산업도로 무효화 주민대책위원회·배다리를 지키는 인천시민모임 엮음,『인
　　천 배다리에서 도시의 미래를 묻다 — 인천 배다리와 산업도로 관
　　련 기사·글 모음』(자료집), 도서출판미주, 2009.

인하대학교 한국학연구소 편,『동아시아, 개항을 보는 제3의 눈』, 인천:
　　인하대학교출판부, 2010.

인하대학교 한국학연구소 편,『동아시아 개항도시의 형성과 네트워크』,
　　서울: 글로벌콘텐츠, 2012.

조정민 엮음,『동아시아 개항장 도시의 로컬리티』, 서울: 소명출판, 2013.

나채훈·박한섭,『인천개항사』, 고양: 미래지식, 2006.

이주형·장석하,「한국근대건축물 보존 및 활용 방안에 관한 연구」,『대한
　　건축학회 논문집 — 계획계』 22(3), pp.107-115, 2006.3.

이완건,「도심지 근대건축의 보존과 활용에 관한 연구」,『한국실내디자인
　　학회 논문집』 21(6), pp.62-70, 2012.12.

최강림·이승환,「역사문화환경을 활용한 도시재생계획 사례연구 — 인천
　　시 구도심 '인천아트플랫폼' 사업을 중심으로」,『국토계획』 44,
　　pp.219-230, 2009.4.

윤현위·이호상,「역사·문화적 도시재생을 위한 건축자산제도의 활용 모색
　　—인천의 근대건축물을 사례로」,『인문학연구』 26, pp.37-66, 2016.12.

이희환, 「인천 지역의 도시문화운동」, 『로컬리티 인문학』 2, pp.289-310, 2009.10.

_____, 「도시마을 공동체 복원의 가능성을 묻다.」, 『인천학연구』 25, pp.283-293, 2016.8.

_____, 「'인천 가치 재창조' 시책과 도시에 대한 권리」, 『황해문화』, pp.323-340, 2016.9.

김정하, 「탈식민주의담론에 의한 동아시아 근대역사유적 보존과 활용 실태 및 개선방안 연구 — 부산과 다롄, 타이페이를 중심으로」, 『동북아 문화연구』 41권, pp.21-44, 2014.

최원식, 「경인선의 역사문화지리 — 동인천역의 상상적 복원」, 『황해문화』 12, pp.52-65, 1996.9.

김용우, 「식민주의의 그림자들 — 새로운 세계사와 서구 포스트 - 식민박물 관의 경우」, 『코기토』 71, pp.49-76, 2012.2.

웨이하이의 한중 FTA 시범도시 후, 그 성과와 시사점
: 한중 해운 전자상거래를 중심으로

손승희

1 서론

威海는 인천과 함께 한중 FTA 지방경제협력 시범도시로 선정되어 최근 한국인들에게 관심이 집중되고 있는 지역이다. 해안선이 길고 아름다워 관광지로도 손꼽히는 도시이며, 중국내의 수산물 가공업으로도 유명한 곳이다. 그러나 웨이하이는 중국 내에서는 편벽지로 그다지 주목을 받지 못했다. 靑島, 大連 등 주변지역의 다른 항구에 비해 위상이 떨어지는 것도 사실이다. 그러나 칭다오, 다롄, 웨이하이가 모두 근대시기 열강의 식민지라는 역사적인 경험을 공유하고 있고, 이것이 이 도시들의 사회경제 구조의 형성과 밀접한

---

* 이 글은 2015년 11월 8일-14일 실시된 웨이하이시에 대한 현지조사와 관련자들과의 인터뷰 내용을 바탕으로 한다. 본 기간 동안 인천시 관계자들과 본인을 포함한 인천대 중국학술원 교수일행은 웨이하이와 인천 간 한중 FTA시범도시 협력사항을 점검하기 위해 웨이하이시상무국, 발전개혁위원회, 웨이하이해관, 旅遊局, 外事僑務辦公室 등을 방문하여 좌담회를 진행한 바 있다. 이 글은 원래 『인천학연구』 26집(2017.02)에 게재되었던 것으로, 2019년 1월 현재 국경간 전자상거래 관련 변경규정을 추가하여 일부 수정한 것이다.

관계를 갖는다는 점은 시사하는 바가 크다. 웨이하이는 32년간 영국의 오랜 식민지배를 받았지만 칭다오나 다롄처럼 공업도시나 국제 항구도시로서 성장한 것이 아니라 골프와 휴양도시로 개발되어 사람들에게 각인되었다. 이것이 웨이하이가 가지고 있던 오랜 이미지였다면, 웨이하이는 더 이상 이런 소극적인 이미지에 만족하지 않는다.

현재 웨이하이는 1인당 GDP가 2014년 현재 99,392위안을 기록하는 등 油田 도시인 東營시에 이어 두 번째로 높아 산둥성 내에서 상당히 부유한 도시로 꼽힌다. 면적은 5,797m², 인구는 2014년 현재 280.92만 명으로 인구밀도도 적은 곳이다. 웨이하이가 이렇게 발전하기 시작했던 것은 1990년대에 와서이다. 특히 한국과의 수교는 웨이하이의 사회경제에 활력을 불어넣어 주었다. 더욱이 웨이하이는 한중 FTA 지방경제협력 중국측 시범도시로 선정된 것을 계기로 경제 성장과 더불어 한 단계 더 도약하고자 한다. 전자상거래가 국제무역에서 새로운 무역의 형태로 떠오르면서 웨이하이에게 획기적인 기회를 제공하고 있는 것 또한 분명하다.

근래 중국은 국경간 전자상거래를 발전시켜 새로운 성장 포인트로 삼고[1] '一帶一路'의 국가전략을 가속화하여 개방형 경제발전을 제고하겠다는 의지를 드러내고 있다.[2] 2016년부터 2020년까지 향후 5년간 중국의 경제발전 목표와 방향을 제시하고 있는 13.5규획에서도 '인터넷 경제발전 추진'이라는 표현이 추가되었다. 특히 최근 李

---

1) <關於大力發展電子商務加快培育經濟新動力的意見>, 國發[2015]24號, 2015.5.4
2) <關於促進跨境電子商務健康快速發展的指導意見>, 國辦發[2015]46號, 2015.5.16

克強 총리가 전자상거래의 중요성을 강조하고 적극적으로 인터넷플러스 정책을 추진하면서 더욱 탄력을 받고 있다. 이러한 정부의 지지 속에 중국의 전자상거래 시장은 최근 몇 년 사이에 급성장했고, 인터넷 이용자의 확산으로 지속적으로 높은 증가세를 유지할 것으로 전망되고 있다.

이와 같이 전자상거래는 중국의 내수시장을 바꾸어 놓았고 국경간 전자상거래의 동반성장을 가져왔다. 인터넷플러스, 물류망, 모바일 네트워크 등의 기본 설비 건설에 따라 국경간 전자상거래 역시 이미 중국 대외무역의 발전 추세가 되었다. 이에 따라 장기적이고 대량으로 이루어지던 전통무역은 점차 축소되고 대외무역에서도 국경간 전자상거래가 새로운 무역 형태로 주목받고 있다.

중국의 국경간 전자상거래는 그 운영 모델에 따라 B2B, B2C, C2C로 구분해 볼 수 있는데, 기업 간 거래인 B2B가 주도적인 역할을 하고 있다. 2014년 중국 국경간 전자상거래에서 B2B 거래가 92.4%를 차지하고 B2C, C2C가 7.6%였으며, 2015년에는 각각 90.8%, 9.2%였다.[3] 그러나 개별 소비자들의 인터넷 쇼핑인 B2C, C2C의 비중도 계속 증가하는 추세이다.

이러한 국경간 전자상거래에 관련한 기존 연구는 주로 무역통계를 통해 국경간 전자상거래의 중요성을 부각하거나[4] 관련 문건을

---

3) 「我國跨境電商發展現狀趨勢及主要平臺發展策略」, 『中國電子商務研究中心』, 2015.7.30. http://www.100ec.cn

4) 기존 연구는 주로 B2B에 집중되어 있다. 최근 연구로는 백영미, 「중국 전자상거래 시장의 최근동향 및 시사점」, Journal of Digital Convergence, 2015 Jan, 13(1); 김명아, 「중국의 무역 관련 시범지역 제도 활용을 통한 한중협력 제고 방안」, 『INChina Brief』 Vol.311, 2016.8; 박진희·이한나, 「중국 국경간

토대로 도시별 발전 전략을 논하는 것이[5] 대부분이다. 아직까지 국경간 전자상거래와 관련한 구체적인 문제점을 분석하거나 이에 대한 방안을 제시하는 데까지는 나아가지 못하고 있다. 따라서 본고에서는 현지조사에서 획득한 다양한 인터뷰 자료와 분석을 통해 국경간 전자상거래 관련 문제와 그 해결에 실태적이고 실증적으로 접근하고자 한다. 특히 향후 국경간 전자상거래 발전을 견인하는 주요 동력으로 작용할 것으로 전망되고 있는 국경간 전자상거래 소매(跨境電子商務), 즉 우리가 흔히 '해외직구'라고 부르는 B2C에 주목하고자 한다. 그렇다면 왜 해운 전자상거래인가.

상무국 통계에 의하면, 2014년 중국의 국경간 전자상거래 교역규모는 4.2만억 위안, 증가율은 35.48%로, 수출입 무역 총액의 15.89%를 차지한다. 그중 주목할 만한 것은 근래 한중 국경간 전자상거래

전자상거래 활성화정책의 거점지역 현황 및 시사점」, 『지역 기초자료』(대외정책연구원) 16-07, 2016.6; 鄂立彬·黃永穩, 「國際貿易新方式: 跨境電子商務的最新研究」, 『東北財經大學學報』 2014-2; 張馳, 「國際貿易新方式跨境電子商務的最新研究」, 『廣西教育學院學報』 2015-4; 孟祥銘·湯倩慧, 「中國跨境貿易電子商務發展現狀與對策分析」, 『瀋陽工業大學學報』 2014-2가 있다. B2C에 주목한 연구로는 鍾昌元, 「跨境電子商務背景下我國行郵物品稅的改革探討」, 『海關與經貿研究』 2016-3이 있다.

5) 산둥성, 웨이하이, 칭다오 관련 연구로는 盧慶華·李曉鵬, 「山東與韓國跨境電子商務發展策略研究」, 『山東農業工程學院學報』 2016-1; 李楊·黃豔希, 「中韓自由貿易協定對山東經貿發展的影響與對策」, 『山東社會科學』 2015-9; 王曉玲, 孫振擴, 「榮成市海産品電子商務發展中存在的問題及對策建議」, 『對外經貿』 2015-5; 王文峰·劉晨, 「青島市發展跨境貿易電子商務的對策建議」, 『環渤海經濟瞭望』 2015-9; 張炳君·王文峰·劉晨, 「跨境電商推動青島外貿轉型的對策研究」, 『環渤海經濟瞭望』 2015-8; 齊偉偉, 「跨境電商企業的物流模式研究-以青島市爲例」, 『中小企業管理與科技』 2016-5; 修振竹·唐吉秀·周波, 「威海市電子商務發展情況調查」, 『山東經濟戰略研究』 2014-11이 있다.

가 급속하게 성장하여 성장률이 20-30%에 달한다는 사실이다.[6] 일반적으로 중국의 대외무역에서 중국 각성의 한국상품 수출 비중은 江蘇省이 가장 높고 그 다음이 산둥성이다. 이 두 성이 한국상품 수출 비중이 높은 것은 거리가 가까워서 해운비용이 낮아 무역 경쟁력이 있기 때문이다.[7] 국경간 전자상거래 해외직구에서는 항공운송이 차지하는 비중이 큰데, 만일 국경간 전자상거래도 해운으로 이루어진다면 물류비용을 절감하면서도 시간적으로 항공과 큰 차이가 없다. 더구나 해운은 항공기의 안전문제로 실을 수 없는 물건도 선적할 수 있다는 장점이 있다.

중국의 입장에서도 해운으로 국경간 전자상거래를 통해 특수를 누릴 수 있는 곳은 한국이 가장 적합하다. 특히 지리적으로 한국과 마주보고 있는 산둥성은 한국과 가장 근접해 있고, 그중에서도 웨이하이는 칭다오나 옌타이 등 다른 항구에 비해서도 한국, 특히 인천과 최단거리에 위치하고 있어 해상운송으로 경쟁력을 가질 수 있다. 따라서 웨이하이가 한중 FTA를 계기로 한국과의 대외무역을 강화함으로써 웨이하이의 경제성장을 한 단계 도약하고자 한다면 인천과의 해운 전자상거래를 활성화시킬 필요가 있다. 이것이 본고에서 한중 해운 전자상거래에 집중하는 이유이다.

그런데 한중 FTA를 체결한지 1년이 지났지만 한중 해운 전자상거래 인천으로의 수출업무는 2015년 3월 3일 시작된 이래 계속 증가하고 있는 반면, 수입은 답보 상태에 머물러 있다. 본고에서는 그 원인이 어디에 있는지 파악해 보고 한중 해운 전자상거래를 중심으로 한

---

6) 盧慶華·李曉鵬, 앞의 논문, p.58.
7) 李楊·黃豔希, 앞의 논문, p.178.

중 FTA의 성과를 점검해보고자 한다. 구체적으로는 우선 웨이하이 시의 한중 해운 전자상거래전략과 현황을 파악할 것이다. 그런 다음 중국의 국경간 전자상거래 방식과 보세수입 선호 경향을 웨이하이의 한중 해운 전자상거래 현황에 영향을 주는 핵심문제라고 전제하고, 이에 대한 검토와 개선책을 모색해 보고자 한다.

2 웨이하이의 한중 해운 전자상거래 실시

2.1. 한중 FTA 교류 협력과 그 효과

중국은 최근 몇 년 사이에 국경간 전자상거래 규모가 계속적으로 확대되어 수출입 무역 총액에서 차지하는 비중도 점차 높아지고 있다. 2012년 중국의 대외무역 수출입 총액은 이미 미국을 뛰어넘어 수출입 규모 세계 최대국가가 되었고, 동시에 국경간 전자상거래 무역도 급속하게 성장하고 있다. 예를 들어 2010년 총수출입이 20.2만억 위안, 국경간 전자상거래의 비중은 1.3만억 위안이었는데, 2014년 국경간 전자상거래 규모는 4.2만억 위안, 2015년에는 4.56만억 위안으로 그 성장 비율이 각각 35.48%와 21.7%에 달했다. 국경간 전자상거래 플랫폼은 5000개가 넘었고 경내에 있는 국경간 전자상거래 업체는 20만 개가 넘는다. 뿐만 아니라 2014년 중국 국경간 전자상거래 수출입 구조를 보면 수출이 86.7%를 차지하고 수입은 13.3%를 차지하는[8] 등 수출 비중이 수입 비중보다 훨씬 높았다. 그

---

8) 「我國跨境電商發展現狀趨勢及主要平臺發展策略」, 『中國電子商務研究中心』 2015.7.30. http://www.100ec.cn

러나 수입 비중도 점차 증가하고 있는 추세이다. 중국 국경간 전자 상거래의 발전에 따라 기업, 소비자들은 통관이 편리하고 납부세율 이 낮은 점 등을 원인으로 B2C방식을 선호하면서 B2C의 비중도 증 가하게 되었다.

이러한 상황에 힘입어 웨이하이시는 한중 FTA를 계기로 한국과 의 교류 협력을 강화하고 한국과의 국경간 전자상거래 활성화에 총 력을 기울이고 있다. 웨이하이시가 제시하는 인천과의 협력 강화 분 야는 무역·투자·서비스·산업·관광·전자상거래 등 여러 분야에 걸쳐 있지만, 그중에서도 가장 역점을 두고 있는 것은 무역과 국경 간 전자상거래의 증대이다. 특히 웨이하이시는 인천–웨이하이 간 전자상거래 발전을 통한 한중무역 활성화에 큰 관심을 가지고 있다. 이것은 필자일행이 위밍타오(于明濤) 웨이하이 한중 FTA지방경제 협력 판공실 부주임을 방문했을 때에도 확인한 사항이다. 한중 FTA 협정문 제13장에는 전자상거래 항목을 별도로 두었으며, 2015년 2월 25일 가서명된 인천–웨이하이 간 한중 FTA 지방경제협력 양해각서 제1조에서도 무역·투자·서비스·산업·관광·전자상거래·통관 등 의 분야에서 협력을 강화하는 것으로 규정하고 있다. 특히 제6조에 는 양측 간 전자상거래를 촉진하기 위해 우편물, 특송화물 등이 해 운으로 운송될 수 있도록 노력한다고 명시하고 있다. 또한 2015년 7월 22일 서명한 인천–웨이하이 간 지방경제협력 강화합의서에는 제1장 총칙 규정 다음으로 제2장에서 무역과 전자상거래 활성화에 노력한다는 것이 규정되어 있다.

이에 대해 웨이하이시는 웨이하이를 한국상품과 중국상품의 집산 기지로 만들어서 한국상품을 중국에 유통시키고 중국상품을 인천으 로 수출하는 물류의 집산지 역할을 하겠다는 포부를 드러내고 있다.

웨이하이는 주변지역의 물류뿐 아니라 上海, 義烏, 廣東 지역의 물류까지도 흡수하여 인천으로 수출하고 한국상품을 웨이하이에 집결시킨 다음 중국 전국 각지에 물자를 배분하겠다는 것이다. 한마디로 웨이하이를 한중간 '해상 통로'로 구축하겠다는 것이다. 이것이 가능한 것은 웨이하이에서 저녁에 선적한 물품이 다음날 아침 인천항에 도착하고 통관을 거쳐 당일 오후 출고가 가능하다는 점 때문이다. 따라서 물류비용과 시간 절감 효과가 크므로 웨이하이시는 한국과의 해상물류의 최적지로서 '항공의 속도로 해운의 가격'을 실현할 수 있다고 강조하고 있다.

이러한 장점으로 인해 인천-웨이하이 간에 중국에서는 처음으로 국경간 전자상거래 해상노선이 개통되었다. 이는 2015년 3월 3일 한중 해운 전자상거래 수출 업무가 시작되면서 가시화되었고, 8월 11일에는 수입업무가 시작되었다. 뿐만 아니라 10월 30일에는 웨이하이의 현급시인 榮成市가 한중 해운 전자상거래 가능 지역으로 비준을 받았다. 즉 롱청해관 산하에 있는 石道판사처에서도 한중 해운 전자상거래수출이 가능하게 되었다. 이는 현급으로는 처음으로 한중 해운전자상거래 일반수출과 직구수입 업무가 개시된 것이다. 이러한 한중 해상 통로는 칭다오해관이 해관총서로부터 비준을 받고 다시 그 예속해관에 비준을 준 것이다. 칭다오해관 자신도 웨이하이보다 조금 늦은 2015년 3월 20일에 한중 해운 전자상거래 항로를 개통했으며, 7월 29일에는 옌타이해관에도 비준을 함으로써 산둥성의 4개 항구에서 한중 해운 전자상거래가 가능하게 되었다.

이에 힘입어 2016년 10월, 웨이하이시 상무국은 2016년 1-8월 간 수출입액은 709.7억 위안으로 산둥성에서 4위를 차지하여 16.2%의 성장률을 보였다고 발표했다. 그중에서도 한국과의 거래액은 239.4

억 위안으로 웨이하이시 전체 무역액의 33.8%를 차지하며, 전년 동기에 비해 14.1%가 성장했다고 발표했다.[9] 웨이하이 뿐 아니라 산둥성 전체가 수출입 무역에서 상승세를 보이고 있는데 이는 다른 성이 수출경기 부진을 겪고 있는 것과 비교된다. 산둥성 상무국은 산둥성의 대외수출이 빠르게 증가한 것은 한국으로의 수출이 증가한 것이 주요 원인 중의 하나라고 밝혔다. 통계에 따르면 2016년 8월 한 달 산둥성에서 한국으로의 수출액이 전년 동기 대비 55.2%가 증가했으며, 1-8월 간 수출 누적 증가율은 14.4%로 미국이나 일본으로의 수출 증가율을 훨씬 웃돈다는 것이다.[10] 이는 산둥성이 한중 FTA의 효과를 누리고 있다는 증거이다. 그 양상은 다음과 같다.

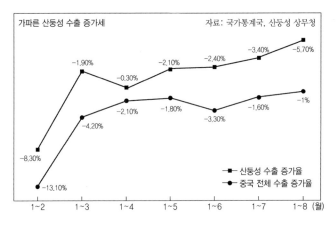

그림 1. 산둥성의 수출 증가세

출처: 「中 산둥성 대외수출 급증 "한중 FTA 덕분"」, 『아주경제』, 2016.9.23.

---

9) 「全市商務運行情況(2016年8月份)」, 威海市商務局: www.whftec.gov.cn, 2016.10.8
10) 「中 산둥성 대외수출 급증 "한중 FTA 덕분"」, 『아주경제』, 2016.9.23.

국경간 전자상거래 비중이 아직은 일반무역보다 적기 때문에 이러한 수치가 국경간 전자상거래의 활성화를 보여주는 지표는 아니다. 그러나 한중 해운 전자상거래가 개통된 4개 항구 중 웨이하이가 유일하게 활성화되어 있으며 인천항으로의 수출이 계속 증가하고 있다는 사실은 주목할 만하다. 다만 웨이하이의 이러한 발전에는 산둥성과 칭다오해관의 지지가 뒷받침되어야만 한다. 웨이하이해관이 칭다오해관의 예속해관이기 때문이다.

2.2 웨이하이의 종속성과 한중 해운 전자상거래 현황

어떤 국가에서나 관세는 국가 경제정책의 핵심부분이며, 관세의 부과와 세율 등은 국가재정을 확보하기 위한 중요한 자원이다. 또한 국가의 관세정책은 일국의 산업 보호와 육성 및 재정수입을 확보하기 위한 방법으로 활용되기 때문에 외국과의 통상관계에서 매우 중요한 장치이다. 이를 담당하는 해관의 역할도 중요해지는데, 이는 국경간 전자상거래에서도 예외가 아니다. 중국의 해관은 행정구역과는 다른 별도의 독립적인 구조와 시스템을 가지고 있기 때문에 웨이하이의 국경간 전자상거래 상황을 파악하기 위해서는 웨이하이해관 및 그 상하 해관의 계통을 파악할 필요가 있다.

<중화인민공화국해관법>은 1987년 7월 1일 반포되었다. 이 법의 제3조에 의하면 "국가는 대외개방 항구와 해관 관리감독 업무가 집중되는 지점에 해관을 설치한다. 해관의 예속관계는 행정구획의 제한을 받지 않는다"고 규정하고 있다. 해관의 독립성은 2000년 수정 <해관법>에서 다시 한 번 더욱 명확하게 규정되었다. 이에 따라 중국은 국무원 산하에 해관총서를 설치하고, 그 밑에 직속해관과 예속

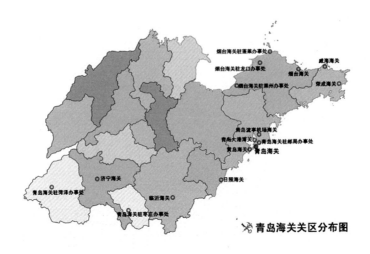

그림 2. 칭다오해관과 예속해관

출처 : 중화인민공화국 칭다오해관

해관을 두어 행정구획과는 별도로 통일적으로 전국의 해관을 관리
하는 시스템을 갖추고 있다. 또한 해관총서, 직속해관, 예속해관의
3급의 수직적인 영도 체제를 실행하고 있다.[11]

산둥성을 관할하는 해관은 칭다오해관과 濟南해관이다. 그중 웨
이하이해관은 칭다오해관의 예속해관이다.[12] 칭다오해관은 원래 산
둥성의 총 관할 해관으로 산둥성 각 항구의 수출입 관리감독의 업무

---

11) 해관총서 아래에 광둥분서를 설치하고, 상하이와 天津에 특파원관사처를 두
    었으며, 기타지역에는 직속해관을 두고 있다. 직속해관은 모두 42개로, 홍콩,
    마카오, 臺灣을 제외하면 전국의 각성, 시, 자치구에 직속해관이 있다. 예속
    해관은 모두 562개로, 수출입 관리감독의 기본업무를 집행한다.
12) 칭다오해관은 1898년 독일이 교주만을 조차한 후 칭다오를 자유항으로 건설
    하고 1899년 膠海關를 설치했던 것에서 비롯되었다. 교해관은 1950년에 정
    식으로 중화인민공화국 칭다오해관으로 개명되었다.

를 담당했지만, 2012년 지난해관이 직속해관으로 격상되면서 칭다오해관은 산둥성의 동부와 남부일대를 관할하고, 지난해관은 산둥성의 북부와 서부를 관할하게 되었다. 따라서 칭다오해관은 靑島, 棗庄, 烟臺, 濟寧, 威海, 日照, 臨沂, 荷澤의 8개 지역의 해관 업무를 책임지고 있다. 기본업무는 수출입 관리감독, 징세, 밀수단속, 통계, 대외 징세 책임, 통관 관리감독, 보세 관리감독, 수출입통계, 해관사찰, 지적재산권보호, 밀수단속 등이다.

칭다오해관은 그 아래 9개의 예속해관과 6개의 판사처를 두고 있다.13) 웨이하이해관과 롱청해관은 모두 칭다오해관의 예속해관이다. 롱청시는 행정구역상으로는 웨이하이의 현급시이지만 해관 계통에서는 이 양자가 병렬관계이다. 롱청해관 내부에는 스다오판사처와 龍眼판사처가 설립되어 있으며, 현재 웨이하이의 국경간 해운 전자상거래 담당부서인 우정국 판사처는 웨이하이해관 내에 설치되어 있다. 따라서 웨이하이해관이나 롱청해관은 칭다오해관의 명령과 지시에 따라 집행할 뿐 자율적으로 정책 수립을 하는 것은 불가능하다. 칭다오해관 역시 해관총서의 명령과 지시에 따라 직속해관으로서 산둥성에서 이를 실현할 뿐이다. 칭다오해관의 관할구역과 조직체계를 도식화하면 <그림 3>과 같다.

이러한 웨이하이해관의 종속성은 필자일행이 웨이하이해관에서 관계자들과 좌담회를 했을 때에도 확인할 수 있었다. 웨이하이해관이 어느 정도의 독립성이나 자율성을 갖는지에 대한 질문에 웨이하이해관 우정판사처 주임 李鵬은 "웨이하이해관은 지방 기업의 발전

---

13) 9개의 예속해관은 웨이하이해관, 옌타이해관, 롱청해관, 칭다오流亭机場해관, 칭다오大港해관, 黃島해관, 日照해관, 臨沂해관, 濟寧해관이다.

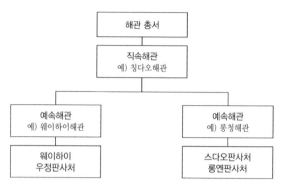

그림 3. 칭다오해관 체계

을 위한 여러 조치를 취할 수 있지만 칭다오해관의 예속해관이기 때문에 큰 틀에서는 국가 정책을 따라야 하고 칭다오해관의 명령에 따라야 할 뿐 독립적이거나 자율적인 기관은 아니다"라고 답했다. 국가 혹은 관련 부서에서 국가 차원의 정책이 정해지면 해관총서의 계획 하에 칭다오해관의 정책과 실천 방안이 확정되고 이것은 다시 예속해관으로 내려간다. 그러므로 웨이하이의 국경간 전자상거래 발전은 산둥성의 전체적인 계획 하에서 산둥성의 지지에 의해 하부 정책과 실천방안이 확정될 수 있을 뿐이다.

산둥성은 오히려 웨이하이가 아닌 칭다오를 중심으로 국경간 전자상거래 발전을 위한 정책을 마련해왔다. 국무원이 공포한 <전자상거래 적극 발전 및 경제 신동력 촉진에 관한 의견>과14) <국경간 전자상거래의 건전한 발전 추진에 관한 지도 의견>에15) 의거하여, 산둥성 정부는 2015년 7월 30일 <산둥성 국경간 전자상거래 발전 행동

---

14) <關於大力發展電子商務加快培育經濟新動力的意見>, 國發[2015]24號.

15) <關於促進跨境電子商務健康快速發展的指導意見>, 國辦發[2015]46號.

계획>을[16] 발표했다. 이 문건에서 산둥성은 지난시와 칭다오시에 국가급 국경간 전자상거래 종합시범구를 건설하고, 한중 FTA를 계기로 웨이하이시가 한중 국경간 전자상거래에서 우선적으로 획기적인 발전을 할 수 있도록 추진할 것임을 천명했다. 이러한 노력의 결실로 칭다오시는 2016년 1월 국가급 국경간 전자상거래 종합시범구의 지위를 얻게 되었다.

이에 웨이하이시는 산둥성의 발전 행동계획에 따라 <웨이하이시 국경간 전자상거래 발전 행동계획 통지>를[17] 발표했다. 그 핵심내용은 웨이하이국제물류원[18] 내에 중한웨이하이국경간전자상거래산업원(中韓威海跨境貿易電子商務産業園)을[19] 건설하여 한국과의 국경간 전자상거래에 집중한다는 것이다. 이를 통해 국제 운수와 국내 특송을 유기적으로 결합시켜 웨이하이를 중국 전역의 한중 상품의 물류 집산지로 건설한다는 계획이다. 또한 웨이하이시는 국경간 전자상거래 공공 해외창고의 건설도 추진하고 있으며, 현재까지 한국·일본·미국·캐나다·영국에 해외창고 13개를 설립했다. 2016년 5

---

16) 산둥성은 이 계획에서 2017년까지 국경간 전자상거래교역액 200억 달러(USD) 돌파, 600개의 국경간 전자상거래기업 배양, 30개의 국경간 전자상거래산업원 건립, 50개의 해외창고 건설을 그 목표로 제시했다. <山東省跨境電子商務發展行動計劃>, 魯政辦發[2015]33號, 2015.7.30.

17) <威海市跨境電子商務發展行動計劃的通知>, 威政辦發[2015]12號, 2015.10.26.

18) 웨이하이국제물류원은 2008년 7월 국영 웨이하이항(威海港) 그룹이 96만m² 규모로 설립한 종합 국제물류센터이다. 그러니 2016년 5월 웨이하이가 종합보세구로 지정되면서 그 기능이 종합보세구로 이관되고 있다.

19) 산업원은 국경간 전자상거래관리감독 지구, 보세창고 구역, 낱개포장구역, 배송구역, 공공창고 보관구역, 전자상거래 기업구역으로 구성되어 있다. 웨이하이국제물류원: http://www.whilz.com

월에는 인천에도 해외 공공창고를 설립한 바 있다.

웨이하이는 한국과 가장 가까운 도시라는 점과 국경간 전자상거래가 새로운 대외무역의 한 방식으로서 향후 발전가능성이 크다는 점에서 유리한 면을 가지고 있다. 한류를 타고 중국의 젊은 여성들 사이에서 화장품을 비롯한 한국상품들이 인기를 끌면서 중국 소비자들이 한국 온라인 쇼핑몰을 이용하여 화장품이나 의류, 식품 등을 구매하는 역직구 시장도 성장하고 있다. 특히 웨이하이와 인천의 한중 FTA 시범도시 선정을 계기로 한중 해운 전자상거래를 통한 한국상품의 중국 수출시장이 활발해질 것이라는 기대도 상당한 것이 사실이다.[20] 그러나 실제로 한중 해운 전자상거래 인천으로의 수출업무는 지속적인 성장을 보이는 반면, 수입은 거의 증가하지 않고 있다. 웨이하이해관의 한중 해운 전자상거래 수출입 현황은 <표 1>과 같다.

2015년 3월 3일부터 6월 3일까지 3개월간의 수출 목록은 34,213표, 총액은 243.2만 달러, 1,500만 위안이며, 특히 5월분 수출은 목록 15,791표, 총액 107.5만 달러로 첫 달에 비해 각각 133%, 112% 증가했다.[21] 2016년10월 31일까지의 수출 누적 통계는 목록 599,200표, 총액은 6786.94만 달러였다. 한편, 수입은 2015년 8월부터 시작되었

---

20) 한국 관세청이 2015년 10월 발표한 '전자상거래 수출(역직구) 동향'에 따르면 최근 1년간(2014.9-2015.8) 역직구 수출규모는 1억 829만 달러로 전년 동기 3,259만 달러에 비해 232.3% 증가했다. 총 164개국으로 수출되었으며 최대 수출대상국은 중국(42.2%), 싱가포르(21.1%), 미국(17.2%) 순으로 나타났다. 주요 역직구 품목은 의류, 뷰티제품, 패션용품 등이다. 「중국 역직구 붐, 해운 특송 새 기회되나」, 『해양한국』 510호, 2016.3.2.

21) 「威海中韓海運跨境電商出口突破1500萬元」, 『威海日報』, 2015.6.11.

표 1. 웨이하이해관의 한중 해운 전자상거래 현황

기간	수출			수입		
	목록 수(표)	총액 달러	총액 RMB	기간	목록 수(표)	총액 RMB
2015.3.3 ~6.3	34,213	243.2만	1500만	–	–	–
~8.3	78,735	540.19만	3000만	–	–	–
~9.3	95,477	640.33만	4000만	2015.8.11 ~10.31	864	27.1만
~10.31	125,000	979.00만	–			
~12.31	163,364	1739.83만	1억1500만	~12.31	1,679	51.36만
~2016.3.3	187,272	–	1억2700만	~2016.1.25	2,709	100만
~6.31	347,000	4049.50만	–			
~10.31	599,200	6786.94만	–	~10.31	11,552	390.59만

출처: 2015.6.11~2016.10.31. 『威海日報』, 『國際商報』, 『大衆日報』등 정리.

지만 2016년 10월 31일까지의 목록 수는 11,552표, 거래총액은 인민
폐 390.59만 위안으로[22] 동 기간 수출에 비해 극히 미미한 상황이다.
여기에는 어떤 배경과 특징이 있는지 국경간 전자상거래 방식과 보
세수입 선호 경향의 측면에서 검토하고자 한다.

3 웨이하이의 한중 해운 전자상거래의 특징

3.1 중국의 국경간 전자상거래 방식과 세제 규정

우선 중국의 국경간 전자상거래 방식과 세제 규정을 살펴보자. 중
국의 국경간 전자상거래 방식을 규정하고 있는 것은 해관총서 제56

---

22) 「山東(威海)跨境電商試驗區獲批」, 山東省發展和改革委員會 2016.11.23 발표.

호 문건, 즉 <국경간 전자상거래 수출입 화물·물품 관련 관리감독에 관한 공고>이다[23]. 이 문건은 2014년 7월 23일에 공포되어 2014년 8월 1일부터 시행되고 있는데, 중국의 국경간 전자상거래의 특징을 가장 명확하게 규정하고 있는 문건이다.

이 문건에 의하면 중국 정부가 제시하고 있는 국경간 전자상거래 방식은 다음의 조건이 충족되어야만 한다. 중국 소비자를 대상으로 국경간 전자상거래를 하기 위해서는 우선, 전자상거래 기업 혹은 개인이 중국 해관에 등록되어 있어야 한다. 그 기업은 전자창고 관리 시스템을 갖추고 있어야 하며 전자상거래 서비스플랫폼과 해관 데이터시스템에 연결되어 있어야 한다. 그런 연후에 해관 전자상거래 플랫폼에서 수출입 거래를 진행해야만 한다. 그 과정에서 전자상거래 기업이나 개인, 지불회사, 물류회사는 주문·지불·배송 등의 정보를 해관에 제출하도록 되어 있다. 그런 다음 '품목심사, 일괄신고'의 방식으로 전자상거래 수출입 통관수속을 해야 한다고 규정하고 있다.

이를 한마디로 정리하면, 국경간 전자상거래 기업이나 개인은 반드시 해관의 승인을 받고 해관과 인터넷으로 연결된 전자상거래 플랫폼을 통해 수출입을 해야 하며, 해관의 관리감독을 받아야 한다는 것이다. 만일 이러한 요건이 충족되지 않을 때에는 국경간 전자상거래로 인정되지 않고 그에 따른 면세 혹은 감세 혜택도 볼 수가 없다. 이는 국경간 전자상거래에 종사하는 모든 기업과 개인을 중국 해관의 관리감독 시스템 속에 편입시키기 위한 조치이다. 뿐만 아니라

---

23) <關於跨境貿易電子商務進出境貨物,物品有關監管事宜的公告>, 海關總署公告[2014]56號, 2014.7.23.

중국 해관에 등록할 수 있는 기업은 반드시 중국법인으로 제한하고 있다. 이것은 외국기업도 예외 없이 중국에서 국경간 전자상거래를 하기 위해서는 중국법인으로 등록해야 하고 중국의 국경간 전자상거래 시스템 속에 편입되어야 한다는 것이다.

국경간 전자상거래 관련 통관 신고제도를 다른 국가와 비교해보면 중국의 특징이 보다 명확해 질 것이다. 미국, 호주, 캐나다 등은 전자상거래에서 정식 통관이 필요한 것과 필요하지 않는 것을 구분하고 있지만 그 기준은 대체로 상품가격과 운수방법에 의해 좌우될 뿐이다. 즉 미국의 경우 수출입 상품이 2500달러를 넘을 때는 정식 수출입 방식으로 통관하고, 2500달러가 넘지 않을 때는 정식 통관이 필요 없다. 호주의 경우 정식 신고가 필요한 것과 저가 화물 자진 신고로 나눌 수가 있는데, 항공이든 해운이든 운수방법과 관계없이 개인사용 여부를 불문하고, 1000달러(AUD)를 넘는 상품에 대해서는 정식 통관을 한다.[24]

이에 비하면 중국의 경우 상품을 수출입할 때 해관이 확정한 '수출 목적'과 '수출 운수방식'에 따라 '화물'과 '물품'으로 나누고 각각 다른 신고 과정을 적용한다. 해관총서 56호 문건에 의하면 국경간 전자상거래의 수출입을 '화물'과 '물품'으로 나누고 이에 대해 해관은 일반무역, 우편물, 특송 등의 방식에 따라 통관수속을 진행한다는 것이다. 기업이 판매를 목적으로 하는 것은 '화물'로 취급하고 개인의 자가 사용을 목적으로 하는 것은 '물품'으로 취급하며, 항운인지 해운인지 운수방식에 근거하여 각각 다른 신고 과정을 적용하게 된다. 즉 '화물'은 일반 통관을 거쳐야 하고 원산지 증명, 설명서, 라벨 설

---

24) 「跨境電子商務通關制度的比較」, 『中國論文網』, 2016.5.4.

명서 등 관련 서류를 제출해야 하며 수입과정에서 관세, 增値稅(부가가치세), 소비세를 납부해야 한다. 말하자면 B2B 형식의 국경간 전자상거래 '화물'은 일반화물의 통관방식을 적용한다는 것이다.

반면 B2C 국경간 전자상거래 소매는 실제로 개인구매자 위주로 이루어지기 때문에 이런 방식으로 수출입 되는 것은 개인 '물품'의 성격을 가진다. 해관총서 제56호에서도 이러한 개인 물품의 성격을 명확하게 하고 있다. 만일 목록으로 통관되어 면세된 물품이 수입 후 다시 판매된다면 이는 불법이다. 원래 개인의 '자가 사용을 목적'으로 하고 '합리적인 수량'이라고 판단되는 경우 '국경간 전자상거래 소매 수입'으로 취급되어 특송이나 개인물품 신고방식을 적용하는 것이다. 이 경우 관세, 증치세, 소비세를 내지 않고 行郵稅를 납부하게 된다. 행우세는 여행객의 개인 수화물이나 우편물에 부과되는 것인데, 국경간 전자상거래 소매 상품에 대해서도 정식 관세를 부과하지 않고 '개인용품'으로 인정하여 징수했던 것이다. 즉 행우세는 관세, 증치세, 소비세를 합한 것으로 그 세율이 동류의 일반수입 화물세보다 낮다는 특징이 있다. 특히 이 행우세는 납세액이 50위안 이하일 경우에는 면세가 되었다.

그러나 2016년 3월 24일 새로운 세제안이 발표되었다. 재정부, 해관총서, 국가세무총국 명의로 <국경간 전자상거래 소매수입 세수정책에 관한 통지>를[25] 공동 발표하여, 2016년 4월 8일부터 국경간 전자상거래 소매(즉 B2C) 수입 세수정책을 실시하고 행우세 정책도 조정하겠다고 선포했다. 이 통지에 따르면 국경간 전자상거래 소매상품에 부과하던 행우세를 폐지하고, 일반무역과 같이 관세, 증치세,

---

25) <關於跨境電子商務零售進口稅收政策的通知>, 財關稅[2016]18號, 2016.3.24.

소비세를 징수하겠다는 것이다. 핵심은 국경간 전자상거래 소매상품에 대한 면세 혜택의 폐지이다. 세제 개정안에 따르면, 관세를 면제해주는 거래 한도는 1회 2천 위안, 연간 2만 위안이다. 이는 최근 조정되어 1회당 한도가 5천 위안, 연간 거래금액 한도가 2만6천 위안으로 변경되어 2019년 1월1일부터 적용된다.[26] 5천 위안 한도를 초과하는 부분에 대해서는 일반무역과 같은 수준의 세금이 부과되고, 5천 위안 미만의 경우는 관세, 증치세, 소비세가 면세되는 대신, 일률적으로 11.2%의 화물에 대한 종합세를 내야 한다. 따라서 이전의 행우세 부과에 비하면 세율이 대체로 상승한 것이다.[27]

이에 따라 2016년 4월 7일 재정부를 비롯한 11개 부처의 명의로 '국경간 전자상거래 소매수입품 1차 리스트'가 발표되었고, 다시 일주일 후인 2016년 4월 15일 중국 재정부가 '국경간 전자상거래 소매수입품 2차 리스트'를 발표했다. 1, 2차 리스트에 포함된 품목은 모두 1,293개이다.[28] 중국 정부의 이러한 국경간 전자상거래에 대한 세제 개편은 리스트에 포함된 품목만을 국경간 전자상거래 소매 수

---

26) 이 통지는 發展改革委, 財政部, 海關總署, 稅務總局, 市場監管總局이 발표했다. <關於完善跨境電子商務零售進口稅收政策的通知>, 財關稅[2018]49號, 2018.11.30.

27) 그러나 해운특송, 항공특송 혹은 우편을 통해서 들어오는 국경간 전자상거래는 종전대로 행우세가 적용된다. 다만 그 행우세의 과세 비율은 변경되었다. 2016년 4월 8일 이전에는 납세액 50위안 이상일 경우 행우세 세율이 10%, 20%, 30%, 50% 등으로 구분되었지만, 4월 8일 이후에는 15%, 30%, 60%로 각각 조정되었다. 최근 다시 변경되었는데 2018년 11월 1일부터는 15%, 25%, 50%가 적용된다.

28) 2018년 11월 30일 발표된 국가간 전자상거래 세수 혜택 범위와 함께 상품목록이 추가되어 총 1,321개로 편성되었다.

입품목으로 한정하여 허가하는, 이른바 '포지티브 리스트'(正面淸單) 방식이다. 수입 금지품목을 제시하는 '네거티브 리스트' 방식이 아니라 수입 품목을 한정하는 이러한 세제 개편은 국경간 전자상거래의 활성화를 위한 것이 아니라 오히려 역행하는 것이라는 지적이[29] 많다. 실제로 세제 개편이 단행된 이후 업계 관계자들은 중국 정부가 B2C 수입세를 B2B 방식과 거의 비슷한 수준으로 인상한 것이며, 사실상 B2C가 아닌 일반무역 방식의 B2B 국경간 전자상거래 발전을 추진하려는 정부의 의도를 반영했다고 분석하기도 한다.[30] 실제로 2016년 4월 杭州 국경간 전자상거래 종합시범구 내 수입물품 물량은 약 138만 건으로, 전월 대비 60% 가까이 급감한 것으로 나타났다. 다른 국경간 전자상거래 시범도시인 鄭州, 深圳, 寧波 등의 수입물량도 전년 동기에 비해 급감하는 결과를 가져왔다.[31]

더 크게 부각된 것은 통관의 문제였다. 일반화물의 경우에 통관을 위해서는 각종 서류를 제출해야 한다는 규정이 있다. 일반무역에서는 복잡한 검역과정을 거친 후 합격 판정을 받은 '통관신고서(通關單)'가 필요한데, 기존에는 국경간 전자상거래 소매상품에 대해 '화물'을 적용하지 않았기 때문에 이러한 통관신고서가 필요 없었지만, 이제 '화물'로 간주되어 일반무역이 적용된다면 통관신고서가 필요하기 때문이다.

---

29) 김성애, 「中 해외직구 승인리스트 2차 발표, 151개 품목 추가」, 『KOTRA해외시장뉴스』(베이징무역관), 2016.4.25.

30) 정진우, 「中 전자상거래, B2C에서 B2B로 무게중심 이동」, 『KOTRA해외시장뉴스』(베이징무역관), 2016.4.28.

31) 정진우, 「중국 해외직구 新통관정책, 1년간 시행유예」, 『KOTRA해외시장뉴스』(베이징무역관), 2016.5.26.

특히 2016년 5월 15일 중국 수입상품 검역 주관부처인 質檢總局이 <국경간 전자상거래 수입통관 신고서 관리규정>을[32] 발표하면서 보세수입 상품에 대한 통관규제가 한층 강화되었다. 이에 대해 업계 관계자들은 분유, 화장품 등 거의 모두 검역(檢驗檢疫) 목록에 포함되어 있어 사실상 보세수입 상품에 대한 규제라고 반발하고 있다.[33] 게다가 2016년 4월 8일 신 세제 개편 시행을 하루 앞둔 시점에서 사전 예고 없이 4월 7일에 발표됨으로써 수입, 통관, 검역 등에서 큰 혼선이 빚어졌다. 결국 중국 해관총서 판공청은 5월 25일 국경간 전자상거래 신통관정책을 2017년 5월 11일까지 유예한다고 발표했다가 다시 2017년 12월까지 유예하기로 결정했다. 이는 최근 다시 2019년 연말까지로 유예기간이 연장되었다.

국경간 전자상거래 세제 및 통관 등에 대한 이러한 잦은 변화는 중국 정부가 관련 규정을 지속적으로 확정해나가는 과정에 있기 때문이다. 전자 기기의 발달로 전자상거래는 주요한 유통수단으로 확대되고 있고 대외무역에서도 새로운 무역의 형태로 자리 잡는 추세이기 때문에 이를 확대시키지 않을 수 없다. 그러나 그 이면에는 국경간 전자상거래가 중국 수출입에서 차지하는 비중이 급상승하게 되자 이와 관련된 세수정책의 정비가 필요하다는 인식이 확대되었기 때문이다. 중국 정부는 개인적인 대리구매, 보따리상(代工) 등을 통한 탈세가 심화되고 외화가 불법적으로 유출되고 있다는 인식하에 이를 막기 위해 규범을 강화한 것이다. 따라서 이번 제도의 정비는 B2B2C 보세수입과 B2C 해외직구 시스템에 대한 정부의 콴리감

---

32) 「建立跨境電子商務淸單管理制度」, 『中國電子商務硏究中心』 2015.5.15.
33) 주 31)과 동일.

독을 강화하는 데 목적이 있다.[34] 그러나 세금 관리를 강화하기 위해 국경간 전자상거래의 전 과정을 장악하고 있어야 한다는 발상은 국경간 전자상거래와 관련된 모든 시스템에 대한 통제의 강화를 의미하는 것이기도 하다. 중국 정부는 새로운 통관정책의 시행으로 시장의 투명성을 제고하겠다는 생각을 가지고 있기 때문에 당분간은 이러한 기본적인 정책 기조는 바뀌지 않을 것으로 보인다.

3.2 보세수입 선호 경향

중국의 국경간 전자상거래 방식에는 해외직구 방식(直發模式, B2C)과 보세수입 방식(備貨模式, B2B2C)이 있다. 해외직구 방식은 중국 국내 소비자가 국경간 전자상거래 사이트에서 직접 상품을 구매하거나 구매대행을 지정하여 해외현지에서 상품을 구매하고 제3의 물류회사에 위탁하여 배송서비스를 제공받는 방식이다. 해외직구 방식이 주문자가 주문을 하면 비로소 해외로부터 상품의 이동이 시작된다면, 보세수입 방식은 국경간 전자상거래 기업이 빅데이터 분석을 통해 해외에서 미리 상품을 구매한 후 해운으로 중국의 해관 보세창고에 우선 입고시키고, 소비자가 주문을 하면 보세구에 있던 상품이 곧 바로 개별 통관되어 소비자에게 배송되는 방식이다.

보세수입 방식은 물류비용이나 배송시간을 상당히 단축할 수 있다는 장점이 있다. 따라서 중국 정부는 보세수입 방식을 통한 국경간 전자상거래를 인정하고 있는데, 이는 대규모의 전자상거래에도 적당하다. 또한 전통무역 방식을 이용했을 때의 관세 및 증치세 등

---

34) 정진우, 「中 해외직구 세제 변경, 한국 제품 영향은」, 『KOTRA해외시장뉴스』 (베이징무역관), 2016.4.11.

표 2. 직구수입 방식과 보세수입 방식의 차이

항목	직구수입 방식	보세수입 방식
방식 유형	수입 B2C	수입 B2B2C(보세 재고판매 방식)
주문 방식	전자상거래 사이트에서 구매	
출고 지점	국외	보세 항구 구역
물류형태	소포	대량 창고 입고, 구내포장, 특송 출고
감관방식	개인 행우세	일반 무역
검사 방식	X광 투시	집중 검사, 출고 판매 허가
화물발송시간	10-15일	5-7일
비용	소포 운임비, 해외 포장비, 통관비, 행우세	운임비, 통관비, 행우세
세금 납부	행우세 납부, 통관하고 소비자가 신분증으로 해관 사이트에서 납세 기록 조회	
특징	전자상거래로 주문, 결제 증명, 전자 운송장 수시 전달, 투명한 통관 실현	화물의 보관은 해관 감관장소에서 하고 특급우편으로 통관
적용기업	구매 대행 품목이 다양한 전자상거래 플랫폼 해외 전자상거래 기업	품목이 전문화되어 있고 재고량이 많은 전자상거래 기업

위 표의 세제는 2016년 4월 8일 이전 세제임. 출처 : 웨이하이해관 제공

을 지불하지 않고 11.2%의 종합세만 지불하면 되기 때문에 물류비용도 절약할 수 있다. 해외직구 방식과 보세수입 방식을 비교하면 <표 2>와 같다.

중국은 2013년 7월 정저우에 처음으로 국경간 전자상거래 시범도시를 설치하여 B2B2C 보세수입 방식을 도입한 바 있다. 뒤이어 2013년 8월에 上海, 杭州, 重慶, 寧波에 국경간 전자상거래 시범도시가 승인되었고, 그 후 廣州와 深圳이 포함되었다. 2015년 5월에는 항저우에 첫 '국경간 전자상거래 종합시범구(跨境電子商務綜合實驗區)'

가 건설되어 보세수입 방식의 국경간 전자상거래가 대대적으로 시행되었다. 2015년 7월에는 福州와 平潭,35) 2015년 9월에는 天津, 2016년 1월에는 合肥·成都·大連·靑島·蘇州가 추가되어 15개 도시로 증가했다.

국경간 전자상거래 시범도시로 선정되면 대규모의 산업원을 건설하여 국경간 전자상거래와 관련된 정보·금융·물류·창고 등의 종합시스템을 구축함으로써 해외직구, 보세수출입, 일반수출을 하게 된다.36) 중국에서는 해외직구 방식보다는 보세수입 방식이 국경간 전자상거래의 주류이며 그 비중도 크다. 보세수입을 선호하는 이러한 경향은 웨이하이도 예외가 아니다.

2015년 3월 3일 인천–웨이하이 해운 전자상거래가 개통되었을 당시에도 웨이하이상무국과 웨이하이해관은 인천과의 해운특송에 의한 해외직구 활성화 방안을 검토하는 동시에, 한중 국경간 전자상거래 보세수입구의 지위를 얻기 위해 노력할 것임을 천명한 바 있다.37) 웨이하이는 인천–웨이하이 해운 전자상거래를 통해 한국상품을 전시 판매하고, 중국 각지의 상품도 집산시켜 해운으로 한국에 수출한다는 계획이다.

그 노력의 결과 2016년 6월 웨이하이가 국무원으로부터 산동성에서는 다섯 번째로 종합보세구(綜合保稅區)의 지위를 비준 받아38) 보세가공, 보세물류, 국제무역 등을 할 수 있게 되었다. 그러

---

35) 2014년 福建省에 자유무역시범구 및 兩岸 전자상거래 합작 시험구가 건설됨으로써 2015년 7월 福州와 平潭이 국경간 전자상거래 보세수입 시범도시로 승인받았다. 「福州、平潭跨境電商保稅進口實施力案獲批」, 『福建日報』 2016.1.25.

36) 「天津等12城市獲批跨境電商試點」, 『經濟參考報』, 2016.1.11.

37) 「中韓海運跨境電子商務開通」, 『中國新聞網』, 2015.3.2.

나 정식으로 보세수입을 승인받은 것은 아니었는데, 최근 웨이하이가 국경간 전자상거래 시범도시로 승인을 받게 되었다. 즉 2018년 11월 21일 국무원이 22개 도시를 국경간 전자상거래 시범도시로 새로 추가한다고 발표함으로써 시범도시가 37개로 확대된 것이다.[39] 이제 웨이하이도 여기에 포함되어 전자상거래 보세수입을 할 수 있게 되었다.

그러나 보세수입이 가능하게 되었다고 해도 다른 36개의 도시와 경쟁을 해야 하는 입장에서 지리적으로 편벽되어 있는 웨이하이가 향후 보세수입의 물류지로서의 입지를 공고히 할 수 있을지는 더 지켜볼 일이다. 국경간 전자상거래 시범도시 중 웨이하이보다 물류지로서의 조건이 우월한 지역이 많기 때문이다. 따라서 향후 웨이하이가 철도나 도로 등 중국 내의 교통망을 구축함으로써 이런 단점을 보완할 수 있을지가 관건이다.

---

38) 「好消息！威海綜合保稅區獲國務院正式批複來源」, 『威海日報』, 2016.6.13; 「威海綜合保稅區正式獲批爲全國第45個」, 『新銳大衆』, 2016.6.13. 산둥성에는 보세항구도 있고 종합보세구도 있는데, 보세항구(保稅港區)는 대외 개방 항구에 설립된 국가급 보세구역이고, 종합보세구(綜合保稅區)는 내륙에 설치된 보세구역이다. 보세항구로 지정되면 창고물류, 대외무역, 국제구매, 항구작업, 국제중개, 상품전시 등 각종 업무가 가능하고, 종합보세구는 보세가공, 보세물류, 국제무역, 항구통관이 가능하다. 산둥성에는 칭다오와 옌타이가 보세항구로 지정되어 있고, 濰坊, 지난, 臨沂, 동잉에 이어 웨이하이가 종합보세구로 지정된 것이다. 「威海綜合保稅區正式獲批爲山東省第五個」, 『齊魯網』, 2016.6.13.

39) 22개 도시는 北京, 呼和浩特, 長春, 哈爾濱, 南京, 南昌, 武漢, 長沙, 南寧, 海口, 貴陽, 昆明, 西安, 蘭州, 廈門, 唐山, 無錫, 威海, 珠海, 東莞, 義烏이다. <國務院關於同意在北京等22个城市設立跨境電子商務綜合試驗區的批复> 國函[2018]93號, 2018.7.24.

4 웨이하이 한중 해운 전자상거래의 활성화 모색

4.1 국경간 전자상거래 방식 개선의 필요

상술한대로 중국에서 국경간 전자상거래로 인정받으려면 해관총서 56호 문건에서 제시한 것처럼 중국해관에 기업을 등록해야 하고 해관의 관리와 감독하에 거래를 진행한다는 규정을 준수해야만 한다. 그러나 이러한 요건들은 중국기업 위주의 방식일 뿐 외국기업이 부합하기에는 비용도 많이 들고 쉽지 않다. 56호 문건의 규정에 따라 칭다오해관에 등록된 기업이 2015년 6월까지 112개, 웨이하이해관에는 6개[40] 밖에 없다는 것은 시행 초기라는 것을 감안한다 해도 이 규정이 까다롭다는 것을 짐작케 한다.

그렇다면 외국기업이 중국 해관에 전자상거래 업체로 등록하기 위해 중국법인을 세우는 일은 어떤가. 만일 외국기업이 중국법인을 설립하려면 별도의 많은 비용과 시간, 그리고 절차상의 번거로움이 따른다. 이를 피하기 위해서는 기존의 중국기업이 운영하고 있는 전자상거래 플랫폼에 입점하는 방법이 있다. 예를 들어 타오바오(淘宝网)나 티몰(Tmall, 天猫) 같은 플랫폼에 입점하는 것이다. 타오바오의 입점은 어렵지 않다. 그러나 업계 관계자의 말에 의하면 타오바오는 입점이 용이한 대신 중국 및 세계 각국의 전자상거래 업체와의 무한경쟁을 의미하기 때문에 일명 '개미지옥'으로 불린다고 한다. 한편, 티몰은 중국 소비자들이 선호하는 중국 최대의 온라인 쇼핑몰이지만 중국법인만 입점이 가능하다. 입점 비용은 5만-15만 위안이고 기술료가 8만 위안 정도라고 하니 상당한 비용이 발생하는 것이다.

---

40) 盧慶華·李曉鵬, 앞의 논문, p.60.

티몰에 외국기업들이 진출하기 어려운 현실을 반영하여 입점 조건을 완화한 글로벌 티몰(天貓國際)이 2014년 2월 출범되었다고는 하나, 여전히 외국기업이 중국 전자상거래 방면에 진출하기에는 어려움이 많은 것이 사실이다.

그럼에도 불구하고 외국기업이 중국에서 중국 법인을 설립하거나 혹은 중국 전자상거래 플랫폼에 입점했다고 하더라도, 중국 해관총서가 관리하는 시스템 속에서는 주문·결제·배송 등의 일체를 중국법인이 운영하는 전자상거래 기업, 결제회사, 물류회사 등을 이용해야 하는 구조를 피할 수는 없다. 또한 구매자 정보 및 일체의 정보가 중국의 해관에 통보되는 이런 시스템 하에서는 누가 언제 어디서 어떻게 얼마나 물품을 구입했는지 투명하게 들여다 볼 수 있다. 이런 방식은 중국 소비자뿐 아니라 결제회사, 배송회사 등의 개인정보를 심각하게 노출시키는 결과를 초래한다. 과연 외국기업들이 이러한 중국 해관의 시스템에 귀속되는 것을 수긍할 수 있는지의 문제는 여전히 남는다. 현실적으로 중국법인만 합법적으로 국경간 전자상거래에 종사할 수 있게 된다는 것이다. 그러므로 외국기업의 입장에서는 상당히 불공평한 조건이다.

이에 비하면 한국의 국경간 전자상거래 방식은 중국과 같이 세관에 각종 정보를 제공해야만 전자상거래로 인정받는 시스템은 아니다. 한국은 전자상거래 플랫폼이 한국기업이건 외국기업이건 상관없이 동일하게 전자상거래로 신고하면 그것으로 전자상거래가 인정되고, 관세는 150달러(USD) 범위 내에서는 면세가 되고 그 이상의 것은 관세법에 따라 정해진다. 웨이하이에서 국경간 전자상거래업체를 운영하고 있는 K대표의 말에 의하면, 한국은 국경간 전자상거래를 개방하고 문제가 발생하면 사후에 대처하는 방식을 채택하고 있는 반면, 중국은 규정을 엄격하게 하여 사전에 차단하는 시스템이라는 설명이다.

웨이하이에서 국경간 전자상거래 물류업체를 운영하고 있는 A대표의 말에 의하면, 56호 문건의 중국해관 규정은 중국에서 수출하는 경우에는 비교적 느슨하게 적용되는 편이지만 중국으로의 수입, 즉 한국의 역직구는 상당히 엄격하게 적용되고 있다고 한다. 그러므로 현재의 국경간 전자상거래 물품통관제도가 지속되는 한 중국 소비자가 한국의 전자상거래 플랫폼에서 구입한 물건이 국경간 전자상거래로 정식수입 통관되는 것은 어려운 시스템이라 할 수 있다. 그러나 중국 내의 한국 상품에 대한 수요가 많기 때문에 많은 양의 한국상품이 비공식적인 방법으로 중국에 수출되고 있는 실정이다. 중국해관의 이러한 엄격한 규정이 정상적인 방식의 국경간 전자상거래수입을 막고 있고 오히려 불법과 편법이 횡행하는 구조를 조성했다고 할 수 있다.

A대표에 말에 의하면, 비공식적인 수입에는 다음과 같은 다양한 방법이 동원된다고 한다. 첫째, 밀수이다. 화장품 등을 작은 항구 혹은 내륙으로 보세 운송하여 통째로 밀수하는 방법이다. 예를 들어, 20피트 컨테이너에 韓貨 10억 원 이상의 화물을 수입해올 때 정상적인 통관을 거친다면 몇 억 원의 관세를 부과해야 함에도 불구하고 운송업자나 중국 수입업자에게 3-4천만 원만 지불하고 통째로 밀수하는 것이다. 둘째는 컨테이너를 편법으로 운영하는 것이다. 즉 정상적인 컨테이너 안쪽이나 바닥에 불법적으로 화물을 적재한 채 통관하거나 일부 혹은 전 품목을 변경하는 방식이다. 셋째는 보따리상, 즉 휴대를 하는 방식이다. 항공기나 카페리 이용 승객의 휴대품은 소량인 경우 면세가 되지만 승객 명의를 이용하여 휴대품으로 정식 수입하는 경우가 있는데, 이때 수량이나 단가 등을 조정해서 낮은

세금으로 처리하는 것이다. 넷째는 우편방식(EMS)이나 항공특송으로 중국에 도착시킨 후 각종 편법으로 통관하는 방법이다. 이러한 비정상적인 각종 편법은 서로 연계되어 이루어지기도 하고 각급 해관의 단속 정책에 따라, 혹은 물건의 시급한 정도에 따라, 때로는 비용에 따라 선택적으로 이용되고 있는 실정이라는 것이다.

따라서 현재 한국에서는 중국과의 수출입에서 한국 화장품 등 역직구가 점차 증가하고 있다는 밝은 전망을 내놓고 있지만, 한국에서 정상적인 방식으로 통관된 물품들이 중국에 도착해서는 정상적으로 통관되지 않는 경우가 많아 온갖 편법으로 중국으로 수출되고 있는 것이다. 중국 해관의 국경간 전자상거래 규정이 상당히 엄격하고 비용도 점차 증가하는 추세에 있어 규정에 부합하고자 하기 보다는 이를 피하고자 하기 때문에 저비용의 보따리상들이 활동할 수 있는 여지가 많다. 이들은 단순한 보따리상이 아니라 조직적으로 활동하고 있어 시장도 크고 이와 관련된 인구도 상당하다. 선편 보따리상은 한중 카페리의 주요 수입원이고 이들과 중국 해관 혹은 선박회사와의 관계는 '관행'이라는 이름으로 밀접하게 얽혀져 있어 중국 정부에서도 근절이 쉽지 않은 문제가 있다. 이러한 비공식적 거래의 성행이 한중 해운 전자상거래의 정상적인 수입이 정착되지 못하게 하는 한 원인으로 볼 수 있을 것이다.

현재 중국은 국경간 전자상거래 규정을 계속해서 개편해가면서 국가 세수를 확보하고자 한다. 중국 국내의 비정규적이고 비합법적인 거래를 방지하고 투명성을 확보하여 사전에 불법적인 요소를 세거하겠다는 중국정부의 의도는 장기적으로 보았을 때 옳은 방향임에는 틀림없다. 그러나 국경간 전자상거래라는 것은 국내외의 네티즌들에 의해 국경을 초월하여 사이버 공간에서 이루어지는 것이기 때문에 외국기업까지 중국 국내의 특수한 상황에 맞추기를 요구하는 것은 불합리해 보인다. 특히 국가가 개인이나 기업의 모든 상업 활동을 투명하게 들여다보겠다는 발상 자체가 개인정보의 심각한 유출을 불러일으킬 수 있기 때문이다.

따라서 한중 해운 전자상거래가 정상적인 방식으로 수출입 모두 활성화되기 위해서는 중국해관이 규정하고 있는 국경간 전자상거래 방식을 개정하거나 혹은 한시적으로 마나 한중간의 규정을 완화해주는 방식을 통해 비공식적인 방식이 아니라 정규적인 방식이 정착될 수 있도록 양국 정부 차원의 협상이 필요해 보인다. 국경간 전자상거래에서 해관총서의 규정이 가장 중요하고 이것은 정부차원에서 규정되는 것인 만큼 한중 해운 전자상거래가 활성화되기 위해서는 우선적으로 해결되어야 할 과제이다. 그렇지 않다면 웨이하이해관에서 취할 수 있는 방법이 거의 없기 때문이다.

국경간 전자상거래 정책은 發改委, 財政, 商務, 工商, 質監, 口岸, 稅務, 海關 등 국가의 각 부분과 관련이 되기 때문에 일련의 종합적인 정책이 필요하다. 그래서 국경간 전자상거래 관련 규정이 미비하고 불합리한 사항이 있다 하더라도 유관기관 사이에서 조정하는 것이 쉽지 않다.[41] 그럼에도 불구하고 지속적으로 조정하고 교섭하는 노력이 필요하다. 상품을 구매하는 소비자의 입장에서도 자신이 주문한 상품이 정상적인 방식을 통해서 수입되는 것을 잠재적으로 희망하고 편법적인 거래를 원치 않는다는 점, 중국정부가 사회 각 분야의 투명성을 확보하고자 한다는 점에서도 정상적인 국경간 전자상거래 통로는 계속적으로 활성화되어야 할 것이다.

---

41) 盧慶華·李曉鵬, 앞의 논문, p.60.

4.2 해외직구 방식과 해운특송의 강화

웨이하이가 한중 국경간 전자상거래를 활성화하기 위해서는 우선적으로 중국 내 혹은 산둥성 내에서의 입지를 확고히 해야 한다. 또한 웨이하이해관이 갖는 종속성을 극복해야만 한다. 웨이하이는 산둥성 내에서도 칭다오나 옌타이와 같은 역사와 전통이 있는 항구도시와 경쟁을 해야 하는 위치에 있기 때문이다. 웨이하이가 한중 FTA 시범도시로 선정되어 인천과의 무역을 통해 발전을 꾀하고 있다고 해도 인천항과의 총 무역량에서는 여전히 칭다오에 뒤지고 있다. 한중 산업단지로 지정되어 양국 간의 교류협력 시범사업을 진행 중인 옌타이와도 경쟁 관계에 있다. 인천항과 산둥성 각 항만과의 교역량은 <표 3>과 같다.

특히 칭다오는 국가급 국경간 전자상거래 시범도시를 승인받음으로써 산둥성의 국경간 전자상거래 활성화에 진력하고 있다. 산둥성

표 3. 인천항과 산둥성 각 항만 간의 교역량 비교

항만	2008년	2009년	2010년	2011년
칭다오항	112,632	107,274	131,043	142,551
황다오항	12,579	11,066	15,109	18,767
웨이하이항	89,026	85,225	96,620	97,769
르자오항	0	0	0	0
옌타이항	60,912	51,115	61,655	64,169
스다오항	33,120	34,339	36,851	40,853
산둥성 전체	308,269	289,019	341,278	364,109
인천항 전체 물동량	1,663,800	1,703,362	1,578,003	1,902,733
비중(%)	18.53	17.0	21.63	19.14

출처: 관세무역개발원(2008-2011) 데이터 분석, 정태원, 「인천항과 북중국 항만간의 물동량 구조변화분석에 관한 연구」, 『海運物流研究』 29-특집호, p.790, 2013.10에서 재인용 정리.(단위: TEU)

에서는 우선적으로 칭다오가 산둥성의 대표 도시로서 국경간 전자상거래의 중심이 되고 이것을 다른 도시로까지 확대한다는 전략을 (立足靑島, 引領全省) 세워두고 있다. 이에 따라 산둥성은 2017년까지 국경간 전자상거래 교역액 200억 달러(USD)를 돌파한다는 목표로 국경간 전자상거래의 발전을 가속화하고 있다. 다만 국가가 칭다오를 국경간 전자상거래의 '정책상 우선 시범도시'로 비준했지만, 2016년 현재 다른 시범도시와 비교했을 때 해관·검역·세무 등에 대한 정책과 법규의 정비는 여전히 미흡한 상황이다.[42] 실제로 2015년의 산둥성 국경간 전자상거래 교역액은 53억 달러(USD)로 전국 총액 8,000억 달러의 1%에도 미치지 못하는 액수이다.[43] 따라서 칭다오는 자체 발전에 집중할 가능성이 크다. 칭다오가 前灣國際物流院을 건설하여 국경간 전자상거래에 적극적으로 나서고 있고, 특히 한국과의 해운 전자상거래를 확대하기 위해 노력하고 있는 것은 그 좋은 예이다. 따라서 칭다오가 자체 발전에 집중하게 된다면 웨이하이를 적극적으로 지지해줄 것이라 기대하기는 어려울 것으로 예상된다.

웨이하이가 한중 해운 전자상거래의 첫 도시로 칭다오해관의 비준을 얻었던 것은 웨이하이의 적극성에 기인하는 바 컸지만, 지리적으로 웨이하이가 칭다오보다 한중 해운 전자상거래에 유리하기 때문이다. 실제로 인천 - 칭다오 구간 보다는 인천 - 웨이하이 구간이 활성화되어 있으며, 현재 한중간의 항공과 해운이 가장 많은 곳도 웨이하이이다. 여기에는 웨이하이가 1992년 한중 수교 전인 1990년

---

42) 盧慶華·李曉鵬, 앞의 논문, p.60.
43) 「山東省跨境電商現狀 : 2015年交易額53億美元不足全國1%」, 『山東商報』, 2016.6.7.

부터 한중간의 카페리가 왕래했고 오랜 시간 한국과의 교역이 지속되었던 것에서도 원인을 찾을 수 있다. 한중 수교 이전에 한중간의 관계를 열어주는 중추적인 역할을 했던 것이 바로 한중 카페리 항로였다. 한중 카페리 항로는 1990년 인천 – 웨이하이 노선을 시작으로 2014년 현재 평택 – 옌타이 노선까지 모두 16개의 항로가 운영 중이며, 그중 10개가 산둥성에 집중되어 있다.44) 그중에서도 인천과 가장 가까운 위치에 있는 웨이하이가 한중 카페리 항로의 핵심기지라고 할 수 있다. 이 항로를 통해 2014년 아시안게임 때 성화가 운송되었던 것은 잘 알려진 사실이다. 산둥성 각 항구의 한중 카페리 항로 현황은 다음과 같다.

표 4. 산둥성 각 항구의 한중 카페리 항로 현황

구분		개설일	항차 수	G/T	여객 정원	적재		항해 거리	항해 시간
						TEU	차량		
인천	웨이하이	1990.09.15	주 3항차	26,463	731	295	124	238	14
	칭다오	1993.05.22	주 3항차	29,554	660	325	52	338	16
	옌타이	2000.10.10	주 3항차	16,071	392	293	-	267	15
	스다오	2002.07.26	주 3항차	19,534	1,000	253	-	220	14
평택	롱청	2001.10.17	주 3항차	25,151	720	267	35	210	12
	웨이하이	2009.06.20	주 3항차	24,112	750	214	-	238	14
	르자오	2011.02.10	주 3항차	25,318	473	280	-	385	19.5
	옌타이	2014.07.01	주 3항차	24,418	523	280	-	264	14
군산	스다오	2008.04.09	주 3항차	17,022	750	203	-	210	12

출처: 한중카페리협회(2015), 박성은, 이충효, 김형일, 「한·중 카페리선사 선택요인의 중요도 분석에 관한 연구」, 『海運物流研究』 31-4, p.795에서 재인용 정리.

---

44) 유주영·김운수·한종길, 「한중일 카페리를 이용한 Korea Mini Land Bridge 복합운송의 잠재화물 연구 – 인천항을 중심으로」, 『海運物流研究』 30-2, p.405, 2014.6.

위 표에 의하면 현재 인천과 산둥을 잇는 카페리는 인천 - 웨이하이, 인천 - 칭다오, 인천 - 스다오, 인천 - 옌타이의 4개 노선이 있으며 연간 약 50만 명이 이용하고 있다. 웨이하이에 속한 룽청이나 스다오에서도 평택 혹은 군산과 카페리가 운항되고 있으니, 이를 모두 합한다면 웨이하이에서 매일 한국으로 카페리가 운항되고 있으며 가장 많은 한중 노선을 보유하고 있다고 할 수 있다. 운항시간에서도 웨이하이가 우위를 점하고 있는데, 웨이하이 - 인천(혹은 평택, 군산)까지 평균 12-14시간이 걸리고 칭다오에서 인천까지는 16시간이 걸린다. 배송시간을 생명으로 하는 전자상거래의 특성상 그 몇 시간의 차이는 결정적인 차이를 낳는다. 또한 웨이하이는 2015년 FTA에 의해 인천 - 웨이하이 간 한중 해운 전자상거래가 시작되기 이전부터 '소상품'의 형태로 한중 교역이 활발하게 이루어졌다는 사실도 간과할 수 없다. 웨이하이가 한중 FTA의 지방경제협력 시범도시가 된 것은 이러한 배경이 있었고, 이것이 웨이하이시가 산둥성에서 우월한 지위를 획득할 수 있는 최대의 장점이다.

따라서 웨이하이의 경쟁력은 보세수입도 중요하지만 해운특송을 활용한 국경간 전자상거래 방식일 때 가장 두드러진다. 이제까지 국경간 전자상거래 해외직구는 대개 항공특송으로 이루어졌지만 항공특송은 운송비가 물건 값을 초과하는 경우가 종종 발생함으로써 중국 소비자들의 수요 증대가 어려운 면이 있었다. 그러나 웨이하이가 카페리를 통해 해운특송을 이용하면 기존의 항공운송보다 최소 30-40%가 저렴하고 한국과 거리가 가까워서 배송시간도 항공과 크게 차이나지 않는다.[45] 주로 항공 위주였던 EMS우편도 2016년 3월

---

45) 「중국 역직구 붐, 해운특송 새 기회되나」, 『해양한국』 510호, 2016.3.2.

부터 산둥성과 정식으로 해상노선을 개통함으로써 편리성을 더하게 되었다.[46] 해상운송을 통해 물류비가 대폭 절감됨에 따라 중국으로 수출되는 한국상품이 제품 경쟁력과 함께 가격 경쟁력까지 갖출 수 있게 된 것이다.

또한 웨이하이는 인천의 동북아 허브로서의 기능을 충분히 활용한다는 복안도 가지고 있다. 즉 웨이하이는 인천 - 웨이하이 간 해상항로를 통해 유럽으로 연결되는 일대일로에 접선하고자 한다. 웨이하이해관 관계자들과의 좌담회에서도 이러한 의사를 확인할 수 있었다. 현재 중국상품이 유럽으로 수출하는 가장 일반적인 방식은 중국에서 출발한 화물이 해운으로 인천항에 도착하고, 그 다음에 인천공항으로 보내져서 항공으로 미국, 유럽으로 수출하는 것이다. 유럽의 수입화물은 항공으로 홍콩, 상하이 등지를 거쳐 중국 각지 해관에서 통관한 후 각지로 배송되는 것이 일반적이다. 웨이하이는 이것을 바꾸어 대규모 항공 물류 허브인 인천공항을 이용하여 유럽 화물을 인천공항에 도착시킨 후, 인천항으로 보내 해운으로 웨이하이 보세구역에 집산시킨 다음 웨이하이해관을 통해 중국 각지로 배송한다는 계획을 가지고 있다.

이는 수출입 모두 인천 - 웨이하이 간 해운의 신속함을 활용하겠다는 것이다. 곧 중국의 '일대일로'와 한국의 '유라시아 이니셔티브(Eurasia Initiative)'를 연결하는 연결고리로서 인천과 웨이하이를 설정한다는 계획이다.[47] 이는 인천이 공항과 항만, 세계적 물류 대기업이라는 최첨단 물류시스템을 갖추고 있기[48] 때문에 가능하다. 다

<hr />

46) 「山東 - 韓國海運郵件跨境業務開始運行」, 『中國郵政報』, 2016.2.29.
47) <威海市跨境電子商務發展行動計劃的通知> 威政辦發[2015]12號.

만 웨이하이가 한중간 물류의 집산지가 되어 중국 전역과 한국을 해상으로 연결하겠다는 구상이 실현되기 위해서는 철도나 도로 등 중국 내의 교통망을 구축함으로써 웨이하이가 중국 내 물류의 편벽지라는 난점을 해결해야만 가능한 일이다.

5 결론

2015년 12월 20일 한중 FTA가 공식 발효됨에 따라 한중 간 전자상거래가 증가할 것이며 중국 소비자의 해외직구에 대한 수요가 점차 증가함으로써 향후 국경간 전자상거래는 유통, 물류기업들에게 새로운 성장 포인트가 될 것으로 전망되고 있다. 특히 인천-웨이하이 간 해운 전자상거래가 개통되고 해운특송을 통해 수출입이 증가할 것으로 예상되었다. 그러나 예상과는 달리 실제로 중국에서의 수출은 지속적으로 증가하는 반면 한국으로부터의 수입, 즉 역직구는 지지부진한 상태이다. 그 배경과 원인이 어디에 있는지를 알아보기 위해 웨이하이의 한중 해운 전자상거래 상황에 절대적인 영향을 주고 있는 핵심요인으로 중국의 국경간 전자상거래 방식과 보세수입 선호 경향에 주목하고, 이를 토대로 한중 해운 전자상거래의 활성화 방안을 모색해보았다.

첫째, 중국의 국경간 전자상거래 방식의 불합리성을 조정하는 양국 간의 협상이 필요하다는 것이다. 중국의 국경간 전자상거래는 기업이나 개인이 반드시 중국해관의 승인을 받고 해관과 인터넷으로

---

48) 「한중 전자상거래 바닷길로 뜬다」, 『인천일보』, 2015.8.31.

연결된 전자상거래 플랫폼을 통해 수출입을 해야 하며 그 모든 과정을 해관의 관리감독 하에서 진행해야 한다. 중국 정부는 이전의 불법적인 관행을 제거하고 국경간 전자상거래 과정을 투명하게 하여 이에 따라 세금을 부과함으로써 국가재정을 확보하겠다는 의도를 가지고 있다. 그러나 이러한 규정은 외국기업에게는 불공평한 것이고 실제로 이에 부합하는 것이 쉽지 않다. 또한 주문자 정보, 주문·결제·배송 등 모든 정보가 중국해관에 노출되어 심각한 개인정보의 유출을 초래할 수 있다는 문제가 있다.

중국의 이러한 엄격한 규정이 정상적인 방식의 국경간 전자상거래 수입을 막고 오히려 불법이나 편법이 횡행하는 구조를 낳았다는 것이다. 따라서 중국 정부는 현실적인 면을 고려하여 정규적인 방식이 정착할 수 있도록 한시적이나마 완화조치를 채택할 필요가 있다. 이러한 문제들을 해결하기 위해서는 반드시 양국 정부가 나서야 한다는 것이다.

둘째, 웨이하이시가 국경간 전자상거래에서 채택할 수 있는 방법으로 보세수입 방식도 중요하지만 해외직구 방식에 집중해야 한다는 것이다. 웨이하이가 최근 보세무역이 가능한 국경간 전자상거래 시범도시로 선정되었다고 하더라도 물류지로서의 입지를 고려한다면 다른 도시들과 경쟁관계에서 그다지 유리하지 않다. 이런 상황에서 웨이하이가 자신의 장점을 살려서 산둥성의 다른 도시들보다 우위를 점하기 위해서는 해외직구 방식의 국경간 전자상거래에 집중하는 것이 필요하다. 특히 해운특송을 통해 해외직구 방식을 강화함으로써 인천에서 가장 가까운 도시라는 장점과 카페리를 통해 한중무역을 했던 전통을 활용한다면 웨이하이만의 경쟁력을 가질 수 있기 때문이다.

셋째, 인천시는 웨이하이시가 제시하는 한중 교류방안 및 해외공공창고를 적극 활용할 필요가 있다. 인천 - 웨이하이의 해운 전자상거래의 활성화는 웨이하이의 성장과 발전 뿐 아니라 인천에게도 재도약의 발판이 될 수 있기 때문이다. 한중간 해운을 통한 해외직구 방식의 전자상거래는 자본력이 우세하지 않은 중소기업에게도 열린 기회가 될 수 있다. 앞으로 국경간 전자상거래 방식이 개선되어 인천에서 웨이하이로의 수출이 증가한다면 인천의 중소기업이 역직구에 참여하는 계기가 될 것이다. 한중 해운 전자상거래의 활성화는 화장품 등 한국상품이 웨이하이를 통해 중국에 수출할 수 있는 좋은 기회가 될 것이기 때문이다.

넷째, 웨이하이시가 인천 - 웨이하이를 잇고 나아가 유럽과 연계하고자 한다면 인천시에 관련 우대정책을 제시하는 것이 필요하다. 웨이하이시는 2016년 5월에 인천에 중하이촨(中海川)이라는 공공해외창고를 설립하여 한국상품의 수입과 제3국 상품의 중계무역을 위한 전진기지로 삼고 있다. 뿐만 아니라 인천공항의 동북아 허브기능을 활용하여 해상과 항공을 연계하여 유럽으로 가는 통로가 되겠다는 계획을 가지고 있다. 만일 여기에 웨이하이가 한국을 파트너로 끌어들이고자 한다면 인천에 대해 확실한 우대정책을 제시하는 것이 필요하다. 웨이하이가 선택할 수 있는 도시는 인천뿐이지만, 인천은 중국내에서 웨이하이보다 더 우월한 물류도시를 선택할 수 있는 조건을 갖추고 있기 때문이다.

다섯째, 한중 FTA 추가협상은 계속되어야 하며 현재 인천 - 웨이하이 간 불균형의 문제를 지속적으로 해결할 필요가 있다. 이를 위해 인천 - 웨이하이의 한중 FTA 시범도시와는 별도로 인천 - 칭다오 간 교류협력을 강화하는 방안도 모색할 필요가 있다. 칭다오는 산둥

성의 경제 중심도시이고 국가급 국경간 전자상거래 시범도시로 성
차원에서 적극성을 발휘할 수 있기 때문이다. 인천의 한국 내의 위
상이나 객관적으로 확보된 국제항만, 물류시스템을 고려한다면 인
천 - 칭다오의 교류 협력이 훨씬 대칭성이 있고 이상적으로 보인다.
　이상과 같이, 한중 FTA 시범도시로서 인천 - 웨이하이 간 해운
전자상거래 수출입이 모두 활성화되어 명실상부한 자유무역협정
이 될 수 있도록 양국 정부 간의 지속적인 협상과 협력이 필요할
것이다.

참고문헌

<關於跨境貿易電子商務進出境貨物, 物品有關監管事宜的公告>, 海關總
　　署公告[2014]56號, 2014.7.23.
<關於大力發展電子商務加快培育經濟新動力的意見>, 國發[2015]24號,
　　2015.5.4.
<關於促進跨境電子商務健康快速發展的指導意見>, 國辦發[2015]46號,
　　2015.6.16.
<山東省跨境電子商務發展行動計劃>, 魯政辦發[2015]33號, 2015.7.30.
<加貿司關於加强跨境電子商務網購保稅進口監管工作的函>, 加貿函[2015]
　　58號, 2015.
<威海市跨境電子商務發展行動計劃的通知>, 威政辦發[2015]12號, 2015.
　　10.26.
<關於跨境電子商務零售進口稅收政策的通知>, 財關稅[2016]18號, 2016.3.24.
<關於完善跨境電子商務零售進口稅收政策的通知>, 財關稅[2018]49號,
　　2018.11.30.
<國務院關於同意在北京等22个城市設立跨境電子商務綜合試驗區的批

復>, 國函[2018]93號, 2018.7.24.

김명아, 「중국의 무역 관련 시범지역 제도 활용을 통한 한중협력 제고 방안」, 『INChina Brief』 Vol.311, 2016.8.

김성애, 「中 해외직구 승인리스트 2차 발표, 151개 품목 추가」, 『KOTRA해외시장뉴스』(베이징무역관), 2016.4.25.

박진희·이한나, 「중국 국경간 전자상거래 활성화정책의 거점지역 현황 및 시사점」, 『지역 기초자료』(대외정책연구원) 16-07, 2016.6.

박성은·이충효·김형일, 「한·중 카페리선사 선택요인의 중요도 분석에 관한 연구」, 『海運物流研究』 31-4, 2015.12.

백영미, 「중국 전자상거래 시장의 최근동향 및 시사점」, Journal of Digital Convergence 2015 Jan; 13(1).

유주영·김운수·한종길, 「한중일 카페리를 이용한 Korea Mini Land Bridge 복합운송의 잠재화물 연구 ― 인천항을 중심으로」, 『海運物流研究』 30-2, 2014.6.

이상훈·김주혜, 「중국 13차 5개년 규획기간의 지역별 정책방향: 환발해지역」, 『지역 기초자료』 16-05, 2016.4.

정진우, 「中 해외직구 세제 변경, 한국 제품 영향은」, 『KOTRA해외시장뉴스』(베이징무역관), 2016.4.11.

정진우, 「中 전자상거래, B2C에서 B2B로 무게중심 이동」, 『KOTRA해외시장뉴스』(베이징무역관), 2016.4.28.

정진우, 「중국 해외직구 新통관정책, 1년간 시행유예」, 『KOTRA해외시장뉴스』(베이징무역관), 2016.5.26.

정태원, 「인천항과 북중국 항만간의 물동량 구조변화분석에 관한 연구」, 『海運物流研究』 29-특집호, 2013.10.

「중국 역직구 붐, 해운특송 새 기회되나」, 『해양한국』 510호, 2016.3.2.

「中 산둥성 대외수출 급증 "한중 FTA 덕분"」, 『아주경제』, 2016.9.23.

王曉玲·孫振擴, 「榮成市海産品電子商務發展中存在的問題及對策建議」, 『對外經貿』, 2015.5.

王文峰·劉晨,「靑島市發展跨境貿易電子商務的對策建議」,『環渤海經濟
　　　瞭望』, 2015.9.

李楊·黃豔希,「中韓自由貿易協定對山東經貿發展的影響與對策」,『山東
　　　社會科學』, 2015.9.

張馳,「國際貿易新方式跨境電子商務的最新研究」,『廣西敎育學院學報』,
　　　2015.4.

鄂立彬, 黃永穩,「國際貿易新方式: 跨境電子商務的最新研究」,『東北財
　　　經大學學報』, 2014.2.

孟祥銘·湯倩慧,「中國跨境貿易電子商務發展現狀與對策分析」,『瀋陽工
　　　業大學學報』, 2014.2.

鍾昌元,「跨境電子商務背景下我國行郵物品稅的改革探討」,『海關與經
　　　貿研究』, 2016.3.

盧慶華·李曉鵬,「山東與韓國跨境電子商務發展策略研究」,『山東農業工
　　　程學院學報』, 2016.1.

張炳君·王文峰·劉晨,「跨境電商推動靑島外貿轉型的對策研究」,『環渤
　　　海經濟瞭望』, 2015.8.

齊偉偉,「跨境電商企業的物流模式研究-以靑島市爲例」,『中小企業管理
　　　與科技』, 2016.5.

修振竹·唐吉秀·周波,「威海市電子商務發展情況調查」,『山東經濟戰略
　　　研究』, 2014.11.

「天津等12城市獲批跨境電商試點」,『經濟參考報』, 2016.1.11.

「我國跨境電商發展現狀趨勢及主要平臺發展策略」,『中國電子商務研
　　　究中心』, 2015.7.30. (http://www.100ec.cn)

「山東省跨境電商現狀 : 2015年交易額53億美元不足全國1%」,『山東商報』,
　　　2016.6.7.

「全市商務運行情況(2016年8月份)」(威海市商務局: www.whftec.gov.cn),
　　　2016.10.12.

「威海中韓海運跨境電商出口突破1500萬元」,『威海日報』, 2015.6.11.

「威海: 中韓海運跨境電商出口總值突破3000萬元」,『威海日報』, 2015.8.8.

「跨境電子商務通關制度的比較」,『中國論文網』, 2016.5.4.

「中韓海運跨境電子商務開通」,『中國新聞網』, 2015.3.2.

「建立跨境電子商務淸單管理制度」,『中國電子商務硏究中心』, 2015.5.15.

威海國際物流院: http://www.whilz.com

한-중 FTA 금융협정의 성과와 한계
: 중국-대만 ECFA 금융협상과의 비교

윤성욱
신지연

1 서론: 문제의 제기

지난 2015년 6월 1일 많은 우여곡절을 겪었던 한국과 중국 간의 자유무역협정(Free Trade Agreement, FTA)에 정식 서명이 이루어졌다. 한중 양국은 10여 년 전인 2004년 ASEAN+3 경제장관회의를 계기로 민간 공동연구의 개시에 합의한 이후 수차례에 걸친 한-중 FTA 산관학 공동연구, 사전 실무 협의 등을 거쳐 2012년에 와서야 비로소 1차 협상을 개시하였다. 그리고 14차례에 걸친 2년여 간의 협상을 통해 2014년 11월 협상 타결을 선언하기에 이르렀다.

명실상부한 한국의 제1 교역국으로서 중국과의 FTA 협상과정에서 경제적 실익에 대한 찬반양론이 팽배하였으며, FTA 체결 이후에도 국가 차원의, 그리고 산업별 실익 분석과 관련하여 다양한 논의가 지속되고 있다. 다만 한-중 FTA와 관련한 논의는 다음과 같은 특징을 가지고 있다. 첫째, 이러한 논의의 대부분은 상품분야의 실익 계산에 집중되어 있다는 점이다. 이렇게 상품분야에 집중된 이유

---

* 이 글은 기존에 발표된 논문 「한중 FTA 금융협정의 성과와 한계: 중국-대만 ECFA 금융협상과의 비교」(『한국국제통상학회』 제20권, 2015)를 수정·보완한 것이다.

는 무엇보다도 중국산 농수산품 수입에 따른 국내 산업에 피해가 예상된다는 점과 공산품 분야에서도 중국의 경제 발전에 따라 특히 한국의 중소 제조업 분야의 피해가 클 것이라는 예측에 근거하고 있다(KOTRA, 2015; 이항구, 2010; 농림축산식품부, 2014; 정인교·조정란, 2008; 경기연구원, 2013). 둘째, 이러한 이유로 서비스 산업에 대한 논의는 상대적으로 많이 이루어지지 못하고 있는 실정이다.

그러나 한-중 FTA 협상이 시작되기 이전 또는 협상 중에 한-중 FTA 체결로 한국에게 가장 많은 이익을 줄 수 있는 분야로는 항상 서비스 업종이 거론되곤 하였다(박정수 외, 2014; 김종덕, 이주미, 2015). 이러한 논의의 배경은 중국이 공산품 분야에서 무서운 속도로 한국과의 기술 격차를 좁혀오고는 있지만 아직까지 서비스 분야에서만큼은 한국이 상대적으로 더 선진화되어 있다는 사실, 특히 한국은 서비스 선진국인 미국과 EU와의 FTA를 이미 체결했다는 점이 한-중 FTA 서비스 분야 협상에서 한국이 유리한 위치에 있다는 판단의 근거였다. 한-미 FTA 및 한-EU FTA 협상을 통해 한국이 전략적으로 추진했던 목표는 한국 서비스 산업의 선진화였다(윤성욱, 2008; 윤성욱, 2009). 그러나 서비스 산업에서 다양한 이익 집단의 이해관계가 대립되면서 사실상 국가 차원에서의 목표 달성은 이루지 못했다는 평가가 일반적이다(윤성욱, 2008; 이재영, 2012). 그럼에도 불구하고 한-중 FTA 체결은 한국에게 있어, 특히 국내서비스 산업의 중국 진출이 활발히 진행될 수 있다는 낙관적인 전망이 지배적이다(Francois et al., 2007).

이러한 관점에서 본 연구는 한-중 FTA 논의에서 상대적으로 소외되고 있는 서비스 분야의 협상 결과에 대해 분석하고자 한다. 특히 중국이 FTA 체결에 있어 최초로 금융 분야를 별도 챕터로 수용하였다는 점과 상대적으로 중국의 금융 시장이 아직 국가의 통제 하에 있어 앞으로 시장 개방의 기회가 많다는 점 등을 고려하여 한-중 FTA의 금융협정의 성과와 한계를 분석하는데 본 연구의 목적이 있다. 이를 통해 기존의 연구가 전망한 바와 같이 한-중 FTA를 통해 금융 분야에서 실질적으로 한국의 경제적 이익 — 예를 들어, 중국 금융 시장 진입 장벽 완화 등 — 은 있는지, 있다면 어떠한 방식으로 어느 정도까지 합의가 되었는지 규명하도록 하겠다. 이러한 연구는 협상의 측면에서 한국의 FTA 협상 전략에 대한 평가가 가능할 뿐만 아니라, 향후 추가적인 협상이 계획되어 있는 만큼 추가 협상에서 다루어질 수 있는 부분들을 사전적으로 고찰해본다는 데에서도 의미가 있다고 할 수 있다.

이와 함께 한-중 FTA의 금융 분야의 협상 결과를 살펴볼 때 간과할 수 없는 부분은 중국과 대만의 ECFA라고 할 수 있다. 중국은 지난 2010년 대만과 '경제협력 기본협정(ECFA, Economic Cooperation Framework Agreement)'를 체결하였다. 중국은 '조기 수확 프로그램(Early Harvest Programme)'에 따라 대만의 품목에 차별적인 관세 양허를 허용하였고, 특히 은행, 증권, 보험 등 11개 서비스 분야에 대해 중국 시장을 개방하였다. ECFA 체결 당시 한국에서도 이에 대한 많은 논의가 이루어졌다. 무엇보다도 대만과 한국이 공산품 수출 품목에 있어 겹치는 분야가 많고 경쟁관계에 있으며, 대만과 한국 모두에게 중국이 가장 중요한 시장 중 하나라는 점에서 주요 관심사는 ECFA 체결이 한국의 대중 수출 및 무역관계에 미치는 영향이었다(김신아 외, 2010; 산업은행, 2010; 김선광, 김종훈, 2011). 그러나 ECFA 체결과 관련하여 중국의 서비스 시장, 특히 금융 서비스 시장 개방에 대해서는 많은 논의가 이루어지지 않았다. 중국과 대만 양측은 2009

년 은행, 보험, 증권 및 화폐관리 당국 간의 양해각서(Memoranda of Understanding) 체결을 시작으로 2010년 ECFA 체결 이후 금융개혁 및 개방을 본격화 했으며 2013년 서비스무역에 관한 추가협정을 체결하여 지속적인 개방 확대를 추진하고 있다.[1]

이 글에서는 한-중 FTA 금융협정의 성과와 한계를 분석하는 데 있어 ECFA의 금융협정과의 비교를 실시할 것이다. 이는 앞서 언급한 바와 같이 한국과 대만이 중국시장에서 경쟁관계에 있고 ECFA 체결이 상당 시간 앞서 체결되어 있다는 점에도 불구하고 한-중 FTA가 한국의 금융 산업에 ― 한-중 FTA 협상 이전에 예상했던 대로 ― 실질적인 경제적 이익을 가져다줄 수 있는지를 고찰하는데 이 글의 목적이 있다. 이를 통해 한국과 중국 양측의 한-중 FTA 관련 향후 논의에 있어 특히 금융 분야에 정책적 시사점을 제공하고자 한다.

이러한 목적을 위해 이 글은 다음과 같이 구성된다. 2장에서는 중국의 금융서비스 시장 개방과 관련하여 중국의 WTO에 제출된 양허안과 특히 위안화를 중심으로 하는 금융시장 발전 현황을 설명하도록 하겠다. 3장에서는 중국의 금융 서비스 시장 개방을 다음의 세 가지 측면에서 살펴보도록 하겠다. 우선적으로 금융 관련 중국의 국내법에 대한 고찰과 함께 ECFA의 금융협정과 한-중 FTA의 금융협정을 별도로 분석하여 한-중 FTA 금융 협정의 성과와 한계를 분석하도록 하겠다. 이를 토대로 4장인 결론에서는 이 글의 요약과 함께 향후 금융 분야의 후속 협정을 위한 정책적 시사점을 제시하도록 하겠다.

---

1) 해협양안관계협회(海峽兩岸關系協會)가 2014년 2월 20-21일 중국 長沙에서 진행된 '양회협의 집행성과 보고회(兩會協議執行成果總結會)' 중 발표자료 (兩會協議執行成果總結回顧) 참조. 해당 보도자료 人民網: http://tw.people.com.cn/n/2014/0225/c104510-24461453.html(검색일: 2015.10.28)

② 중국 금융 서비스 시장 개방

10여년에 걸쳐 진행되었던 호주와 중국의 FTA 협상이 2014년 11월 타결되었을 때, 호주에게 가장 큰 이익을 가져다 줄 분야로 단연 금융 분야가 꼽혔다. 보험을 비롯하여 자금관리(fund management), 증권 및 선물, 은행 분야에 이르기까지 중국 금융 시장이 개방되었고, 호주에 위안화 청산은행(clearing bank) 설립과 합작투자(joint venture)의 설립에 호주 지분의 49%까지 인정하는 조항 등이 포함되어 있다.[2] 호주가 중국과의 FTA를 통해 금융 분야에서 경제적 이익을 기대하는 이유는 금융 서비스 분야에서 호주가 비교우위에 있다는 점, 그리고 무엇보다도 중국 금융 시장의 규모와 잠재성 때문이다. 이러한 논리는 한국과 중국의 FTA에서 한국의 협상전략과도 일맥상통하며, 일반적으로 양자 간 무역 협정에서 금융 서비스에서 비교우위에 있는 국가가 가지는 협상전략이라고 할 수 있다.

한국의 경우 칠레와의 FTA 체결 이후 2003년 9월 '동시다발적 FTA 추진' 전략을 수립하고 미국 및 EU 등 거대 경제권과의 FTA를 추진하겠다고 밝히고 있다(윤성욱, 2009; 윤성욱·주장환, 2010). 미국과 EU는 한국의 주요 수출 시장임에 FTA 체결을 통한 한국 상품의 경쟁력 확보, 그리고 이를 통한 시장 선점 및 확대가 주요 경제적 이유 중 하나이다. 이와 더불어 미국 및 EU와 같은 서비스 산업 선진국들과의 FTA를 추진함에 있어 경쟁력이 뒤처진 한국의 서비스 산업 선진화는 주요 목표 중 하나로 인식되었다(윤성욱, 2009). 한국

---

2) Department of Foreign Affairs and Trade, Australian Government: 'Fact Sheet: Financial Services'
http://dfat.gov.au/trade/agreements/chafta/fact-sheets/Pages/fact-sheet-financial-services.aspx(검색일: 2015.9.25)

의 경제 발전 전략은 전통적으로 제조업 중심의 수출이었기 때문에 상대적으로 서비스 산업 분야는 선진국들에 비해 낮은 부가가치 업종 — 예를 들어, 도소매업, 식음료 및 숙박업 등 — 에 집중되어 있다. 물론 법적 구속력을 갖는 FTA를 통한 서비스 시장 개방과 이에 따른 서비스 산업 선진화는 서비스 산업의 다양한 이익단체의 반발과 서

표 1. 2012년 기준 서비스분야 Mode 1 & 3관련 GATS* 및 최고 수준의 PTA 점수표**

	한국		중국		EU***		미국		대만	
	GATS	PTA	GATS	PTA	GATS	PTA	GATS	PTA	GATS	PTA
전문직 서비스	60	81	51	67	59	63	58	63	55	55
컴퓨터 서비스	100	100	60	70	100	100	100	100	100	100
우편/쿠리어 서비스	25	63	25	25	63	63	63	63	25	25
통신 서비스	80	90	43	44	88	94	94	94	93	93
시청각 서비스	30	80	40	70	0	10	98	98	70	85
건설 서비스	79	100	42	62	71	83	83	83	83	92
유통 서비스	78	84	53	61	72	88	100	100	100	100
교육 서비스	15	39	25	25	40	40	30	55	55	55
환경 서비스	50	67	50	75	72	73	100	100	75	75
보험 서비스	40	78	50	63	58	58	40	50	65	65
은행 및 기타 금융 서비스	31	42	46	53	43	43	29	33	40	42
건강 및 사회 서비스	0	0	0	17	25	33	8	8	50	50
관광 서비스	79	100	58	63	83	83	83	83	58	79
여가 서비스	6	53	6	34	59	59	94	94	38	63
해상운송 서비스	70	93	31	51	48	63	0	44	43	68
항공운송 서비스	55	84	19	56	66	73	5	29	55	71
보조운송 서비스	7	54	29	29	57	71	43	64	64	71

* 본 도표에 적용된 GATS 점수는 GATS 양허안 및 계속 진행 중인 Doha Development Agenda(DDA) 협상의 서비스 분야에서 제시된 사항을 모두 반영하여 수치화 한 것임3)
** WTO 회원국을 대상으로 GATS 및 회원국들이 체결한 PTA 중 가장 양허수준이 높은 PTA를 대상으로 0부터 100까지의 점수로 환산
*** EU의 경우 15개 회원국 대상
자료: WTO 자료를 토대로 저자 정리(http://www.wto.org)

비스 시장 개방에 따라 예상되는 부작용에 대한 우려 등으로 목표를 달성했다고 보기는 어렵다. 그러나 2012년 기준으로 WTO 회원국들의 GATS와 DDA 협상 및 호혜무역협정(Preferential Trade Agreement, PTA)에 대한 의무이행(commitment) 정도를 보면 한국을 포함한 회원국들이 PTA를 통해 더 많은 양허를 하고 있음을 알 수 있다.

상기 <표 1>에 따르면 EU의 경우 GATS 양허안과 PTA에서의 양허가 거의 유사하며, 금융 서비스 부분에서도 대부분의 국가가 PTA를 통해 더 많은 개방을 하고 있음을 알 수 있다. 중국을 제외하고는 컴퓨터 서비스에서의 완전 개방이 이루어진 상태이며, 특히 한국의 경우 GATS와 PTA에서의 양허에 있어 격차가 상대적으로 크다는 점을 알 수 있다. 주목할 만한 점은 한국의 경우 보험 서비스 분야에서 특히 양허 수준이 높으며, 은행 및 기타 금융 서비스 부분에서는 중국이 높은 수준을 유지하고 있다.[4] 비록 <표 1>은 'Mode 1(국경간 공급)' 및 'Mode 3(상업적 주재)' 부분에서의 양허를 비교하고 있지만, 금융 서비스 부분에서 한국과 중국의 기존 PTA에서의 차이는 한－중 FTA 협상에서 양측의 협상 전략 수립에 있어 중요한 기준이 될 것으로 판단된다.[5] 그러나 중국은 외국인 투자를 유치하기 위해 특히 Mode 3를 통한 서비스 시장 자유화 － 외국인 소유권, 법인의 유형, 지사 설치 등 상업적 주재에 관한 제한들을 완화 － 에 초점을

---

3) 서비스 분야에서 WTO 회원국들의 GATS+ 차원의 PTA 및 DDA 차원에서 제시된 제안(offer)을 점수화시킨 자료에 대한 자세한 설명은 Roy(2011) 참조.
4) 예를 늘어 중국은 DDA 양허안에서 중국 내 중외합작은행 또는 중외합작금융회사의 설립을 가능케 하였으나, 한－중 FTA의 경우 중외합작금융회사 설립이 제외되었다(김종덕, 이주미(2015)).
5) 양측의 금융서비스 부분의 협상 결과와 이와 관련한 ECFA와의 비교는 다음 장에서 살펴보도록 하겠다.

맞추고 있다는 특징을 가지고 있다(문준조, 2014).

주지하다시피 중국은 한국의 최대 교역대상국이며, 양국의 경제관계는 1992년 수교 이래 비약적인 발전을 거듭하고 있다. 그러나 무역, 투자, 인적 교류 등 실물관계의 성장에 비해 금융 분야에서 양국의 교류 및 협력은 상대적으로 그리고 전반적으로 미흡한 것이 사실이다(조익현, 2014). 이는 중국 금융시스템이 다소 폐쇄적이며 중국도 또한 상품 교역을 통한 경제발전에 역량을 집중해왔기 때문이다. 그러나 최근 금융 분야에서 양국의 협력 및 교류 확대의 필요성과 그 방안에 대한 논의가 활발히 진행되고 있다. 이러한 논의의 배경에는 중국의 경제 및 금융시스템의 발전 및 이와 동반한 중국 위안화의 국제화와 연관이 있다고 할 수 있다.[6] 특히 지난 2014년 7월에 개최된 한-중 정상회담에서는 연내 FTA 타결과 함께 양국 간의 금융 및 통화 분야의 협력 강화에도 합의를 이루었다.[7] 중국은 2009년 7월 '위안화 국제화'를 공식 선언하였으며 중국 금융시장에 대한 전면적인 개방을 하지 않은 상태임에 '위안화 역외 금융 시장'의 확산에 주력하고 있다(김한권, 2014).[8] 중국 위안화의 국제화에 대한 기대로 이미 많은 국가들이 중국과의 금융 협력 관계 강화를 추진하고 있다.

6) 중국 금융시스템의 영역별 발전에 대해서는 강동수(2011) 참조.

7) 양국 정상이 채택한 공동성명에는 양국 간 금융 협력을 다음과 같이 명시하고 있다(연합뉴스, 2014.07.03.) "[...] 자국 통화 결제를 활성화하는 것이 양국 간 경제·무역 발전에 이익이 된다는 데 인식을 같이 하고, 원화와 위안화 간 직거래 체제를 구축하기 위해 적극 노력하며, 한국 서울에 위안화 청산체제를 구축하고, 중국 측은 한국 측에 800억 위안 규모의 위안화 적격해외기관투자자(RQFII) 자격을 부여하기로 합의한다 [...]"

8) 중국 위안화의 국제화 방안으로는 대표적으로 위안화의 무역결제 통화 활용, 양자 간 통화 스왑 체결, 그리고 위안화 역외시장 확대 등이다(양평섭, 2014). 중국 위안화의 국제화 배경과 전략에 대해서는 주장환, 윤성욱(2009) 참조.

표 2. 위안화 관련 인프라 구축 현황 및 시기

	홍콩	싱가포르	영국	대만	독일	프랑스	한국
직거래시장 개설	–	2013.10.	2014.6.	2013.4.	–	–	2014.12.
위안화 청산은행 지정	2003.12.	2013.4.	2014.6.	2012.12.	2014.6.	–	2014.11.
RQFII 획득9)	2011.12.	2013.10.	2013.10.	2013.1.	–	2014.3.	2015.07.
통화스왑 체결	2008.12.	2010.7.	2013.6.	–	–	–	2008.12.

자료 : 기획재정부a, "한‐중 정상회담, 「위안화 활용도 제고」관련 주요 합의내용 및 의의" 보도 참고자료, 2014.7.3., p.3. 및 머니투데이(2015.7.12.).

　미국을 제외한 주요 금융 선진국들은 이미 상기 <표 2>와 같이 위안화 관련 인프라 구축에 공을 들이고 있으며, 한국의 경우에도 2014년 정상회담을 계기로 위안화 직거래 은행을 선정하고 2014년 11월에는 중국교통은행이 위안화 청산은행으로 공식 출범하였으며, 12월 1일 러시아, 일본에 이어 중국 역외에서 세 번째로 위안화 직거래시장을 개설하였다(기획재정부b, 2014; 양평섭, 2014). 중국 역시 한국과의 금융 분야에서의 협력 관계 강화, 특히 역외국으로서 교역량 및 외환보유고가 많은 한국이 위안화 활용을 적극적으로 확대해 나가겠다는 방침은 위안화의 국제화 전략에 큰 도움이 될 것이 자명하다. 또한 과거 한국과 중국의 수직적 교역구조를 벗어나 상품 분야에서 점차 경쟁관계로 접어드는 만큼 양국 간 서비스 산업에서 협력 확대의 필요성이 제시되고 있다(조익현, 2014; 양평섭, 2014). 이러한 금융 분야에서 한국과 중국의 협력관계 확대 및 강화 움직임으

---

9) RQFII(RMB Qualified Foreign Institutional Investors)란 중국 증권업 감독 관리 위원회 및 국가외환관리국으로부터 투자한도를 승인 받은 후 중 국외에서 조달한 위안화 자금을 중국 증권시장에 투자하는 해외법인을 의미한다(안유화, 2014).

로 한 - 중 FTA를 통한 중국의 금융시장 진출 확대에 대한 기대감이 더욱 높아진 것도 사실이다.

상기 <표 1>에 따르면 WTO 회원국들이 DDA 협상에서 제시한 서비스 분야에서의 양허안, 이에 따른 각국의 양허수준은 각기 다르다. Mattoo and Olarreaga(2004)는 다자차원의 협상에서 양허수준의 '상호성(reciprocity)'의 결여가 WTO의 서비스 자유화 협상이 낮은 수준에 머물러 있는 이유라고 주장하기도 한다. 그러나 Marchetti *et al.*(2012)의 분석은 PTA에서는 협정 당사자 간 양허수준의 '상호성'이 상당한 수준임을 밝히고 있다.[10] 이러한 점에서 한국과 중국이 금융 분야에서 각각 다른 시스템과 개방정도를 가지고있음에도 한 - 중 FTA 체결은 양국의 금융 협력 방안을 구축하는 틀이 될 수 있다는 주장이 가능하다고 할 수 있다.

결론적으로 한 - 중 정상회담 및 한 - 중 FTA를 통한 금융 분야에서 중국 시장으로의 진출 확대 가능성, FTA와 같은 양자 간 협정에서는 WTO에 제출한 양허안의 수준과 상관없는 그 이상의 합의가 가능하다는 점, 그리고 한국의 서비스 수준이 중국보다 높다고 판단하는 인식으로 인해 한 - 중 FTA의 금융 분야 협상에 대한 기대가 협상 이전부터 높았던 것이 사실이다. 물론 중국의 개혁개방 정책에 따른 금융 서비스 시장의 개방 움직임도 이러한 기대를 가능케 한다. 그렇다면 한 - 중 FTA 금융협정은 실제적으로 어떠한 수준으로 합의되었는지를 다음 3장에서 살펴보도록 하겠다.

---

10) WTO(2012)는 PTA 체결로 인해 다자 간 협상에 부정적인 영향이 미칠 수 있다는 점을 강조한다. 이는 WTO GATS 차원에서 제한된 양허안을 제시하는 경우 오히려 양자 간 PTA 협상에서 더 큰 폭의 양허안을 제시할 수 있기 때문이라고 본다.

3 한 - 중 FTA 금융협정: 성과 및 한계

서론에서 밝힌 바와 같이 본 연구의 목적은 한 - 중 FTA의 금융협정을 중국이 대만과 체결한 ECFA와 비교하여 금융 분야에서 한국의 실익을 비교분석 및 평가하는데 있다. 이를 위해 3장에서는 우선적으로 중국의 국내법, 특히 외국계 금융기관의 중국 국내시장 진입관련 규제를 살펴보고, 이를 기준으로 ECFA와 한 - 중 FTA에서 어떤 수준의 양허가 이루어졌는지 비교·분석해 보도록 하겠다. 이러한 논리의 전개구조는 첫째, 한 - 중 FTA를 통해 한국이 어느 정도 수준으로 금융 협상을 타결했는지를 중국 국내법과 비교해 볼 수 있고, 둘째, ECFA 금융협정과의 비교를 통해 한 - 중 FTA의 금융협정에 대한 평가를 가능케 한다.

3.1 중국 현행 외국계 금융기관 진입관련 규제 및 제한내용[11]

중국은 2001년 WTO가입 이후, 금융 분야에 있어서 5년의 유예기간을 두고 점차적으로 은행, 보험, 증권업 등 금융업 개방을 약속하였고 그에 대한 이행으로 기존 <회사법(公司法)>, <보험법(保險法)>, <증권법(證券法)> 등 국내 법률과 함께 <외자은행관리조례(外資銀

---

11) 중국에서 외국계 금융기관의 일반적인 설립형태로는 완전 외국인 소유 자회사(外商獨資公司), 중외합자회사(中外合資公司), 지점(分公司), 대표사무소(代表處)가 인정된다. 본문은 설명의 편의를 위해 각각 중국식 표현인 독자회사, 합자회사, 지점, 대표처로 표기한다. 또한 증권회사의 경우 상술한 중외합자회사와 외국인이 지분을 소유하는 중국 국내증권사를 단독 법률로 규정하고 이를 "外資參股證券公司"로 지칭하므로 본문에서는 이들을 "지분참여증권사"로 표기한다.

行管理條例)>, <외자보험회사관리조례(外資保險公司管理條例)>, <외자지분참여증권회사설립규제(外資參股證券公司設立規則)>와 <증권회사자회사설립시행규정(證券公司設立子公司試行規定)>, <적격역외기관투자자의역내증권투자관리집행방법(合格境外機構投資者境內證券投資管理辦法)> 등 조례와 하위법규를 제정하여 외국계 금융자본의 시장진입 및 관리감독을 별도로 실시하고 있다.[12] 이런 이원적 규제는 외국 금융기관에 대해서 국내 금융기관보다 설립 및 경영상의 높은 수준을 요구하고 있으며, 이러한 외국계 금융기관에 대한 법규들은 대만, 홍콩 및 마카오의 금융기관들에게도 동일하게 적용된다.[13]

중국의 외국 금융기관에 대한 진입규제를 은행업, 보험업, 그리고 증권업과 같이 업종별로 나누어 이를 설립 및 지분보유에 대한 외국측 자격요건 및 업무 범위와 그 제한 등을 기준으로 정리하면 상기 <표 3>과 같다. 업종별로 보다 자세히 살펴보면 다음과 같다.

---

12) WTO가입 후 중국의 외자금융기관에 대한 시장진입규제 개방현황에 대한 내용은 Global Alliance of SMEs : http://www.globalsmes.org/news/index.php?func=detail&detailid=212&catalog=21&lan=gb&search_keywords(검색일: 2015.10.28); 李京文·王軍生, 2002, pp.2-8 참고.

13) 일국양제(一國兩制)를 채택하고 있는 중국은 외국계 금융기관 관련 규제 중 <외자은행관리조례> 제72조, <외자보험사관리조례> 제39조, <외자증권사관리조례> 제27조 등에서 홍콩과 마카오특별행정구역, 대만의 금융기관에게도 해당 법률을 적용한다고 특별히 명시하고 있다. <외자은행관리조례> 원문은 "香港特別行政區、澳門特別行政區和台灣地區的金融機構在內地設立的銀行機構, 比照適用本條例."

표 3. 중국 현행 외자금융기관에 대한 진입규제

	은행	보험	증권
설립 자격	1. 독자, 합자 : 자본10억위안/주주는 상업은행 限, 직전년도 말 총자산 100억달러 이상. 2. 합자, 독자은행의 지점, 영업소 : 본사로부터 본점자본총액60% 넘지 않는 한도 내 운영자금 무상조달. 3. 지점 : 직전년도 말 총자산 200억 달러 이상.	1. 독자, 합자 : 자본2억위안/직전년도 말 총자산 50억 달러 이상. 30년 이상 영업경력, 대표처 설립 2년 이상 2. 지점 : 본사로부터 2억 위안 이상 무상조달.	업무범위에 따라 자본금 5000만 위안-5억위안/주요주주 자산 2억 위안 이상. 5년 이상 영업경력.
외자 지분 제한	1. 합자 : 제한없음 2. 국내회사지분인수 : 단일외자 20% 이내. 전체지분 중 25% 이내. (비상장은행에 한해 본 지분제한 적용)	1. 합자생명보험사 50%이내. 2. 국내회사지분참여 : 3년연속 영업이익, 직전년도 말 총자산 20억 달러 이상만 투자가능. 3. 합자손해보험사 주식보유제한 없음.	1. 합자 : 49%이내. 2. 국내회사지분인수 : 단일외자 20% 이내. 전체지분 중 외자 25% 이내.
업무 범위	독자, 합자 : 중국 상업은행업무범위와 거의 동일.	손해, 생명, 재보험, 대규모 상업적 위험의 보험	주식(위안화보통주식, 외자주 등) 및 채권의 인수와 중계, 외자주와 채권 위탁매매 및 자기매매 등. 합자증권사 중국내 업무 2년 이상시 업무범위 확대신청 가능.
업무 제한	위안화업무: 1년 이상 중국내 영업경력. 지점의 카드 업무 제한.	외자보험사의 손해보험과 생명보험 겸업 금지. 의무보험 제외.	A주식 직접거래 제한(QFII와 외국인전략투자자에 한해 직접거래 허용)

자료: <외자은행관리조례>, <외자보험회사관리조례>, <외자주식참여증권사설립규제>, <증권회사자회사설립시행규정>, <증권법> 등 관련 법규내용 중 ECFA와 FTA 양허안과 비교 가능한 내용 위주로 필자 정리.

(1) 은행업

먼저 은행업의 경우, 2006년 <외자은행관리조례> 제정 이후 8년 만인 2014년 7월과 11월 두 차례에 거쳐 개정안을 통과시켰고 올해 1월 1일부터 최근 개정안을 시행하고 있다. 두 차례 개정을 통해 기존의 외자은행에 대한 엄격한 시장진입요건과 위안화업무 신청에 대한 자격을 완화하였다. 외자은행 설립 시 요구하던 대표처 설립기간에 관한 규정이 모두 삭제되었고,[14] 위안화업무 신청에 대한 자격요건으로 기존의 대표처 설립 3년과 2년 연속 영업이익 발생에서 1년 이상 중국영업 경력만을 요건으로 하도록 개정하였다. 또한 합자은행 설립 시 외국자본의 지분비율에 대한 제한을 두고 있지 않아 자유로운 지분참여가 가능하다. 감독관리 부분에 있어서도 건전성 규제를 강화하고 불필요한 규제를 철폐했다. 업무범위에 있어서는 중국의 상업은행 업무범위와 크게 다르지 않아 외국계 금융기관은 국내은행과 거의 같은 업무를 수행할 수 있는 것으로 볼 수 있다.[15] 다만 위안화 업무를 수행하기 위해서 1년 이상의 중국내 영업경력과 은행감독원의 별도 심사를 거쳐야 한다. 또한 국외자본의 국내은행 지분참여는 25%로 그 상한선을 지정해 놓고 외국자본의 진출에 제약을 두고 있다(馮宗憲, 葉欣, 2004).

(2) 보험업

보험업은 2001년 <외자보험사관리조례> 제정 이후 2013년 5월 첫

---

14) <외자은행관리조례>에서 대표처 운영기간을 설립(또는 업무개시)요건으로 규정하고 있는 제10조2항, 제11조2항, 제12조3항, 제28조2항이 2014년도 개정에서 삭제됨.
15) 중국<상업은행법>제3조와 <외자은행관리조례>제29조 업무범위규정 참고.

번째 개정을 단행했다. 하지만 실질적인 개정내용은 없었기 때문에 결국 2001년 WTO 가입 시 만든 법률을 그대로 적용하고 있다고 볼 수 있다. 합자생명보험사의 경우 WTO 가입과 동시에 외국자본의 참여를 50%까지 인정하고, 외국계 손해보험회사에게는 WTO 가입과 동시에 그 지분비율을 51% 이하까지 허용하며, WTO 가입 후 2년 내에 독자기업 설립도 가능하게 하여 기업형태제한도 폐지하도록 하고 있다(이정표, 2012, pp.309-312). 이러한 내용은 이미 국내법에 적용되어 있으며, 업무범위는 인보험, 손해보험, 재보험으로 구분되어진다. 손해보험에는 재산손해보험·책임보험·신용보험·보증보험이, 그리고 인보험에는 생명보험·건강보험·상해보험 등이 해당된다고 규정하고 있다. 또한 외자보험회사의 인보험과 손해보험 간의 겸영금지 의무를 명시하고 있다.

(3) 증권업

중국의 금융시장 개방의 역사는 WTO 가입과 함께 시작되었다고 해도 과언이 아니다. 그러나 증권업종의 경우 다른 금융 업종과는 다른 발전과정을 형성하고 있다. 특히 증권시장 자체가 은행 및 보험 업종에 비해 늦은 90년대에 들어서야 형성되었으며, 발전과정에서 국유주 처리문제, 기관투자자의 역할 미흡 등 중국 특유의 경제 체제로 인한 여러 문제들을 안고 있어 은행업 및 보험업보다 더딘 개혁개방이 이루어졌다(唐建偉·萬宏偉, 2003; 陳崢嶸, 2004). 증권업 분야 개방의 전환점은 2012년 5월 개최됐던 제4차 '미중 전략 및 경제대화(US-China Strategic and Economic Dialogue)'였다. 이를 계기로 다른 금융업종보다 진입규제가 높았던 증권업 분야의 개방 확대가 가시화되었다. 미국과의 대화 이후 2012년 8월 1일 <외자주식참

여증권사설립규제>와 <증권회사설립자회사시행규정> 등을 개정하여 합자증권사의 외국인투자자 보유지분율 상향조정(1/3 → 49%)하고, 지분참여증권사의 업무범위 확대 신청을 위한 자격요건 중 영업기간 요건을 완화(5년 → 2년)하는 등의 조치가 이루어졌다.[16] 특히 합자증권사에서 외국인주주 지분을 49%까지 확보할 수 있게 한 것은 외국자본의 중국 증권업 진출확대를 가져왔다고 평가할 수 있다. 그러나 이러한 지분한도규정은 동시에 외국자본의 독자증권사 설립 및 지배주주가 되는 것을 제한하는 역할을 하고 있다. 그러므로 외국자본 증권사의 중국시장진출은 합자(중국 국내증권사 지분참여 포함)형식, QFII자격취득, 사무소설립으로 제한된다.

중국은 현재도 외국자본금융기관의 진입과 관련하여 해당 국내법 개정 등을 통해 점차적으로 시장개방 폭을 넓혀가고 있다. 이 같은 국내법 개정은 2013년 제18기 중앙위원회 제3차 회의에서 제시한 개혁개방 내용 중 하나인 금융 분야 개혁개방을 위한 조치이기도 하지만 중국이 맺은 금융관련 협정내용의 부분수용 결과이기도 하다.[17] 그 중 중국이 금융 분야에서 가장 많은 개방을 허용한 협정

---

16) 중국증권감독관리위원회령 제86호<關於修改<外資參股證券公司設立規則> 的決定>의 개정설명 참고.

17) 2013년 11월 9일부터 12일까지 진행된 본 회의에서 <중국공산당 중앙위원회의 전면적 개혁심화에 대한 몇 가지 중대문제의 결정(中共中央關於全面深化改革若幹重大問題的決定)>을 통과시켰다. 본 결정문은 2020년까지 중국의 6개 분야(경제, 정치, 사회, 생태문명, 국방과 군사)의 개혁개방에 대한 가이드라인을 담고 있다. 특히 경제분야 개혁개방 중에 금융시장체계 개선에 관한 내용을 담고 있으며, 그 주요 내용으로 금융업의 대외개방 확대와 위안화환율의 시장화, 주식, 채권시장 개혁, 보험제도개혁, 금융상품 개발 촉진 등의 내용을 담고 있어 금융분야에 대한 향후 중국의 발전전략을 알 수 있다.

으로 평가받고 있는 ECFA의 양허내용과 중국 국내법과의 관계를 살펴보겠다.

3.2 중국-대만 ECFA의 금융협정과 후속협상

중국과 대만은 ECFA협정 체결에 앞서 2009년 4월 26일 '양안금융협력협정(海峽兩岸金融合作協議)'을 기초로 같은 해 11월 16일 중국과 대만의 금융감독기관들이 각각 <양안은행업감독관리협력양해각서(海峽兩岸銀行業監督管理合作諒解備忘錄)>, <양안보험업감독관리협력양해각서(海峽兩岸保險業監督管理合作諒解備忘錄)>, <양안증권선물감독관리협력양해각서(海峽兩岸證券期貨業監督管理合作諒解備忘錄)>를 체결하였다. 이 같은 금융분야에 관한 협정 및 MOU의 체결은 양안금융기관의 진입장벽 완화와 감독기관들 간의 공조 확대를 위한 기초 작업이었다고 평가할 수 있다. 그 후 2010년 6월 29일 ECFA협정이 체결되었고, 양측은 좀 더 구체화된 양허안에 합의했다.[18] 협정문은 총 5장으로 구성되어 있고, 그 중 제4장 조기수확 부문의 제8조에 서비스무역에 관한 포괄적 내용을 담고 있다. 또한 협정문은 5개의 부속서를 포함하고 있는데, 그 중 부속서 4에서 상기 조기수확프로그램에 포함시킬 금융서비스를 포함한 서비스무역의 구체적인 종류와 각각의 양허내용을 기술하고 있다. 그

---

18) ECFA 정식체결 후, 2012년 8월 31일 양안 화폐관리감독기관간의 <양안화폐결제협력양해각서(海峽兩岸貨幣清算合作備忘錄)>를 체결함으로써 양안 간의 화폐 결제시스템의 협력을 촉진하는 계기를 마련했다(伊志峰외, 2013, pp.15-21).

뒤 몇 차례 후속협상을 진행하였고, 그 중 2013년 6월 21일 '양안서비스무역협정(海峽兩岸服務貿易協議, 이하 '후속협정')을 체결하여 기존 ECFA 조기수확 리스트에 포함시킨 서비스무역 분야에 대한 추가 양허안을 발표하였다.[19]

(1) ECFA와 후속협정에서 중국의 구체적 양허내용[20]

ECFA와 후속협정 전체적인 양허내용을 살펴보았을 때(<표 4> 참조), 전자에서는 시장진입자격 요건 완화를, 후자는 합자회사 설립 시 대만 금융회사의 지분보유율 확대와 기타 금융회사의 설립 허용이 주를 이루고 있다(김형환, 2010). 특히 '금융개혁시범지구'(이하 '개혁시범지구')내 합자금융기관 설립에 기존에 없던 혜택을 부여하고 해당 시범지구를 확대함으로써 적극적으로 대만 금융자본의 유입을 허용하고 있다.[21] 이를 업종별로 구분하여 보다 구체적으로 살펴보면 다음과 같다.

---

19) 양안경제협력협상 일정 및 내용에 관한 상세는 中共中央台灣工作辦公室 http://www.gwytb.gov.cn/(검색일: 2015.10.5) 참조.

20) <표 4>와 이와 관련한 본문 내용은 2010년 ECFA 와 2013년 양안서비스무역 협정 당시의 협정문 내용을 담고 있으므로 현행 중국 국내법 내용과 다른 부분이 있을 수 있으며 현행법과 관련한 내용은 3.1 참조.

21) 중국은 2012년 저장성, 광동성, 푸젠성에 위치한 3개 지역을 금융종합개혁시 범구로 지정하고 해당지역에 각종 금융정책을 선행적으로 시험하여 민간경 제를 활성화하고, 대외개방을 확대하고 이후 전국적으로 확대하는 "금융개 혁선행선시(金融改革先行先試)" 정책을 펼치고 있다. 그중 푸젠성은 대만, 홍콩, 마카오의 화교자본과 금융협력 강화를 위한 시험구 중 하나로 ECFA를 통한 대만자본 유입을 위한 시험통로 역할을 하고 있다(鄭淸賢, 2010, p.16; 노수연, 김홍원, 2013).

표 4. ECFA와 후속협정의 중국측 금융분야 양허안

금융업종	양허내용
은행	1. 독자 및 지점의 설립신청 시, 중국내 대표사무소 설립 1년 이상일 것. 2. 위안화업무신청: 중국내 2년 이상 사업운영, 1년 이상 영업이익 발생. 3. 중국내 대만기업 대상 위안화업무 신청 시, 중국내 1년 이상 사업운영, 1년 이상 영업이익 발생. 4. 중국 관련 법규에 따라 중소기업에 대한 금융서비스 개시 가능. 5. 대만 은행의 중국 중서부와 동북부 일부분 지역에 지점설립을 위한 간편절차(綠色通道) 마련. 6. 대만 은행의 진입요건 심사는 중국내 모든 지점 이익합산. 후속협정: 1. 중국 상업은행의 고객자산관리 업무 시, 대만금융상품 투자 허용. 2. 농촌소도시은행(村鎭銀行)설립 허용. 3. 푸젠성에 이미 은행법인 또는 지점 설립 시, 다른 지역 영업사무소 설립 허용. 4. 해당규정에 부합하는 양안 은행간의 주식합작투자를 지원. 5. 위안화업무 대상 확대(대만투자자로 볼 수 있는 제3국 투자자 포함)
보험	대만 보험회사간의 기업재편(整合) 또는 합병을 통한 그룹사를 결성하여 중국 시장진입 허용, 시장진입요건은 외자보험회사 규정과 相同(직전 말 총자산 50억달러 이상, WTO회원국 내 30년 이상 영업경력, 중국내 대표사무소 설립 2년 이상). 후속협정: 교통사고책임강제보험업 진출 적극지원.
증권	1. 대만자본금융기관의 중국내 적격외국인기관투자자(QFII) 자격 규제 완화. 2. 대만의 증권거래소, 선물거래소를 중국의 적격국내기관투자자(QDII)가 투자하는 파생상품 거래소 리스트에 포함. 3. 증권업무종사자의 중국내 자격취득 절차 간소화. 후속협정: 1. 내만남눙기관의 RQFII방식 투자허용. 2. QFII자격 취득요건 완화. 3. 펀드관리합자회사설립 시, 50% 이상 지분참여 가능. 4. 상해시, 복건성, 심천시에 각각 하나씩 양안합자증권회사를 신설. 이

때 대만 측 지분비율 최대 51%까지 허용.
5. 지분참여자격을 가진 대만금융기관이 개혁시범지구 양안합자증권회사를 신설하고, 이때 중국 측 파트너를 증권회사로 한정하지 않으며, 대만 측 지분율은 49%를 초과하지 않는다. 이 때 중국 측 단일주주의 49% 지분소유 의무 해제.
6. 지분참여증권사의 외국주주자격을 갖춘 대만증권사와 중국의 자회사설립 조건을 갖춘 증권사의 합자투자자문회사 설립을 허용. 이는 중국 측 증권회사의 증권투자자문업무전문자회사로 정하고 대만 측 지분은 49%까지 허용.
7. 개혁시범지구내 합자투자자문회사의 대만 측 지분 50%까지 허용.
8. 자격을 갖춘 대만선물중계회사는 중국법률에 따라 합자선물회사설립 가능, 49% 지분참여 허용.

자료: ECFA협정문 부속서4 "서비스무역 조기수확 부분 및 개방조치(服務貿易早期收獲部門及開放措施)" 중 금융분야 내용과 양안서비스무역협정 부속서1 금융분야 양허안내용을 토대로 필자 정리.

첫째, 은행업의 경우에는 독자은행은 대표처 설립기간 1년 이상과 전년 말 기준 총자산 60억달러 이상을 자격요건으로 부여하고 있으며, 합자의 경우, 직전 말 총자산 60억 달러 이상으로 규정하고 있다. 지점은 대표처 설립 1년 이상과 직전년도 말 총자산 60억 달러, 위안화업무 신청 시에는 국내영업경력 2년 이상과 신청 전 1년 이상 흑자경영, 그리고 부분지역 지점 설립을 위한 절차 간편화 등으로 상술한 일반 외자 은행보다 시장진입자격 요건을 완화했다.[22] 또한 후속협정을 통해 양국 상호 금융상품 투자 제약을 완화하고 위안화업무범위를 확대하였다.

-----

22) ECFA체결시기는 2010년으로 당시 <외자은행관리조례>와 <외자은행행정허가사항실시방법> 등 관련 법규에 따르면 위안화업무 신청시 국내영업 3년, 2년 연속 흑자경영 이라는 자격요건을 규정하고 있었다. 현재 개정을 거쳐 중국내 1년 이상 영업경력만 있으면 업무신청이 가능하다.

둘째, 보험업의 경우 ECFA에서는 기존의 외자보험사들에 대한 규정에서 크게 벗어나지 않았다. 다만 법정 자격을 갖추면 기업집단형태로 중국시장에 진출하는 것을 허용함으로써 기존의 높은 진입자격을 충족시키는데 있어 편의를 제공했다고 볼 수 있다. 후속협정에서 교통사고책임보험업의 설립을 장려한다는 내용이 나오는데 구체적인 장려안은 제시되지 않았다. 그러나 이 내용은 기존 자동차에 대한 각종 책임보험업이 외국 보험회사에 허용되지 않은 상태였으나, 2012년 5월 <자동차 교통사고 책임강제보험조례(機動車交通事故責任強制保險條例)>가 개정되면서 외국계보험사도 자동차 관련 손해보험영업으로의 진출을 허용하기 시작하였다. 결국 중국 국내법 개정에 따라 외국 보험회사의 진입이 허용되었고 이러한 내용이 협상안에 포함된 것으로 볼 수 있다.

마지막으로 증권업과 관련하여서는 ECFA와 후속협정을 통해 중국이 대만자본을 적극적으로 수용하겠다는 내용을 명시하고 있다. 그 중 주목할 만한 협상성과는 후속협정에서 진행된 합자회사 내 대만측 지분율 확대 부분이다. 특히 개혁시범지구 내 합자설립의 경우 지분율 확대에 있어서 상당한 특혜를 제공하고 있다. 기존에 증권회사 외자지분 비율을 49%까지만 허용하여 중국자본의 경영권 방어역할을 해 주었던 반면에 후속협정에서 이를 50% 이상으로 허용함으로써 대만자본이 중국자본과의 경영권 경쟁을 가능하게 만들었다.

① ECFA 금융협정에 대한 평가

앞서 언급한 바와 같이 중국의 외자금융기관에 대한 이원적 규제로 대만도 홍콩, 마카오와 함께 외자금융기관 관련 법규의 적용을 받는다고 명시되어 있다.[23] 하지만 중국은 홍콩·마카오와의

CEPA(Closer Economic Partnership Arrangement) 및 대만과의 ECFA를 통해 이 국가들에게 WTO협정 이상의 개방을 약속하였고, 이러한 협상결과들이 중국 국내법에 그대로 적용되어 현재 국내법적으로도 특혜조항을 적용받고 있다.[24] 즉, 홍콩, 마카오, 대만자본 금융기관들은 양자협상을 통해 지속적으로 중국시장 진입문턱을 낮추고 국내법적으로도 이미 상당부분 완화되어 있어 시장선점 효과를 누릴 수 있게 되었다.[25] 또한 대만의 증권거래소와 선물거래소를 중국의 QDII가 투자하는 파생상품 거래소 리스트에 포함시킨 것은 중국자본의 대만투자 활성화를 촉진하는 계기가 될 것이다.[26]

이와 함께 주목할 만한 부분은 개혁시범지구에서의 금융개방시험과 국내법 개정과의 관계이다. 중국은 현재 홍콩, 마카오, 대만과의

---

23) <외자은행관례조례>제72조, <외자보험회사관리조례>제39조등 대부분 외자 금융기관 관련 법규에 홍콩·마카오특별행정구와 대만지역의 금융기관들에게도 동일하게 적용한다고 명시하고 있다.

24) 그 예로<中國銀監會外資銀行行政許可事項實施辦法> 제11, 12, 31, 106조 참조. ECFA양허안과 WTO양허간의 비교분석에 관해서는 石靜霞, 2012; 譚曙光, 2011, pp.6-9; 李本, 2012, pp.94-97 참고. 또한 CEPA와 ECFA는 지속적인 보충협의를 통해 금융분야에서 비슷한 양허안을 도출해 내기도 했다. 그 예로 2013년 8월 CEPA 제10차 보충협의의 증권업개방 내용과 2013년 06월 ECFA의 보충협의인 '양안서비스무역협정'의 중국측 증권업개방내용이 상당부분 비슷한 것을 확인할 수 있다.

25) 陳秋榮, 2011, pp.34-36.

26) QFII가 중국 외환관리 당국으로부터 중국시장에 투자할 권리를 부여받은 외국인 기관투자자라면 QDII(적격국내기관투자자; Qualified Domestic Institutional Investor)는 이와 반대로 당국으로부터 해외에 투자할 수 있는 권리를 부여받은 국내 기관 투자자를 뜻한다. 중국 당국의 이러한 국내외 외환 유출입 통제는 투기자본이 자국 내 경제를 교란하는 것을 막기 위한 조치로 볼 수 있다(한광수, 2010, pp.141-150).

협상내용 중 일부를 개혁시범지구에서 운영하고 있으며, 향후 개혁시범지구의 확대와 더불어 금융개방과 관련한 소위 '파일럿 테스트(pilot-tests)'한 사안들이 국내법화될 수 있다. 예를 들면 개혁시범지구에서 대만－중국 합자증권사 설립 시 대만측 지분보유율을 51%까지 높여준다는 ECFA 추가협정의 양허 내용에 대해 증권감독위원회가 향후 이 내용을 모든 외자기업에게까지 확대하는 것을 고려하고 있다는 점 등에서 국내법화의 가능성을 짐작해 볼 수 있다.[27) 개혁시범지구의 개방내용이 국내법개정으로 이어진다면 해당 개방내용은 분명 양자협상에서 중요한 의미를 가진다고 볼 수 있다.[28)

3.3 한－중 FTA 중국측 양허안의 내용과 그 한계

현재 가서명된 한－중 FTA 협정문 양허표를 살펴보면 크게 수평적 양허와 구체적 약속으로 구분할 수 있다. 수평적 양허에는 서비스협정 전반에 걸쳐 일반적으로 허용되는 부분으로 외국기업의 투자형태와 투자비율 및 토지사용기한을 정하고 있으며, 동 협정에서는 영업범위나 소유권 및 경영활동에 대해 중국이 WTO가입 시에 제출한 양허안보다 더 제한하지 않겠다는 약속을 하고 있다. 보다

---

27) 中國證券網 : http://news.cnstock.com/news/sns_bwkx/201503/3376538.htm(검색일: 2015.10.17) 그러나 이에 대해 은행감독원이 2015년 3월 27일 발표한 공식입장은 당장은 외자지분율을 높이지 않을 것이나 향후 가능성을 시사하고 있다. 해당 보도자료 中商情報網 :
http://www.askci.com/news/finance/2015/03/27/173024ap4h.shtml(검색일: 2010.10.17) 참조.
28) 상술한 내용 중 외자증권사의 외자 지분율이 49%까지 확대된 것도 "미중 전략 및 경제대화" 내용이 국내법으로 수용된 결과이다.

구체적인 금융서비스 분야의 양허 내용은 아래 <표 5>와 같이 정리
할 수 있다.

표 5. 한-중 FTA 금융분야 양허안

금융업종	양허내용
은행	1. 설립자격요건-자산규모: 독자-전년 말 총자산 100억달러 초과. 지점-전년 말 총자산 200억 달러 초과. 합자-전년 말 총자산 100억 달러 초과. 2. 업무범위: <외자은행관리조례> 업무범위와 相同. 3. 위안화업무: 중국내 3년 이상 사업운영, 2년 연속 영업이익 발생한 기관限. 1회 인가로 중국전역 위안화업무 가능.
보험	1. 외자보험회사 시장진입요건 적용(직전 년도 말 총자산 50억달러 이상, 30년 이상 영업경력, 중국내 대표사무소 설립 2년 이상) 2. 50% 지분참여 합자생명보험사 설립 허용. 3. 의무보험을 제외한 모든 보험 및 보험관련 서비스 허용. 4. 부분 보험업 완전 외국인소유 자회사 허용 5. 합자 및 완전 소유 자회사 설립 시 지점설립 허용.
증권	1. B주식 직접투자 가능 2. 중국적격기관투자자(QDII)에 대한 계좌거래, 자문, 포트폴리오 관리, 해외자산 보관업무 제공가능. 3. 최대 49% 지분참여가 가능한 합자회사(A주식인수, B주식, H주식, 국채, 회사채 인수와 거래, 펀드영업수행)설립 허용.

자료: 한-중 FTA 협정문 제8장 부속서 8-가-1 금융 분야 양허안 내용을 토대로 필자
정리.

(1) 한-중 FTA에서 중국의 구체적 양허내용

먼저 은행업종을 살펴보면, 중국의 시장진입 자격요건인 자산규
모와 관련해서 현행 국내법의 내용과 같은 수준에서 규제를 적용받
기로 하였다. 업무범위와 그 중 위안화업무 개시를 위한 자격요건

역시 국내법과 같은 규제를 적용받는다. 그러나 위안화 업무를 위한 자격요건에 대한 양허안 내용을 보면 "신청 전에 중국에서 3년 동안 사업운영을 하며 2년 연속 수익이 있을 것…"이라는 2014년 11월 개정 이전의 <외자은행관리조례> 내용을 그대로 답습하고 있는 것을 확인할 수 있다. 중국은 2014년 11월 해당 조례의 개정을 통해 중국 내 1년 이상 영업경력만을 조건으로 하고 수익유무 조건은 삭제하였다. 2015년 2월 FTA 협정문이 가서명 되었는데 이 같은 개정내용이 반영되지 않은 것이다. 한-중 FTA 마지막 협상이었던 제 14차 협상은 2014년 11월 6일, 그리고 동월 10일 협상 타결을 선언하였음에도 같은 달에 개정된 중국 국내법 내용이 반영되지 못하여 양자 간 특혜 협정인 FTA의 양허 내용이 국내법보다 못한 수준으로 타결되었다는 사실에 주목할 필요가 있다.[29]

둘째, 보험업의 경우에도 기존 국내법에서 크게 벗어나지 않은 내용을 담고 있다. 설립형태와 사업범위, 설립자격요건 등 상기 <표 5>의 1에서 5까지의 보험업 양허안 내용은 WTO양허안과 국내법규 내용과 비슷한 수준이며, 중국이 2008년 싱가포르 및 뉴질랜드와 체결 FTA에서 보험과 관련된 구체적 내용과도 상당 부분 일치한다.[30] 이를 보다 구체적으로 살펴보면, 모든 보험 및 이와 관련된 서비스(생명·건강 및 공적/사적 연금보험, 손해보험, 재보험, 보험 부수서비스)를 포함하되, 시장접근 및 제한과 관련하여 재보험·국제해상운송·항공운송 및 운송보험과 재보험의 중개, 대형 상업 보험의 중개, 국

---

29) 한-중 FTA 협상일지와 관련해서는 산업통상자원부: '한-중 FTA 개요' http://www.fta.go.kr/cn/info/2/(검색일: 2015.9.23) 참조.

30) 이정표(2012), p312

제해운·항공·운송보험의 중개 및 이와 관련한 재보험의 중개를 허용하고, 해외소비와 관련한 보험중개는 양허를 하지 않는 것으로 규정하였다. 시장접근 제한으로는 이외에도 생명보험회사는 기업형태에 대한 제한을 두지 않으나 합자생명보험사 경우 외자지분비율을 50%로 제한했다. 이러한 내용들은 상술한 <외자보험사관리조례>의 내용과 거의 일치한다.

셋째, 증권업은 상술한 바와 같이 현재 중국 국내에서 가장 많은 개혁개방 논의가 있는 분야 중 하나이다. 그러나 한국의 전체적인 협상 내용은 상술한 현행 중국 국내법과 비슷한 수준의 양허수준임을 알 수 있다. Mode 1, 즉 국경 간 공급과 관련하여 B주식 시장에 직접 투자가 가능하며 적법한 한국 서비스제공자가 QDII에게 계좌거래나 증권거래자문 및 포트폴리오 관리, 해외자산 보관서비스 등을 제공할 수 있다는 내용을 포함하고 있다. 상업적 주재(Mode 3)와 관련하여서도 한국 기업이 합자증권펀드투자관리회사의 49%까지 지분참여가 가능하고, 합자증권회사의 업무범위를 점진적으로 확대한다는 등의 주요 양허내용은 중국 국내법과 유사한 수준이라고 할 수 있다.[31]

① ECFA와의 비교 및 한-중 FTA 금융협정에 대한 평가

한중 FTA 협상이 타결되고 난 후, 중국 FTA 최초로 금융서비스 챕터를 별도로 구성했다는 사실과 막연하지만 당연하듯이 한국의 금융 서비스 수준과 개방정도가 더 높다는 인식으로 해당 분야에서

---

31) <證券投資基金管理公司管理辦法>제10조에서 중외합자회사의 외자지분비율은 증권업 대외개방 양허내용을 초과할 수 없음을 규정하고 있다. 결국 합자증권투자펀드회사도 49% 제한률이 적용된다.

한국이 얻어낼 수 있는 혜택이 많을 것으로 기대를 모았던 것이 사실이다. 그러나 실제 협정문 내용은 상술한 바와 같이 현재 중국 국내법상 명기된 양허수준에서 많이 벗어나지 못한 것을 알 수 있다.

몇 가지 문제점과 이와 관련한 협상에 있어 의문점은 다음과 같다. 우선 위안화 업무개시 관련 문제는 해당 문제에 대한 중국 국내법 개정 동향을 인지하고 있었다면 협상 당시 현행 국내법보다 낮은 수준의 양허안을 포함한 협정으로 타결하지 않았을 것으로 판단된다. 협상타결 시점을 기준으로 우리나라와 같은 달(2014.11.17), 단지 일주일 늦게 중국과 FTA 협상 타결을 선언한 호주와의 FTA 협정문에서는 중국 국내법 개정안의 내용을 담고 있다.[32] 중국이 두 개의 개별 국가인 한국 및 호주와 FTA를 체결함에 있어 금융 분야에서 국가별 상황 등을 고려한 협정문 및 내용에 차이가 존재할 수 있다는 점은 이해할 수 있는 부분이다. 그러나 단순히 중국 국내법에 근거하여 중국이 호주에게 양허를 해주었다는 점과 한국의 협정 내용은 개정 이전의 법규를 포함하고 있다는 점에서 이는 협상 자체의 문제 또는 협상 전 사전 조사단계에서의 문제 등을 원인으로 지목할 수 있겠다.

비슷한 맥락으로 2014년 중국 국무원이 발표한 <국무원의 자본시장의 건전한 발전촉진에 관한 몇 가지 의견(國務院關於進一步促進資本市場健康發展的若干意見)>의 내용을 보면 금융시장의 대외개방을 촉진한다는 내용이 담겨있으며 특히 상품선물시장의 개발과

---

32) 중국-호주 FTA협정문 원문 "從事本幣業務的澳大利亞金融機構的資格如下 : -申請前在中國營業1年."; 중국-한국 FTA 해당 협정문 원문 "在中國營業3年, 且在申請前連續2年盈利". 中國自由貿易區服務網: http://fta.mofcom.gov.cn (검색일: 2015.10.27); 김은화, 2014, pp.5-6 참조.

증권선물서비스업의 경쟁력 제고에 관한 내용을 담고 있다. 이에 따라 같은 해 증권감독위원회에서 <선물회사감독관리방법(期貨公司監督管理辦法)>을 공표하였고 외국자본의 선물회사에게 지분참여를 개방하는 방안을 포함하고 있다.[33] 하지만 이번 한 - 중 FTA 협정문에서는 선물회사와 관련하여서는 아무런 합의도 이루어지지 않았다. 협상 과정에서 이해관계의 충돌 등 다양한 변수가 발생할 수도 있으나 개혁개방 단계에 있으며 잠재력이 큰 중국 금융시장에서 선점효과를 누리기 위해서는 고려해 볼 만한 이슈임에는 틀림없다. 물론 한국과 중국 양측은 협정 발효 후 2년 이내에 금융 분야를 포함한 서비스 시장 개방을 위한 네거티브 방식 후속협상 조항을 포함시키고 있으나 현재 시점에서 정식 발효 전까지 국회 비준이라는 내부절차만이 남아 있음에 양국이 추가적인 협상에 합의하지 않는 이상 협정문의 내용 변경은 불가한 상황이다.[34]

금융 분야에 있어 한 - 중 FTA를 ECFA의 협정문과 비교했을 때 한국이 중국 금융서비스 분야에서 대만에 비해 특혜를 얻었다고 할 수 있는 부분은 찾아보기 어렵다. 은행, 보험, 증권업의 양허내용을 살펴보면 대부분이 기존의 WTO 수준 내지 현행 국내 외자금융기관

---

33) 중국증권감독원의 언론보도자료 참조. 國證券監督管理委員會 :
http://www.csrc.gov.cn/pub/newsite/zjhxwfb/xwdd/201410/t20141031_262764.html
(검색일: 2010.10.17)

34) 지만수(2014)에서도 "이처럼 상대방의 제도적 환경이 빠르게 변하는 상황에서는 특정시점의 개방수준을 기준으로 진행된 FTA 협상의 성과는 쉽게 진부(陳腐)해 질 수도 있다. 통상적으로 FTA 협상, 타결, 비준, 발효에 이르기까지는 2-3년의 시간이 소요되는데, 그 사이에 중국이 자체적으로 해당분야를 개방하면 사실상 FTA를 통해서 우리가 누리는 특혜적인 대우는 사라지는 셈이 된다."라고 지적하고 있다.

표 6. ECFA와 후속협정 및 한‑중FTA 금융분야 중국측 양허안 비교*

		ECFA와 후속협정	한‑중 FTA
은행	설립 요건	국내법相同	국내법相同
	업무 범위	국내법相同	국내법相同
	위안화 업무	중국내 2년 이상 사업운영, 1년 연속 영업이익 발생한 기관限. 중국내 대만기업대상 위안화업무개시 가능.	중국내 3년 이상 사업운영, 2년 연속 영업이익 발생한 은행限. 1회 인가로 중국전역 위안화업무 가능.
	양자간 혜택	a. 중국 상업은행의 고객자산관리 업무 시, 대만금융상품 투자 허용. b. 농촌소도시은행(村鎭銀行)설립 허용. c. 푸젠성에 이미 은행법인 또는 지점 설립 시, 다른 지역 영업사무소 설립 허용. d. 해당규정에 부합하는 양안 은행간의 주식합작투자를 지원. e. 위안화업무 대상 확대(대만투자자로 볼 수 있는 제3국 투자자 포함) f. 대만 은행의 중국 중서부와 동북부 일부분 지역에 지점설립을 위한 간편절차(綠色通道) 마련. g. 중국 관련 법규에 따라 중소기업에 대한 금융서비스 개시 가능.	
보험	진입 요건	국내법 相同(직전 말 총자산 50억 달러 이상, WTO회원국 내 30년 이상 영업경력, 중국내 대표사무소 설립 2년 이상).	a. 국내법相同 b. 의무보험을 제외한 모든 보험 및 보험관련 서비스 허용. c. 부분 보험업 완전 외국인소유 자회사 허용 d. 합자 및 완전 소유 자회사 설립 시 지점설립 허용.

	양자간 혜택	a. 대만 보험회사간의 기업재편(整合) 또는 합병을 통한 그룹사를 결성하여 중국 시장진입 허용. b. 교통사고책임강제보험업 진출 적극지원	
증권	진입 요건		a. B주식 직접투자 가능 b. 중국적격기관투자자(QDII)에 대한 계좌거래, 자문, 포트폴리오 관리, 해외자산 보관업무 제공가능. c. 최대 49% 지분참여가 가능한 합자회사(A주식인수, B주식, H주식, 국채, 회사채 인수와 거래, 펀드영업수행)설립 허용.
	양자간 혜택	a. 대만자본금융기관의 중국내 적격외국인기관투자자(QFII) 자격 규제 완화. b. 대만의 증권거래소, 선물거래소를 중국의 적격국내기관투자자(QDII)가 투자하는 파생상품 거래소 리스트에 포함. c. 증권업무종사자의 중국내 자격취득 절차 간소화. d. 대만금융기관의 RQFII방식 투자허용. e. QFII자격 취득요건 완화. f. 펀드관리합자회사설립 시, 50% 이상 지분참여 가능. g. 상해시, 복건성, 심천시에 각각 하나씩 양안합자증권회사를 신설. 이때 대만측 지분비율 최대 51%까지 허용.	

* 각 협정 체결 당시의 협정문을 토대로 작성한 표이므로 현행 국내법과 다른 내용이 있을 수 있음.
** 본 표의 '양자간 혜택' 외의 부분은 관련된 중국 현행 국내법의 내용과 거의 유사하며, 기타 협상안의 구체적 내용 중 국내법과 동일한 내용 일부는 생략.
자료: 2010년 ECFA협정문 부속서4와 2013년 ECFA 후속협정문 부속서1 및 한-중 FTA 협정문 제8장 부속서 8-가-1 中 금융 분야 양허안 내용을 토대로 필사 정리.

관련 법규의 내용을 그대로 답습하고 있는 것들이 대부분이다. 상기 <표 6>의 ECFA와 한-중FTA의 중국측 양허안의 비교를 보면, 양자협상을 통해 도출한 협상 당사국 간의 배타적 혜택을 나타내는 '양자간 혜택'부분에서 한-중 FTA에서는 ECFA와 그 추가협정의 혜택과 같은 국내법을 초월한 혜택이 거의 전무한 것을 알 수 있다. 또한 한-중 FTA 협상내용 대부분은 <표 3>에서 분석한 국내법과 유사한 수준이며, 그 중 은행의 위안화 업무 개시와 관련한 요건은 상술한 개정 전 국내법을 따르고 있다는 문제점과 함께 2010년 ECFA의 양허수준에도 미치지 못하고 있다는 점을 알 수 있다. 현재 관련된 국내법 개정으로 인해 대만과 한국 모두 1년 이상의 중국내 영업경력요건을 만족하면 되지만 해당 개정법마저 우리 협상문에 포함하고 있지 않는다는 사실은 이미 상술하였다. 한-중 FTA협상이 국내법을 크게 벗어나지 못한 점은 정부부처 합동 '한-중 FTA 상세설명자료' 및 산업통상자원부 관할의 'FTA 강국, KOREA' 포털에서도 금융 분야의 협상성과를 (1) 별도 챕터 구성, (2) 금융 투명성 제고 규정 포함, 그리고 (3) 금융 서비스 위원회 설치라고 설명하는 부분에서도 알 수 있다.[35] ECFA의 경우 가장 눈에 띄는 수확은 각종 시장진입자격요건 완화와 합자기업 설립 시 대만자본의 지분참여 비율을 기존의 외자기업들보다 높여서 실질적인 시장진입의 경제적 실익을 달성했다는 점이다. 물론 여기에는 중국과 대만 간의 민감한 정치적 이유도 작용했다고 볼 수 있다. 그러나 최혜국대우의 예외라는 FTA 양자 협상의 본질에 비추어 보았을 때 ECFA

---

35) 이와 관련하여서는 관계부처합동(2015.3) 및 산업통상자원부, '한-중 FTA Q&A' http://www.fta.go.kr/cn/qna/1/(검색일: 2015.10.3) 참조.

의 금융협상은 한-중 FTA보다 분명 괄목할 만한 성과를 이룬 것
으로 평가할 수 있다.

4 결론 및 시사점

본 연구는 한-중 FTA 금융 분야의 협상결과의 성과와 한계를 분
석하고자 한-중 FTA의 금융협정을 중국 국내법 및 양안 간 ECFA
금융협정과 비교·분석하였다. 이를 통해 본 연구는 다음과 같은 결
론을 도출할 수 있다. 첫째, 금융 분야의 업종별(보험·은행·증권)
양허안을 살펴보았을 때 기존 중국의 WTO/DDA 양허안과 현행 중
국 국내법상 규제내용보다 한국이 양자 간 협정을 통해 보다 차별적
인 혜택을 받은 양허내용은 거의 전무하다. 이는 FTA 협상타결에도
불구하고 금융업에 있어서는 중국의 이중적 규제로 인한 비관세장
벽이 한국측에 여전히 존재함을 의미한다. 둘째, 대만의 ECFA 금융
협정과 한-중 FTA에서 금융 협정을 비교해 보았을 때, ECFA는 시
장진입자격요건의 완화뿐만 아니라 합자회사의 대만측 보유지분율
을 높임으로써 대만측이 지배주주가 될 수 있는 틀을 만들어주었다.
반면 한-중 FTA에서는 한국의 합자회사는 중국자본의 지배하에
제한적 경영활동을 할 수 밖에 없는, 다시 말해 협상 전 상황과 다를
바 없는 한계를 가진 협상 결과라고 평가할 수 있다. 오히려 한국의
FTA 협상 타결 선언과 시기적으로 맞물려 중국의 국내법 개정 내용
조차 포함시기지 못한 조항도 포함되어 있다.

이러한 협상 결과를 도출한 데에는 다양한 원인들이 있을 것이다.
특히 양안 간의 ECFA는 양국의 정치적 특수 관계 등으로 인해 다른

국가들보다 더 높은 수준의 양허를 제공했다고 볼 수도 있다. 또한 한국과 중국 간의 정치적 관계와 민감 품목(예: 농수산물 등) 등을 고려할 때 협상 과정에 있어 협상 결과에 영향을 미칠 다양한 변수들이 존재할 수도 있을 것으로 판단된다. 그러나 본 연구를 통해 주목할 만한 또 다른 원인은 한-중 FTA 협상 개시 이전부터 중국의 금융시장에 대해 잘못된 선입관과 정보가 형성되었을 수도 있다는 것이다. 본 연구의 분석에 따르면 한-중 FTA 협상 이전을 기준으로 봤을 때 중국의 서비스, 특히 금융 서비스 분야의 개방 정도는 한국에 비해 낮은 수준이 아니었다는 것이다. 중국이 DDA 협상에서 제출한 양허안이나 개별적인 PTA에서의 양허수준은 은행 및 기타 금융 서비스 분야에서는 오히려 한국보다 높은 수준이었다. 또한 중국은 기 체결한 FTA에서도 일부 문구 등에서 애매한 부분(ambiguities)을 포함하고는 있으나 GATS의 조항들과 일관성을 유지하고 있다 (Tao, 2014). 이러한 분석 내용을 종합해 본다면 한국은 실질적으로 중국과의 FTA 협상을 통해 금융 분야에서 차별적인 혜택을 얻어내었다고 보기 어려우며, 오히려 한국보다 개방 정도가 더 높았던 중국과의 협상이었기에 중국의 개방정도까지 도달하는 것이 협상의 목표가 될 수밖에 없었다고 판단할 수도 있겠다.

상술한 FTA평가 내용에서 언급한 현행 중국 국내법과 협상 결과의 차이에서 볼 수 있듯이 현재 지속적인 시장개방을 추진하고 있는 중국은 2014년과 2015년 연속적으로 외자금융기관 관련 법규를 개정하고 개혁시범지구를 통한 개방조치를 단행하고 있다. 아직 정식 발효 전인 FTA협정 내용이 이러한 중국의 국내 상황에 맞물려 자칫하면 협상내용이 국내법 수준에도 미치지 못하는 사태가 나타날 수 있다. 또한 이번 협상은 전체적으로 평가해 봤을 때 중국이 WTO 가입 시 제출한 양허안의 일반적 이행수준에 머물거나 국내법수준의 개방이 대부분이라 금융 분야의 협상타결 효과가 예상보다는 낮을 것으로 보인다.

현재 시점에서 정식 서명과 국회 비준이 끝난 상황에서 더 높은 수준의 협상 결과를 도출할 수 있는 방법은 추가 협상에 합의하거나, 금융 분야만을 상정했을 때 협정문에 포함된 네거티브 후속협상 조항뿐이다. 일반적으로 최근의 국제 협상이 win-win의 차원에서 이루어진다고 하지만, WTO의 기본 원칙인 최혜국대우 조항의 예외를 인정받는 FTA 협상에서는 각국이 보다 차별적인 혜택을 얻어내기 위해 노력한다는 점은 자명한 사실이다. 협정문은 시장접근에 대해서 GATS 제16조 제1항의 내국민대우 조항을 원용하고 있지만 내/외국금융기관들의 시장접근에 대해 이원적 규제를 가하고 있는 중국의 현실을 감안해 볼 때 향후 추가 또는 후속 협상에 대비하여 이원적 규제의 일원화를 위한 실질적 협상안 마련이 필요하다. FTA 협상에서 대부분의 초점이 시장접근에 맞추어져 있다면, 중국과의 FTA 후속 협상에서 금융서비스와 관련하여서는 규제 정책 등에 중점을 두어 협상 전략을 수립하는 것이 보다 효과적일 수 있다는 의미이다. 이와 더불어 중국의 금융시장이 지속적으로 개방되어 가고 있는 추세임을 고려하여 향후 협상 시점을 중국 서비스 수준의 판단 근거로 삼아서는 우리에게 유리한 협상 결과를 도출해 낼 수 없다는 점도 이 글이 제시하는 시사점이라 할 수 있다.

서비스 협상과 관련하여 중국은 한중 FTA를 통해 중국 엔터테인먼트 서비스를 제외하고는 기존 DDA나 양자 FTA를 통해 이미 개방한 분야 이외에 추가적인 개방은 하지 않았고 이미 개방된 분야에서 개방 수준의 일부 개선이 있었다고 평가된다(김종덕, 이주미

2015). 이번 한-중 FTA에서 금융의 투명성 제고 조항 삽입으로 양국이 금융관련 규정을 사전에 공표하고 정책수립 전 이해당사자의 의견을 수립할 수 있는 기반이 마련되었다. 이 조항을 토대로 후속 협상을 위한 또 다른 준비로서 중국의 현행 금융시장개방관련 정책과 국내법개정, 그리고 중국이 기 체결한 FTA 내용 등에 대한 철저한 분석을 통해 ECFA처럼 실질적 추가개방 효과가 있는 협상안과 전략을 수립해야 할 것이다. 아울러 중국과 대만의 ECFA의 사례와 같이 한국과 중국의 금융감독기관들이 금융분야에서 시장진입을 완화시킬 수 있는 다양한 협정 및 MOU 등을 논의하고 체결할 수 있는 협의체를 조성하는 방안도 양국간 금융분야 공조 확대를 위한 기초 작업이 될 것이다.

참고문헌

KOTRA중국사업단, 한중 FTA 업종별 기대효과와 활용방향, KOCHI자료 15-004, KOTRA, 2015.

강동수, 중국 금융시스템의 발전과 도전: 한국경제에 대한 정책적 함의, KDI 연구보고서 2011-6, 한국개발연구원, 2011.

경기연구원, 한-중 FTA, 1단계 협상 타결로 급물살, GRI Trends In Perspective, 경기연구원, pp.3-4, 2013.

관계부처합동, 한-중 FTA 상세설명자료, 2015.3.

기획재정부a, "한-중 정상회담, 「위안화 활용도 제고」관련 주요 합의내용 및 이의", 보도 참고사료, 2014.7.3.

기획재정부b, "위안화 금융 중심지로의 도약을 위한 '위안화 거래 활성화 방안", 보도자료, 2014.10.31.

김선광·김종훈, 중국·대만 ECFA 체결이 한·중 FTA협상에 미칠 영향에 관한 연구, 통상정보연구, 제13권 2호, 2011.

김신아·김명신·송익준, 중 - 대만 ECFA 우리산업에 미치는 영향, KOCHI 자료 10-010, KOTRA, 2010.

김은화·한중 FTA 타결내용과 금융업에 대한 영향, 중국 금융시장 포커스, 가을호, 한국자본시장연구원, 2014.

김종덕·이주미, 한·중 FTA 서비스분야 협상결과 및 향후 대응방안, KIEP 오늘의 세계 경제, Vol.15, No.18, 대외경제정책연구원, 2015.

김한권, 한중 정상회담의 평가와 향후 과제, Issue Brief 2014-21, 아산정책연 구원, 2014.

김형환·대만 - 중국ECFA 출범과 파워 차이나 업그레이드, 과학기술정책, 통권180호, 2010.

노수연·김홍원, 중국 금융개혁 시범추진 현황과 평가: 저장, 광둥, 푸젠성, 중국 성별 동향 브리핑, 제4권 제6호, 대외경제정책연구원, 2013.

농림축산식품부, 한중 FTA 농업분야 협상결과 및 대응방향, 세종: 농림축산 식품부, 2014.

머니투데이, "산업은행, 국내 은행 최초로 中 RQFII 자격 취득", 2015.7.12.

문준조, 중국이 체결한 FTA상 서비스무역 자유화 조문에 관한 연구, FTA 법제지원 연구(II) 14-22-5, 한국법제연구원, 2014.

박정수·이홍식·고준성·김홍석·박문수·김천곤·고대영·구진경·박지 혜, 한·중 FTA 서비스협상의 업종별 대응방향, ISSUE PAPER 2014-347, 산업연구원, 2014.

산업은행, 중국·대만 ECFA 체결이 국내 산업에 미치는 영향 분석, 이슈분 석, 산은경제연구소, 2010.

안유화, RQFII 제도동향과 한국 적용 이슈, 금융투자협회 중국자본시장연 구회 세미나 발표자료, 2014.

양평섭, "대외경제정책: 한 - 중 경제관계", 국립외교원 중국연구센터 전문 가 워크숍 발표자료, 2014.12.28-29.

연합뉴스, "樸대통령-시주석 채택 한중 공동성명 전문", 2014.7.3.

윤성욱, 자유무역협정(FTA)의 정치경제학적 분석: 한–EU FTA를 통해 본 한국의 전략적 중요성, 유라시아연구, 제5권 제1호(통권 제9호), pp.51-65, 2008.

윤성욱, 한국의 자유무역협정 협상파트너 선택의 정치경제학적 분석, 국제 정치학논총, 제29집 4호, pp.107-37, 2009.

윤성욱·주장환, 한–중 FTA: 한국의 대응 방향으로 중심으로, 중국학논총, 제29호, pp.229-54, 2010.

이정표, 한국과 중국의 FTA체결에 대비한 중국 보험업법의 검토와 기초적 제안, 법학연구, 제53권 제4호(통권74호), 2012.

이재영, FTA에 있어 서비스무역의 활성화방안에 관한 연구, 통상정보연구, 제14권 3호, pp.407-28, 2012.

이항구, 속도 붙은 한중 FTA 논의, 쟁점은?, China Special Report, 산업연구원, 2010.

정인교·조정란, 한중 교역관계 전개와 양국간 FTA의 산업별 영향 분석, 국제지역연구, 제12권 1호, pp.349-74, 2008.

조익현, 한국 금융협력의 필요성과 과제, KIEP 주간 금융경제동향, 제4권 18호, 2014.

주장환·윤성욱, 인민폐 국제화의 정치경제: 배경과 전략을 중심으로, 국가전략, 제14권 4호, pp.57-80, 2009.

지만수, 한중 FTA 금융협상, 금융한류의 시발점으로, 주간 금융 브리프, 제23권5호, 한국금융연구원, p.9, 2014.

한광수, 중국 자본시장 개방의 특성: WTO가입 이후 QFII 제도 도입을 중심으로, 동북아경제연구, 제22권 제1호, 2010.

譚曙光, 論海峽兩岸金融法制建設的現狀、問題及完善, 法律適用, 第2期, 2011.

唐建偉·萬宏偉, 入世與中外合資證券公司, 金融界, 第2期, pp.54-57, 2003.

李京文·王軍生, 加入WTO與中國金融業的對外開放, 財經理論與實踐, 第2期, 2002.

李本, ECFA對海峽兩岸區域金融合作的法律支撐分析, 法學論壇, 第5期, 2012.

石靜霞, ECFA項下的兩岸服務貿易與投資, 現代法學, 第10卷 3期, 2012.

伊志峰·黃輝·洪堃貴·張偉忠·李雋, 新台幣管理與兩岸貨幣流通研究, 福建金融, 第8期, 2013.

鄭清賢, 福建先行制定促進閩台金融合作法律規範研究, 福建金融, 第11期, 2010.

陳崢嶸, 證券服務業對外開放承諾進展, 資本市場, 第8期, pp.56-61, 2004.

陳秋榮, 海峽兩岸金融服務貿易自由化展望及法律規制之調整, 海峽法學, 第2期, 2011.

馮宗憲·葉欣, 外資銀行進入對中國銀行業的影響和效應, 現代商業銀行, 第6期, pp.23-26, 2004.

Francois, Joseph, Norberg, Hanna and Thelle, Martin, "Economic Impact of a Potential Free Trade Agreement between the European Union and South Korea", IIDE Discussion Paper 2007 03-01, Institute for International and Development Economics, 2007.

Marchetti, Juan, Roy, Martin and Zoratto, Laura, "Is there Reciprocitiy in Preferential Trade Agreements on Services?" *Staff Working Paper ERSD-2012-16*, WTO Economic Research and Statistics Division, 2012.

Mattoo, Aaditya and Marcelo Olarreaga, "Reciprocity Across Modes of Supply in the WTO: A Negotiating Formula", International Trade Journal 23(1): 1-22, 2004.

Roy, Martin, "Services Commitments in Preferential Trade Agreements: an Expanded Dataset" *Staff Working Paper ERSD-2011-18*, WTO Economic Research and Statistics Division, 2011.

Tao, Siyu, "China's FTAs and GATS: The Consistency and the Achievements', *Legal Issues of Economic Integration*, Vol.41, No.2, pp.133-68, 2014.

Tietje, Christian, Finke, Jasper and Dietrich, Diemo, "Liberalisation and Rules on Regulation in the Field of Financial Services in Bilateral Trade and Regional Integration Agreements", *Trade Programme*, Eschborn:

Deutsche Geselllschaft für, 2010.

Yang, Jian, "China's Competitive FTA Strategy: Realism in a Liberal Slide", Paper presented at the International Symposium "Competitive Regionalism", Ibuka International Conference Hall, Waseda University, Tokyo, Japan. May 30 to 31, 2008.

WTO, "World Trade Report 2011: The WTO and preferential trade agreements _From co-existence to coherence", Geneva: World Trade Organization, 2012.

한중 FTA 시범도시를 기반으로 한 한중 지방도시 협력방안

: 인천-웨이하이 사례를 중심으로

이주영

1 서론

올 해는 한중수교 25주년이 되는 해이다. 25년 동안 한국과 중국은 다양한 분야에서 협력하며 발전해왔다. 한중 관계에서 최근 가장 큰 변화 중 하나는 한중 FTA 체결을 통해 양국 간 경제협력에 합의한 것이다. 한중 FTA 정식 발효 이후 3년차 관세 감면계획이 적용되고 있고 상품무역과 더불어 서비스 개방 협의도 진행될 예정이지만 한중 FTA에서 빼놓을 수 없는 것이 지방경제협력이다. 2015년 6월 1일 한중 FTA가 서울에서 정식 서명과 동시에 인천시와 웨이하이시(威海)가 한중 FTA 지방 경제협력 시범지역으로 지정되었다. 이는 12월 30일 한중 FTA 발효시점보다 약 6개월이나 앞서 체결된 것으로 지방 경제협력 시범지역으로 지정된 이후 7월 22일 인천시와 웨이하이는 지방경제협력 합의서에 서명하였고 현재 2년이 경과되었

---

* 이 글은 기존에 발표된 논문 「한중 FTA 시범도시를 기반으로 한 한중 지방도시 협력방안: 인천-웨이하이 사례를 중심으로」(『현대중국학회』 제19권, 2017)를 수정·보완한 것이다.

다. 두 도시는 지방정부 간 합의서에 무역·전자상거래, 투자·산업·금융, 과학기술, 관광·문화·체육, 의료·위생, 통관·시험검역, 보칙 등에 대하여 각 분야의 세부 사항을 함께 협력하고 시범 사업을 추진하는데 합의한 바 있다.

국제화 추세가 확산되면서 중앙정부를 대표로 하는 국가들 간의 관계가 희미해지기 시작한 반면 지방정부의 역할은 국제화되고 있는 추세로 지방정부가 준국가정부로서 국가 간 교류에서 행위주체가 되고 있다(祁懷高, 2010; 65). 한국의 지방분권과 중국의 중앙정부가 지방에 권한을 부여함으로서 지역 경제무역과 교류 협력에서 지방정부의 역할이 점차 확대되고 있다(홍정, 2017; 187). 본 연구는 양국 지방정부의 역할이 확대되고 있는 상황에서 한국과 중국의 지방정부 간 경제협력에 긍정적인 영향을 주고 있는가에 대한 의문에서 출발하고 있으며 한중 FTA 지방 경제협력 시범지역으로 지정된 인천시와 산둥성(山東省) 웨이하이시(威海市) 두 지방 도시 간 협력현황을 분석하여 협력 모델을 모색하는데 연구의 목적을 두고 있다. 연구방법은 2015년 인천시와 웨이하이시가 한중 FTA 시범지구에 따른 경제협력에 관한 합의서와 관련 문헌 조사, 현지 조사와 사례 분석방법이며, 분석을 통해 두 도시의 협력 가능한 분야를 도출하고자 한다. 2장에서는 한중 FTA 협정문에 근거한 지방협력에 대하여 살펴보고 3장에서는 인천시의 대중국 도시협력 현황을 웨이하이시를 중심으로 분석하였다. 4장 한중 지방도시 시범 협력방안에서는 웨이하이시 현지 조사를 통해 도출된 인천시와 웨이하이시 시범 협력 사업을 제안하고 있다. 마지막으로 5장에서는 분석을 통해 향후 지방 정부 간 원활한 경제협력을 위해 개선되어야 할 시사점을 도출하였다.

2 법제도에 근거한 한중 FTA 지방협력

2.1 인천-웨이하이 간 지방경제협력 합의

대한민국 정부와 중화인민공화국 정부 간의 자유무역협정(이하 한중 FTA)은 수출입을 중심으로 체계적인 발전이 가능하도록 협력 기반을 마련하기 위해 체결되었다. 본 장에서는 한중 FTA 협정문 제17장에서 규정하고 있는 지방경제협력과 웨이하이시 한중 FTA 지방 경제협력 시범사업 관련 규정에 대하여 살펴보고자 한다. 한중 FTA 협정문은 총 22개 챕터로 구성되어 있으며 상품무역과 서비스무역, 투자, 금융서비스, 전자상거래, 지식재산권 및 경제협력 등 다양한 분야에서 양국의 협력 내용을 포함하고 있다. 한국이 기 체결한 FTA 와 한중 FTA의 가장 큰 차이점은 한중 간 경제협력 방안을 구체적 으로 명시하고 있다는 데 있다. 한중 FTA 협정문 제17장 경제협력 챕터에 한중 지방경제협력 시범지역과 시범 사업에 관한 내용을 포 함함으로써 한중 FTA의 효율성을 극대화 할 것을 규정하고 협력구 도를 강화하는 기반을 마련했다는 특징을 보이고 있다. 이는 한국이 체결한 FTA 중 가장 상세하게 규정되어 있는 경제협력 챕터라고 볼 수 있다.

한중 FTA 경제협력 챕터에서 경제협력의 목적(제17.1조), 방법 및 수단(제17.2조)를 규정하였고 개별 협력 분야를 세부 조항에 명세하 고 있으며 한중 양국은 16개 분야에[1] 대하여 다양한 협력활동 및 양

---

[1] 한중 FTA 협정문 제17장에서 식량안보, 수산, 산림, 철강, 중소기업, 정보 및 통신기술, 섬유, 정부조달, 에너지 및 자원협력, 과학기술, 해양운송, 관광, 문화, 의약품, 의료기기, 화장품, 지방협력, 산업단지 등 16개 협력분야를 규정 하고 있다.

국가 간 경제협력위원회 설치에 합의하여 양국 간 분야별 협력을 강화하기로 한 바 있다.[2] 한중 FTA 체결은 ①양국 간 무역의 확대 및 다양한 촉진 ②무역장벽의 제거 및 상품·서비스 교역 촉진 ③당사국 시장 내 공정 경쟁의 증진 ④새로운 고용 기회의 창출 ⑤양자, 지역, 다자 협력을 심화하기 위한 틀을 형성하여 본 협정의 이익을 확대·증진시키는데 주요 목적을 두고 있으며 상품에 대한 내국민대우 및 시장접근에 대하여 품목별 관세철폐에 관한 규정 이외에도 비관세장벽에 대한 상시 협의를 위한 비관세 작업반 설치와 식품·화장품 분야의 시험검사기관 상호인정을 위한 협의 조항 등 비관세조치 해결을 위한 규정을 도입하고 있다.[3] 특히 협정문 제17.25조에 대한민국 인천경제자유구역과 중화인민공화국 웨이하이시를 지방경제협력 시범지역으로 명시한 규정에 근거하여 2015년 7월 22일 인천시와 산둥성(山東省) 웨이하이시(威海市)는 한중 FTA 시범지구에 따른 지방경제협력 강화 합의서(이하 합의서)를 체결하였다. 합의서에는 무역, 전자상거래, 투자, 산업, 금융, 과학기술, 관광, 문화, 체육, 의료, 위생, 통관, 검역 등의 분야에서 인천시와 웨이하이시가 함께 시범 협력 사업을 발굴하기로 하였으며 구체적인 협력 사업은 <표 1>과 같다. 또 양 도시에 협력 전담부서 설치에 합의하여 양 지방정부가 협력하도록 근거를 마련하기도 하였다. 협력 담당부서에 대해서는 3장에서 좀 더 살펴보도록 하겠다.

---

http://www.fta.go.kr/webmodule/_PSD_FTA/cn/1/kor/CH_17_Economic%20Cooperation.pdf

2) 식량안보, 수산, 산림, 철강, 중소기업, 정보통신기술, 섬유, 정부조달, 에너지·자원, 과학기술, 해양운송, 관광, 문화, 의약품·의료기기·화장품, 지방협력, 산업단지 등

3) 한중 FTA 홈페이지 한중 FTA 상세설명자료, http://www.fta.go.kr/cn/doc/2/

표 1. 인천 - 웨이하이 분야별 협력사업

구분	협력사업
무역	박람회 참가 및 상품전시관 개설, 상품운송방식 발전
전자상거래	물품 세금 감면 확대, 전자세관 구축, 통관시간 단축, 임항물류 시설 확충, 지불 편리화
투자	투자설명회 참가 지원, 투자편리화, 투자보호
산업	한중 산업단지 조성, 항만·항공 산업 활성화
금융	국제금융업무 협력 지원
과학기술	기술협력 및 공동연구개발, 기업발전 지원, 기술협력 프로젝트 참여 및 과학기술 공동연구
관광	관광협력, 의료관광 상품 개발
문화	문화축제 참여 및 문화교류체계 구축
체육	양 지역의 체육 분야 교류협력
의료	의료세미나, 한중 합자 의료성형기구 설립과 의료설미, 의약품 수출입, 의료기기 품질 상호인증
위생	위생, 미용 분야의 협력, 미용 박람회 개최지원
통관·시험검역	해상간이통관시스템 구축, 해상운송시스템, 상호인정, 검역 간 소화

2.2 웨이하이 한중 FTA 시행방안

웨이하이시는 2015년 한중자유무역구 지방경제협력 추진 가속화에 대한 제1차 시행방안(加快推動中韓自貿區地方經濟合作第一批實施方案)에 이어 2016년 1월 자유무역시험구 개혁시행 경험에 따른 한중 자유무역구 지방경제협력 시험구 건설 가속화 추진에 관한 시행방안(關於複制推廣自貿試驗區改革試點經驗加快推動中韓自貿區地方經濟合作示範區建設實施放案; 이하 시행방안), 2016년 6월 한중자유무역구 지방경제협력 개방시험구의 산업발전규획(中韓自貿區地方經濟合作開放試驗區産業發展規劃; 이하 산업발전규획)과 한중자유무역구 지방경제협력 개방시험구 산업발전 3년행동계획(中韓自貿區地方經濟合作開放試驗區產業發展三年行動計劃 2016-2018年; 이하 행동계획)을 제정하여 지방경제협력의 기반을 마련하였다. ① 2016년 시행방안은 정부의 정보의 표준화, 행정법체계, 해관의 상표등록권 등 행정권한과 무역방식의 전환, 투자와 융자 관리, 서비스업 개방과 서비스무역 자유화 촉진, 금융 분야의 개방과 시범촉진 등 다섯 개 분야의 협력 사업을 포함하고 있다. 상품무역의 편리화는 상호인정, 제3자인증 인정, 검역감독관리, 해상특송 분야에서 시범제도를 추진하기로 규정하였다. 최근 한중 교역에서 이슈가 되고 있는 식품과 화장품에 대하여 일부 시행 안이 포함되어 있는데 한국 식품을 취급하는 기업이 수입등록 시 HACCP[4] 인증결과를 받아들이도록 추진하고[5] 또한 보건식품과 화장품 검사에 대하여 국가약품수입항 설립을 신청하여 한국에서 수입되는 화장품을 웨이하이에서 허가(신청) 업무가 가능하도록 하는 계획을 포함하고 있다. 서비스 자유화 측면에서 한국 인증기관이 인가한 검사측정 능력을 갖춘 기관의 지사 설립, 15일 무비자 관광 등을 시험구에 설치 가능한 방안을 모색 중에 있다. ② 산업발전규획에는 인천과 웨이하이 간 지방경제협력의 산업발전계획을 포함하고 있다. 한국은 웨이하이의 최대 투자국으로 경제협력과 보건서비스, 문화관광, 교육 등 다양한 교류를 기반으로 한중 서비스협력의 선도지역으로서의 시험구가 되도록 하는 계획을 가지고 있다. 단기발전목표는 2016-2018년까지 웨

---

4) 해썹이라고 부르며 한국 식품위생법에서 정한 식품안전관리인증기준으로 생산 유통 소비되는 식품의 안정성 및 품질을 계획적으로 관리하는 시스템
5) HACCP인증제도는 한중 양국이 시행하고 있으나 현재 양국 기준이 상이하여 상대국의 위생검역을 추가로 받아야함.

이하이가 가지고 있는 비교우위 산업인 물류·유통 분야의 협력과 국제전자상거래의 교류를 확대하고 무역편리화를 실현하고자 하고 있다. 중기발전목표는 2020년까지 인력, 자본, 정보, 기술 등 기본요소들을 웨이하이에 집중시켜 산업이 발전할 수 있는 경쟁력 있는 환경을 조성하는 것이고 장기발전목표는 2025년까지 문화, 민생, 생태와 사회 등 종합적인 측면에서 지방경제협력의 전형적 모델을 만드는 것이다. 웨이하이시는 1개 핵심구와 총 5개 산업단지를 조성하여 산업발전 환경을 조성하고 있는데 1개 핵심구에는 동부빈하이신구(東部濱海新區)와 웨이하이 경제기술개발구, 웨이하이린강경제기술개발구(臨港經濟技術開發區), 웨이하이횃불하이테크기술산업개발구(火炬高技術産業開發區) 3개 국가급 개발구를 포함하고 있고 5개 산업단지에는 한중협력산업단지, 한중현대서비스산업단지, 한중문화관광산업단지, 한중건강양로산업단지, 한중종합보세물류단지가 있다. ③ 3년 행동계획은 2016-2018년까지 한중 FTA 지방경제협력의 단기계획을 담고 있는데 산업발전규획에서 언급한 바와 같이 상품교역에서 발생되는 무역편리화, 국제전자상거래, 물류 분야의 협력과 서비스교역의 의료, 문화, 관광, 체육, 교육 그리고 선도산업과 중소기업 경쟁력 강화에 주력하고자 하고 있다. 물론 각 계획안에서 제시하고 있는 것이 단기 내에 효과를 어느 정도 발휘할 수 있을 것인지에 대한 의문은 있지만 웨이하이시에서 제시하고 있는 분야들은 한중 지방도시 간 협의가 가능한 여지를 제시해 주고 있고 한중 지방경제협력 시험구로서의 기능과 협력 범위를 확대하여 추진되고 있다는 점에서 시행방안은 의미가 있다.

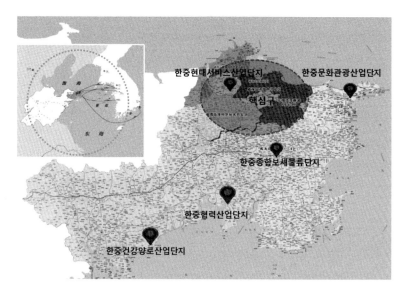

그림 1. 한중자유무역구 지방경제협력 개방시험구 산업발전계획도
자료: 한중자유무역구지방경제협력개방시험구 산업발전규획에 따라 필자 작성

3 인천-웨이하이 도시 협력 현황

3.1. 인천-웨이하이 준국가정부로서의 협력 현황

글로벌화가 보편화 되면서 국경을 초월한 협력체계가 형성되기 시작하였고 WTO 체결 이후 경제통합 추세가 확산되면서 지역경제 통합 형태로 세계 경제가 블록화 되는 양상을 보이고 있다. 그러나 최근 보호무역주의 확산과 정치·외교적 갈등으로 인한 지역경제통합 추세가 위축되는 모습을 보이고 있다. 지방의 경제 협력체계는 국가 간 협력 네트워크 구축 보다 신속하고 각 지방 도시 간 소통이 용이하며 국가 간 정치·외교적 갈등에서 비롯된 협력 단절 등의 영

향을 적게 받는다는 점에서 지방 도시 간 경제협력이 더욱 중요해지고 있다. 지방경제협력 강화 추세에 따라 인천시의 대중국 도시 간 협력이 눈에 띄게 발전해 왔다. 인천시는 14개국 21개 도시와 자매결연도시를 체결하였고 그 중 3개 도시인 톈진(天津), 충칭(重慶), 선양(沈陽)은 중국에 소재한 도시로 단일 국가로는 중국과 가장 많은 체결을 하고 있다.6) 또한 8개국 16개 도시와 우호결연도시를 체결하였는데 우호결연도시 역시 중국 도시 및 성(省)이 8개(하얼빈, 단둥, 다롄, 산둥성, 옌타이, 칭다오, 허난성, 광저우) 지역으로 우호결연도시 전체의 50%를 중국과 체결하고 있어 인천시의 국제교류를 추진하고 있는 지역 중 대중국 교류가 가장 높은 비중을 차지하고 있다. 중국은 한국과 접경하고 있고 서해안에 접해 있는 인천의 지리적 입지로 인하여 인천시의 대중국 전략 사업이 강조 되어 교류를 지속해 왔다7). 더욱이 한국의 대중 무역 의존도를 미루어 볼 때 지

---

6) 톈진시(天津)는 1993년 12월 자매결연을 체결한 이후 2015년 톈진 국유기업단이 인천 연수차 방문하였고 인민대표대회 상무위원회 방문, 인천-톈진 합동 유학설명회 개최, 위생계획생육위원회 방인에 이어 2016년 톈진시 정협항오태 교외사위원회 주임과 부시장 일행이 각각 인천을 방문하면서 교류를 지속하고 있다.
 충칭시(重慶)의 경우 2002년 10월 17일 충칭시 체육방문단이 인천을 방문하여 문학경제장의 시설 및 건설 현황 시찰한 것을 시작으로 2005년 1월 19일 인천시 대표단이 충칭을 방문하여 우호교류 협의를 맺은 이후 7월 우호도시 체결 의향서를 체결한 후 8차례 교류 만에 2007년 6월 1일 충칭과 자매결연을 체결하였다.
 선양시(沈陽)는 2014년 6월 12일 자매결연을 체결한 이후 2015년 10월 선양시 인민대표대회 상무위원회가 인천을 방문하였고 2016년 4월 선양시 외판부주임 방문에 이어 5월 부시장 일행이 인천을 방문하는 등 지속적인 인적교류를 이어가고 있다.
7) 인천광역시 홈페이지, http://www.incheon.go.kr/posts/1466/6822

방도시의 교류와 역할은 더욱 가치가 높아지고 있다.

2015년 7월 22일 인천광역시청과 웨이하이시인민정부는 한중 FTA 제17.25에 근거하여 양 지역 간 지방경제협력을 촉진하기 위해 지방경제협력 강화 합의서(이하 합의서)를 체결하였다. 양측은 무역, 전자상거래, 투자, 산업, 금융, 과학기술, 관광, 문화, 체육, 의료, 위생, 통관, 검역 등의 분야에서의 협력 이외에 전담부서를 설치하여 협의 사항을 추진하도록 합의하였다. 이에 인천광역시는 정부경제부시장 직속 부서인 중국협력담당관실을 신설하였고 웨이하이시정부는 한중 FTA 지방경제협력 협조판공실을 설치하여 두 지역 간 교류 협력의 대화채널을 마련하였다. 또한 양 도시 홍보관을 상대 도시에 설치하여 투자유치 및 수출입 관련 활동을 추진하도록 하였다. 인천 웨이하이관의 경우 2015년 7월 22일 인천 송도 동북아무역센터 8층에 개설되어 투자유치설명회 및 수출입 관련 기업 상담회 등의 업무를 수행하고 있고 웨이하이 인천관은 2016년 11월 1일 웨이하이시 환취구 위고광장에 개설하여 인천기업의 중국 통상 활동 지원 및 잠재 투자자 발굴을 통한 투자유치 지원 활동, 지방경제 협력 시범사업을 추진하고 있다. 그 외에 인천시와 웨이하이시 간 한중 표준화 협력체 구성 논의, 2016년 인차이나포럼 창립식을 개최하였으며 이 시기 기업박람회 및 상품설명회에 웨이하이에 소재한 20여 기업이 참여하여 한중 FTA 시범도시로서의 기능을 확대하려는 시도가 추진되고 있다. 2015년 합의서 체결 이후 2017년 6월 28-29일 제1차 인천 – 웨이하이 지방경제협력 공동 및 분과위원회(이하 제1차 분과

인천시의 대중국 협력관계는 정부 인사의 상호방문, 교육 등의 인적교류, 도시정책 교류(문학경기장 시찰) 등 인문교류의 성격이 강했으나 최근 경제협력이 증가하고 있다.

위원회)를 개최하여 양 도시 간 사업 현황을 점검하고 분야별 통상 현황 및 상생발전 방향을 논의한 바 있다. 제1차 분과위원회는 통상 분야 이외에도 관광분야에서 의료 교류 및 국제경기대회 교류협력 등 인문교류 협력에 대한 논의가 진행되었다.

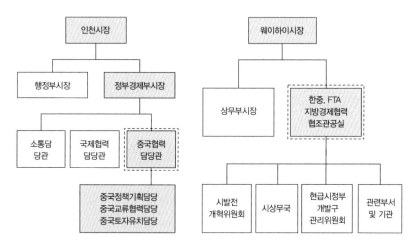

그림 2. 인천 및 웨이하이 지방경제협력 전담부서 조직도(자료: 필자 작성)

3.2 인천 - 웨이하이 교역 현황

(1) 인천시의 對중국 교역현황

대중국 교류에서 가장 두드러진 성과는 대외무역 증가에 있다. 2015년 우리나라 대중 수출의존도는 약 26%에서 2017년 6월 기준 약 23.4%로 다소 하락하기는 하였으나 2위인 미국 보다 11%정도 의존도가 더욱 강하고 글로벌 경기와 중국 경기 침체가 장기화 되고 있는 상황에서 중국 정부의 경기 회복과 안정적인 경제성장을 위한 다양한 정책은 우리에게 미치는 영향이 클 것이라 예상된다. 인천시의 대중 수출의존도는 우리나라 전체 수출의존도와 유사한 추세를 보이고 있다. 2015년 24.5%에서 2016년 26.5%로 전국 수준보다 높을 뿐 아니라 최근 인천시의 대중국 수출 의존도는 우리나라 대중국 수출의존도가 하락한 것과는 달리 점점 증가하고 있고 심지어 적자에서 흑자로 전환하는 등 전국과 상이한 모습을 보이고 있다. <그림 4>와 같이 2016년 말 기준 인천시의 대중국 수출액은 94억 9천만 달러, 수입액은 72억 8200만 달러로 약 22억 달러 정도의 무역수지 흑

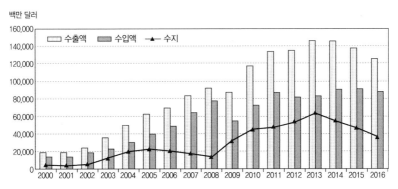

그림 3. 한국의 대중국 수출입 변화(자료: 무역협회)

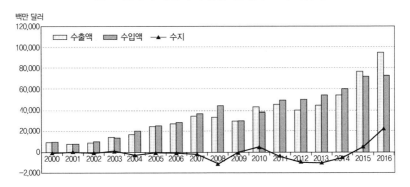

그림 4. 인천시의 대중국 수출입 변화(자료: 무역협회)

자를 기록하고 있다. 무역수지 흑자가 가장 큰 국가는 미국인데 이는 미국으로 수출하는 규모에 비해 수입규모는 적은 반면 중국은 수출도 가장 많고 수입도 가장 많이 때문인 것으로 나타났다.[8] 대중국 교역은 2015년 무역수지 적자였던 인천시가 2016년 흑자로 전환하는데 많은 기여를 하고 있다고 볼 수 있다.

2016년 인천의 최대 수출품은 반도체로 2015년 대비 성장률이 78.6%, 2위는 자동차로 6.3% 성장률을 기록하고 있다. 반도체는 인천의 최대 수출품이지만 최근 주목받고 있는 품목은 화장품이다. 수출액 기준으로 10위이지만 성장률은 70.9%로 반도체 다음으로 높은 성장률을 보이고 있다. 2017년 상반기를 기준으로 한 성장률은 78%로 전국 평균 성장률인 12%를 훨씬 상회하고 있다.

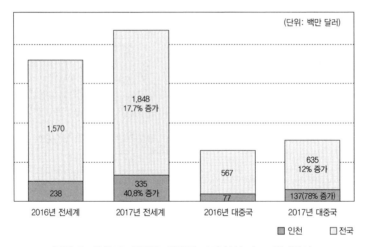

그림 5. 인천의 대중국 화장품 수출현황(자료: 무역협회)

8) 2016년 말 기준으로 인천시의 무역수지 규모는 15억 7500만 달러이며 대중 무역 흑자 규모는 22억 800만 달러 정도에 달한다. 대미 무역수지 흑자 규모는 29억 7500만 달러로 가장 많다.

(2) 웨이하이시의 對한국 교역현황

산둥반도 북쪽에 위치한 항구도시로 한국과 가장 가까운 곳에 위치한 웨이하이시는 인천과 불과 500km에 불과하다. 인천과 지리적으로 근접하여 인천시와 웨이하이시의 상무국 자료에 따르면 교역관계도 매우 밀접한 관계를 가지고 있다. 최근 글로벌 경기 침체와 정치·외교적 문제로 한중 간 교역이 하락하고 있음에도 불구하고 웨이하이시의 대한국 교역은 약간 상이한 모습을 보이고 있다. 첫째, 교역 규모에서 한국이 차지하는 비중이 여전히 높고 2016년 수출입 규모는 미미하지만 성장을 했다는 점이다. 2016년을 기준으로 웨이하이시에 한국과 교역을 하고 있는 기업은 2,156개로 이들 기업의 교역액은 약 383억 1000만 위안에 달해 웨이하이시 전체 수출입 규모의 약 32.2%를 차지하고 있으며 동기대비 0.6% 성장한 것으로 나타났다. 그 중 웨이하이에서 한국발 수출은 240억 5천만 위안으로 30.7% 차지하였고 동기대비 약 0.6% 하락한 것으로 나타났으며 수입 규모는 142억 6천만 위안으로 약 35.3%를 차지하여 동기대비 성장률이 2.6%정도 된 것으로 나타났다. 2016년 한중 교역규모가 하락한 것과 다소 상이한 수치이고 한국에서 웨이하이로 수출이 증가했다는 것이 특징이다. 둘째, 교역품이 전자제품 중심이며 수산물 수출이 증가했다는 점이다. 웨이하이시에서 한국으로 수출한 주요 수출품은 전자·기계, 의류, 수산물 등으로 전자·기계류 수출은 증가세를 보인 반면 의류, 신발류는 감소한 것으로 나타났다. 특히 눈에 띄는 것은 수산물 수출이 6.6% 증가하여 웨이하이가 한국과 가상 근섭해 있는 지리적 이점을 활용한 교역 증가라고 볼 수 있다.

2016년 기준 전기와 전자제품류의 수입액이 83억 1000만 위안으로 동기대비 6.1% 증가하여 웨이하이에서 한국으로 수출하는 수출품 중 가장 많은 부분을 차지하고 있다. 품목별로 보면 전기·전자제품 수입은 44억 2,000만 위안으로 동기대배 19.2% 하락한 반면 금속제품 12억 6,000만 위안으로 동기대비 13.2% 증가한 것으로 나타났다. 플라스틱원료 수입은 12억 1000만 위안으로 동기대비 7.8% 성장하였고 특히 수입규모는 상대적으로 크지 않지만 자원류의 수입증가가 큰 것으로 나타나고 있다. 동(銅)과 동재료 수입이 7억 8000만 위안으로 동기대비 증가율이 약 186.8%였고 철강재 수입도 6억 3000만 위안으로 약 19.4% 증가했다.

표 2. 웨이하이 소재 한국수출입 기업　　　　　　　　　　(단위: 억 톤)

구분		
對 한국 수출	주 요 기 업	- 삼성중공업(롱청)유한공사(三星重工業(榮成)有限公司) - 웨이하이 세일전자유한공사(威海世一電子有限公司) - 삼성전자(산동)디지털프린터유한공사(三星電子(山東)數碼打印機有限公司) - 웨이하이 위루오전기설비유한공사(威海裕羅電器裝配有限公司) - 원딩신야 전기기계설비유한공사(文登信亞機電有限公司) - 루산아시아 전기기계설비유한공사(乳山亞細亞機電有限公司) - 웨이하이 신카이디 전기유한공사(威海新凱帝電子有限公司) - 롱청위루오 전기유한공사(榮成裕羅電器有限公司)
對 한국 수입	주 요 기 업	- 삼성중공업(롱청)유한공사(三星重工業(榮成)有限公司) - 웨이하이세일전자유한공사(威海世一電子有限公司) - 원딩신야 전기기계설비유한공사(文登信亞機電有限公司) - 웨이하이시 련치아오국제협력그룹(威海市聯橋國際合作集團有限公司) - 삼성전자(산동)디지털프린터유한공사(三星電子山東數碼打印機有限公司) - 웨이하이 산창디지털과기유한공사(威海宣楊數碼科技有限公司) - 웨이하이 덴메이스광기전유한공사(威海美世光機電有限公司) - 웨이하이 진위엔전선유한공사(威海金元電線有限公司) - 웨이하이 란청수출입유한공사(威海藍創進出口有限公司) - 웨이하이 신위엔전기설비유한공사(威海新元電器裝配有限公司)

자료: 웨이하이시 상무국

3.3 인천 - 웨이하이 협력관계의 문제점

인천과 웨이하이의 수출입 교역량이 증가하고 있지만 비관세장벽, 통관, 검역 등의 애로사항 역시 증가하고 있다. 떡류와 면류를 수출하는 인천식품제조협회 회원사인 A사 대표는 세균수 기준에 부합하지 않는다는 이유로 통관거부 된 제품을 전량 폐기하여 경제적 손실이 발생했다고 토로하고 있어 지방경제협력의 필요성이 더욱 제기되고 있는 상황이다. 인천과 웨이하이가 한중 FTA 지방경제협력 시범도시로 지정된 이후 양 지방정부의 협력 부서가 신설되고 분야별 분과회의를 진행하였다. 분과회의에서 최근 대중국 수출기업의 비관세장벽 등 애로사항을 해결하려는 노력을 하고 있지만 실질적으로 효과를 발휘할 수 있는 시범사업은 진행되지 못하고 있다. 그 이유는 크게 두 가지이다. 첫 번째는 지방정부의 행정 결정권 부재에 따른 어려움이고, 두 번째는 비관세장벽, 통관, 검역 등 현안문제를 보완하는 시범사업의 필요성은 느끼고 있지만 하나의 시범사업을 추진하기 위해 세관, 국립검역소, 농림축산검역본부, 국가기술표준원, 식품의약품안전처, 상공회의소 등과 같은 관련 국가사무 수행기관의 협력을 이끌어내기 쉽지 않다는 데 있다. 결국 양 지방정부의 이해관계자 간 협의체가 정부 주도로 추진되어야 한다는 과제를 안고 있다.

4 인천 - 웨이하이 지방도시 시범 협력 방안

웨이하이의 산업구조에서 대외무역이나 제조업 분야는 주변 도시인 칭다오나 옌타이에 비해 비교우위를 가지고 있지 않는 반면 인천과 가장 근접한 지리적 입지는 한국과의 물류·유통 측면에서 우위를 가지고 있어 이 분야의 발전 잠재력은 크다. 따라서 웨이하이와 인천 간 지리적 입지를 활용하여 양국의 상생협력이 가능한 플랫폼을 구현할 수 있고 비관세장벽, 통관, 검역 등의 현안 문제를 해결할 수 있는 시범 협력 방안이 모색되어야 한다.

4.1 상호인정 도입

한중 FTA 협상에 따라 관세 장벽은 점차 철폐되고 있는 반면 비관세 장벽은 증가하고 있는 추세이다. 최근 한국의 대중국 수출이 감소함에도 불구하고 인천시의 대중국 수출은 증가하고 있다. 그러나 공산품에 대한 CCC(China Compulsory Certificate, 단일강제인증제) 인증과 식품, 화장품, 의료기기에 대한 CFDA(중국국가식품감독관리국) 취득 으로 발생되는 문제는 비관세 장벽을 유발하는 주요 원인으로 꼽히고 있다(정환우, 2013; 95). 유제품(HS코드 04012000)의 경우 유제품 생산 업체가 수출 신청 접수를 하고 수출이 가능한 인증을 받아 시스템에 등록하는 기간이 최소 6개월 이상 소요된다. CNCA(중국국가인증인가감독관리위원회)에서 수입되는 우유가 생산되는 생산설비를 비롯한 위생검사 등의 현지 실사를 통해 인증의 적합성을 평가하기 때문에 인증 기간이 길고 인증 여부도 중국 인증기관에서 시행해야하기 때문에 비관세장벽으로 이용되고 있다.[9] 인천시 산업진흥과 관계자에 따르면 인천에서 많이 수출되고 있는 식품과 화장품 등의 중국 검역·인증, 위생허가 취득 절차가 까다롭고 발급받

---

9) 중국경영인증컨설팅 대표이사 인터뷰 내용

는 시간이 오래 걸려 교역의 걸림돌이 되고 있다고 지적하고 있어 비관세장벽을 극복 할 수 있는 대안이 필요할 것으로 보여 진다.

인천과 웨이하이 간 지방경제협력 강화 합의서 제17장 제25조 시험결과 상호인정 항목에서 '양측은 무역 중에 발생하는 공산품(의료기기), 식품, 화장품 등에 대한 중복시험, 검사, 인증 등의 문제를 피하기 위하여 상대방 국가에서 실시한 시험, 검사, 인증 결과를 상호 인정할 수 있도록 노력한다'고 합의한 바 있고 2016년 웨이하이시 시행방안에도 검역의 상호인증제도에 대한 언급은 있지만 실제 시행에 관한 논의는 진행되지 않고 있다. 그러나 2장에서 본 바와 같이 웨이하이 한중 FTA 시행방안 서비스무역 자유화 부분에서 한국 인증기관이 인가한 검사측정 능력을 갖춘 기관의 지사 설립을 시험구에 설치 가능한 방안을 모색할 것을 밝히고 있어 이 분야의 협력을 구체화 할 필요가 있다. 중국은 2008년 체결한 중 - 뉴질랜드 FTA에서 최초로 타국의 인증 결과를 수용하는 데 합의함으로써 강제인증 관련 해외기관의 평가결과 수용한 사례가 있다(정환우, 2013; 104). 중국 검역국에서 인정한 한국의 검사 인증기관을 지정하여 한국에서 진행한 검사 결과를 웨이하이시 검역국에서 인정하는 시범사업으로 인천과 웨이하이 간 식품, 화장품, 의료기기 등에 대해 중국과 한국이 상호 인정하는 인증기관을 설치함으로써 인천에서 웨이하이를 통해 수출입되는 제품의 통관 절차가 간소화 된다면 교역의 활성화 및 시간과 절차를 감소시킬 수 있을 것으로 보여 진다.

4.2. 국제전자상거래 해상복합운송 활용

국제전자상거래가 활성화됨에 따라 인천 - 웨이하이 간 전자상거

래 시장도 확대 되고 있다. 웨이하이시 상무국 통계에 따르면 2016
년 웨이하이가 국제전자상거래를 통해 한국과 거래한 수출규모는
7303만 6500달러로 2015년도 대비 4.14배 증가하였으며 수입규모는
465만 3600달러로 3.63배 증가한 것으로 나타났다. 2017년 상반기 통
계 역시 국제전자상거래를 통한 수출이 9676만 달러로 3.1% 증가하
는 등 웨이하이에서 한국으로 교역액 중 국제전자상거래를 통한 교
역액이 증가하고 있다. 중국 국제전자상거래는 주로 B2B나 B2C를
통한 거래가 이루어졌으나(김세진 외, 2017; 218) 웨이하이가 국제전
자상거래 시범지역으로 지정되면서 B2B2C 국제전자상거래 모델이
확대될 것으로 예상되고 있다. 산둥성 웨이하이 국제전자상거래 종
합시험지역 건설 실시방안(山東省(威海)跨境電子商務綜合試驗區
建設實施方案)으로 국제전자상거래를 할 경우 인천과 웨이하이 간
국제전자상거래에서 B2B2C의 페리운송과 중국 내 택배 연계 운송이
가능하게 되었다. 해상운송은 기존 항공운송인 EMS보다 시간적으로
하루 정도 더 소요되는 반면 항공운송비의 30% 정도의 물류비용을
감소할 수 있다는 장점이 있다. 국제전자상거래의 해상운송은 양 도
시 간 교역뿐만 아니라 인천항과 웨이하이항을 한국과 중국의
B2B2C 해상운송 플랫폼으로 활용하여 다른 지역 상품이 인천과 웨
이하이 시범지역을 거점으로 하는 시도를 고려해 볼 만 하다.

4.3 해상간이통관시스템 구축

　국제전자상거래 해상운송과정에서 무엇보다 중요한 것은 통관이
얼마나 빠르고 정확하게 이행되는가에 있다. 국제전자상거래 해상

운송 상품의 검역 등 통관절차를 선상에서 수행함으로써 양 지방도시가 합의한 해상간이통관시스템 구축을 시범 운영하는 방안이다. 최근 해상운송을 통한 통관 과정에서 통관이 과도하게 지연되는 등 비관세 장벽이 강화되고 있다. 인천과 웨이하이 간 지방경제협력 강화 합의서는 해상간이통관시스템을 해상운송과 간이 신고 및 검역을 통해 신속하게 통관 할 수 있는 시스템이라 정의하고 있으며 제7장 제24조에 '양측은 해상간이통관시스템을 구축하여 해상운송 수출입이 확대되도록 지원한다', 제26조에 '양측은 검사·검역시간 단축, 통관 검역 절차 간소화 등을 통해 신속하게 통관 할 수 있도록 함께 노력한다'고 합의한 바 있다. 이는 두 도시 간 해상간이통관시스템을 구축하여 효율적 활용 방안이 논의되어야 함을 시사하고 있다.

4.4 콜드체인 복합운송시스템 활용

콜드체인시스템이란 제품의 수확 시점부터 최종 소비자에게 전달되기까지 저온 관리를 통해 신선한 제품을 소비자에게 공급하는 유통체계를 말한다(김병삼, 2011: 24). 최근 중국의 신선 제품 소비 규모 증가에 따라 시장 규모도 증가하고 있다. 1991년부터 2013년까지 중국 과일류는 연평균 11.9%의 성장세를 보였고, 우유 9.3%, 수산물 7.2%, 육류 4.2% 성장하였다(최경숙, 2016: 183). 중국 내 신선제품의 수요와 생산이 증가되었을 뿐만 아니라 앞서 본 바와 같이 2016년 웨이하이에서 인천으로 수출되는 수산품이 6.6% 증가하는 등 신선 제품의 교역은 증가할 것으로 보인다. 냉장차·보온차 보급, 냉장창고 등 콜드체인 시스템은 신선식품 화물운송 과정에서 부패 등에 따른 손실을 최소화하기 위해 필수적이지만 공급이 시장 수요를 따라가지 못하고 있다는 지적을 받아왔다. 그러나 2010년 중국에 '농수산물신선물류계획(農産品冷鏈物流發展規劃)'이 제정되면서 2012년 농수산물 유통 시스템 구축에 관한 국무원 의견, 2013년 농촌·농업 발전 실시에 관한 의견 등 신선물류 관련 정책들이 세워졌고 신선물류 시스템, 물류센터, 배송시스템 관련 발전 방안이 도입되기 시작하였다(김형근, 2015: 179). 웨이하이시의 석도산업단지(石島工業園)에는 저장창고 및 신선물류 시스템을 갖춘 석도신선물류원이 생겨 현재 신선물류 서비스가 가능한 20여개 물류업체가 입주해 있다. 웨이하이 석도항을 중심으로 냉동식품 가공 및 100만 톤을 수용할 수 있는 저장창고 등의 시스템이 구축되어 있고 연 매출 400억 위안에 달하는 등 콜드체인 시스템이 개선되어 있다.[10] 웨이하이의 콜드체인 시스템은 산동성에만 국한 된 것이 아니다. 2017년 9월 1일 산동성 웨이팡(濰坊市)에서 웨이하이시까지 콜드체인 시스템을 갖춘 열차가 개통되면서 쿤밍(昆明)에서 웨이하이를 통해 한국까지 연결이 가능하게 되었다. 이것은 중국과 아세안 FTA 거점인 쿤밍을 통해 동남아 지역－쿤밍－웨이하이－한국으로 콜드체인 복합운송이 가능하게 되었다는 것을 의미한다.[11] 콜드체인 시스템과 교통수단이 결합된 콜드체인 복합운송을 활용하여 교역을 할 경우 항공·해운 운송이 중국 내 철도 운송으로 바로 연결되도록 통관 및 검역을 간소

---

10) 중국물류정보망, 2016年石島省級冷鏈物流園實現主營業務收入400多億元, 2017년 8월 16일자 기사
http://www.chinawuliu.com.cn/information/201708/16/323932.shtml
11) 인민망, 威海至昆明鐵路冷鏈物流班列開通, 2017년 9월 2일자 기사
http://picchina.people.com.cn/GB/n1/2017/0902/c364818-29510918.html

화하는 시범사업이 도입된다면 인천과 웨이하이가 한국과 중국의 신선물류 거점 도시로서 역할을 할 수 있을 것으로 보여진다.

5 시사점

한중 FTA 체결로 인천과 웨이하이시가 한중 FTA 시범도시로 지정되었다. 인천시는 인천 – 웨이하이 한중 FTA 시범도시로 지정되어 한중 FTA의 전략도시로서 발전할 수 있는 시범 지역이다. 그러나 한중 지방경제협력을 선도 할 수 있는 기반을 마련한지 2년이 경과했음에도 불구하고 아직 두 도시 간 협력은 구체화 되지 못하고 있다. 본 연구는 인천과 웨이하이와의 경제협력을 선례로 기타 지역으로 협력 범위를 확대되어야 한다는 배경 하에 한중 지방 도시 간 경제협력 방안을 연구하였다. 연구결과 몇 가지 시사점을 도출하였다. 첫째, 중국 각 지역의 도시와 협력 방안을 모색할 수 있는 정례화 된 대화채널을 구축하여 지속적인 지방 경제 협력이 가능한 토대가 마련되어야 한다. 인천시의 경우 서론에서 언급한 바와 같이 중국 11개 도시(지역)과 자매·우호도시를 체결하여 도시 간 교류를 지속하고 있으나 인문교류 범주에 해당되는 교류가 많았고 향후 한중 FTA 체결을 계기로 경제적 측면에서의 교류와 협력의 범위를 적극적으로 확대할 필요가 있다. 인천시와 웨이하이시는 각각 한중 FTA 협력을 위한 관련 부서를 신설하여 실무 협의를 진행하고자 하나 구체적인 실행방안에 대한 협의는 진행되지 못하고 있다. 여러 원인이 있겠지만 무엇보다 중요한 것은 두 도시의 정부 간 정례화 된 협의체가 부재하다는 데 있다. 정례화 된 대화채널 구축으로 제안된 협력 사항을 발전시킬 수 있는 시스템이 필요하다. 둘째, 도시 간 협력 담당 부서는 양 지방정부 간 협의한 사항을 실무자 간 협의로 구체화되도록 해야 한다. 2015년 인천시청과 웨이하이시인민정부 간 지방경제협력 합의서(이하 합의서)를 체결한 이후 2017년 제1차 인천－웨이하이 지방경제협력 공동 및 분과회의가 개최되었다. 지난 분과회의에는 2017년 1월 제1차 한중 FTA 공동위원회 및 분야별 이행위원회의의 후속 조치로 이뤄진 회의로 2015년 합의서의 7대 분야 41개 핵심 과제의 세부 협약을 논의하였다. 각 분야에 대한 협의체를 구성 및 협업 분야에 대한 추진기반을 마련하였다는 점에서 의의가 있지만 향후 협의 사항을 어떻게 구현해 낼 것인지 어떠한 실행안을 구상하고 상호 협의할 것인지가 더욱 중요하다. 시범사업을 추진하기 위해 각 관련 국가사무 수행기관의 실무자와 전문가 의견을 수렴하고 조율하는 단계로 발전할 수 있도록 정부의 의지와 담당부서 간 긴밀한 소통이 요구된다. 셋째, 지방도시 간 수요와 공급을 고려한 시범사업이 추진되어야 한다. 인천과 웨이하이는 지리적으로 근접해 있는 장점을 최대한 활용할 필요가 있다. 통관의 간소화 정책이나 출입국 관리제도의 간소화 정책 혹은 인천의 해상운송 및 수산업 관련 검역의 상호인증제도 등의 맞춤형 협의가 추진된다면 도시 간 경제 교류가 더욱 양성화 되고 활성화 될 수 있을 것이다. 이와 관련하여 각 지방도시에서 인증·검역 관련 기관을 상호 파견하는 방법 혹은 제3자 인증제도를 도입하는 방안도 고려해 볼 만한다. 제3자 인증제도를 비롯하여 식품안전시스템과 같이 한중 양국이 그동안 조심스럽게 진행해 왔던 분야를 시범적으로 도입하고 개선점과 합의점을 도출하여 전면적으로 시행할 수 있는 시험범로서의 기능을 최대한 발휘하도록 두 시정부의 협력이 요구된다. 넷째, 인천과 웨이하이를 한중 FTA 시범도시로서의 기능을 강화해야한다. 인천과 웨이하이는 한중 FTA 시범도시로서 한중 간 경제협력이 가능한 분야에 대한 정책과 제도를 우선 도입하는 적극적인 시도가 필요하다. 인천과 웨이하이는 한중 FTA 시범도시로서 시행 가능한 부분을 협의·실행하고 시행 사업의 확대 시행 가능성을 시험하는 테스트베드로서의 역할이 강화되어야 한다. 국가 차원의 경제협력으로 한중 FTA가 체결되었다. 한중 FTA 협정문에 지방 경제협력을 포함한 경제협력 챕터가 마련되었고 이는 지방 경제협력이 강화될 기반이 마련되었다는 것을 의미한다. 또한 지방 경제협력은 국가 간 협의에 비해 구체적이고 현실적인 논의가 신속하게 이루어 질 수 있는 장점을 가지고 있다. 인천은 한중 FTA 시범도시로서의 지위를 적극 활용하여 한중 양국의 경제협력 모델을 적극 시도하고 확대할 필요가 있다.

참고문헌

김병삼, 「한국의 농산물 콜드체인시스템 현황과 발전방향」, 『대한 설비공학회 설비저널』, 제40권 제6호, pp.23-33, 2011.

김세진, 김은미, 「대중국 역직구 활성화 방안에 관한 연구 – 신 통관정책을 중심으로」, 『관세학회지』, 제18권 제1호, pp.213-233, 2017.

김형근, 「SWOT 분석을 통한 중국의 신선물류 현황과 시사점」, 『한중사회과학연구』, 제34권, pp.169-189, 2015.

정환우, 「중국의 비관세장벽과 한중 FTA 협상시사점: 기술무역장벽(TBT)과 위생 및 생물위생(SPS)을 중심으로」, 『한중사회과학연구』, 제28권, pp.89-115, 2013.

최경숙, 「중국 콜드체인 물류시스템 내 식품의 안전성 저해 요인에 관한 연구」, 『한중사회과학연구』, 제39권, pp.181-205, 2016.

홍정, 「중한 협력교류에서의 지방정부의 역할 - 산둥성 사례를 중심으로」, 아세아연구, 제60권 제1호(통권 제167호), pp.184-221, 2017.

祁懷高, "中國地方政府對中韓建交的影響", 「當代韓國」 第4期, pp.65-78, 2010.

인천광역시 홈페이지 www.incheon.go.kr/posts/1466

한중 FTA 홈페이지, 한중 FTA 상세설명자료 http://www.fta.go.kr/cn/doc/2/

한국무역협회 홈페이지 www.kita.net

威海出台加快推動中韓自貿區合作首批實施方案, 威海日報, 2015.3.17
http://weihai.dzwww.com/jjxw/201503/t20150317_12049499.htm

중국물류정보망, 2016年石島省級冷鏈物流園實現主營業務收入400多億元, 2017.8.16.
http://www.chinawuliu.com.cn/information/201708/16/323932.shtml

인민망, 威海至昆明鐵路冷鏈物流班列開通, 2017.9.2.
http://picchina.people.com.cn/GB/n1/2017/0902/c364818-29510918.htm

중국 국가급신구의 도시 효율성 분석

이주영
김형기

1 서론

2017년 4월 1일 중공중앙과 중국 국무원은 19번째 국가급신구인 슝안신구(雄安新區) 설립을 공식화 하였다. 슝안신구는 베이징시가 수도의 기능을 원활히 하기위해 베이징의 비수도 기능을 이전하기로 결정하였다. 중국의 국가급신구의 역할과 기능은 2015년 4월 중국 국무원이 발표한 『국가급신구의 건전한 발전 촉진에 관한 지도의견(關於促進國家級新區健康發展的指導意見, 이하 지도의견)』에 나타나있다. 지도의견에 따르면 국가급신구(國家級新區)는 지역발전의 총체적전략, 일대일로(一帶一路), 징진지협동발전(京津冀協同發展), 장강경제벨트(長江經濟帶) 등과 같은 중대한 국가전략을 실현하여 산업과 도시의 융합, 신형도시화 건설, 자원이용의 효율성 제고, 생태환경의 질적 개선을 통해 발전을 촉진하고 국민경제의 지속적인 발전이 가능하도록 하고 있다. 중국의 경제발전 전략은 1978년 이후 개혁개방정책을 시작으로 동부 연해지역의 지리적 입지와 우대정책, 외자도입 및 인적자원 도입으로 급속한 경제발전을 하였

---

* 이 글은 기존에 발표된 논문 「중국 국가급신구의 도시 효율성 분석」(『한국동북아경제학회』 제29권, 2017)을 수정·보완한 것이다.

지만 지역 간 불균형 문제는 발전을 저해하는 요인이 되었다. 지역 간 불균형 문제 해소를 위해 중국정부는 상하이(上海), 장수성(江蘇), 저장성(浙江) 등을 중심으로 하는 장강삼각주 경제벨트(長江經濟帶), 광둥성(廣東)을 중심으로 하는 주강삼각주 경제벨트(珠江經濟帶), 베이징(北京), 톈진(天津), 허베이(河北省)를 중심으로 하는 징진지일체화(京津冀一體化) 전략과 랴오닝(遼寧), 지린(吉林), 헤이룽장(黑龍江)을 중심으로 하는 동북진흥(振興東北)[1] 등의 전략을 시행해 오고 있다. 그러나 이러한 국가 전략에도 불구하고 중국 경제는 신창타이(新常態)[2] 시대에 진입하였고 중진국함정에서 벗어나기 위한 새로운 전략을 구사해야만 하는 상황에 봉착해 있다. 일대일로(一帶一路) 이니셔티브와 신형도시화(新型城市化) 전략은 대외개방의 혁신과 도시화를 통한 소비 진작과 민생 안정 그리고 지속적이고 안정적인 발전으로 그동안 중국의 경제 발전과정에서 발생된 문제를 해결하기 위한 역할을 담당하고 있다. 상기와 같은 국가 전략은 국가급신구를 지정함으로써 발전되고 있다. 국가급신구는 몇 개의 행정구를 통합한 형태로 해당 도시의 경쟁력을 높이는 핵심 지역으로 실제 국가급신구로 지정된 도시의 경제성장을 견인하는 성과를 보이고 있지만 각 지역의 경제규모와 지역적 특성으로

---

1) 동북진흥(振興東北)은 2004년 원자바오 전 총리가 제시한 것으로 랴오닝, 지린, 헤이룽장과 내몽고 동쪽에 위치한 5개 시 후룬베얼市(呼倫貝爾市), 싱안멍(興安盟), 츠펑(赤峯市), 퉁랴오(通遼市), 시린귀러멍(錫林郭勒盟)가 포함되고 있으나 최근에는 둥북3성의 노후된 중공업 기지 개혁에 집중되고 있다.

2) 중국의 고속성장에서 중고속 성장기로 접어든 것을 말하며 2014년 4월 시진핑(習近平)주석이 중국경제가 개혁개방 이후 30년 간의 고도 성장기를 끝내고 새로운 시대로 진입하였음을 설명하면서 처음 사용한 용어이다.

효율성의 차이를 드러내고 있다. 국가경쟁력이나 도시경쟁력은 기본적으로 한 나라 혹은 한 도시의 효율성에 의하여 좌우된다고 볼 수 있기 때문에 도시의 경쟁력을 높이기 위해서는 현재 그 도시가 갖고 있는 효율성을 올바로 진단하는 작업이 선행되어야 한다(이번송, 1994: 1). 본 연구는 국가급신구가 지정된 도시의 생산성을 분석하여 각 도시의 특성을 도출하고 효율성에 영향을 미치는 요소를 통해 도시의 협력 가능성이 큰 분야를 모색하는데 연구의 목적을 두고 있다. 본 연구의 구성은 다음과 같다. 2장에서는 국가급신구 현황을 분석하고 3장에서는 DEA 모형과 이론적 고찰, 4장에서는 국가급신구 거점 도시의 DEA 분석 결과를 도출하였다. 5장 결론에서는 국가급신구의 효율성 분석 결과를 바탕으로 시사점을 도출하였다.

2 국가급신구 현황

2.1 국가급신구의 기능적 특성

중국 국무원은 국가급신구를 설립하여 도시 발전과 개혁을 통해 지역경제발전을 도모하고 있다. 국가급신구의 정의는 명확하지 않지만 국가급신구의 건전한 발전 촉진에 관한 지도의견(關於促進國家級新區健康發展的指導意見)에 따르면 국무원 비준을 통해 설립되고 국가의 중대 발전과 개혁을 실행하는 국가급 종합기능구로서 지역경제발전을 견인하고 체제혁신을 촉진하는 중요한 역할을 담당 하고 있다. 1980년대 주로 동남 연해지역의 지방도시에 지정되어 중국이 외자를 도입하는 등 시장경제 체제를 부분적으로 도입하여 계획경제에서 시장경제로의 전환을 이행하는 실험적 의미가 컸던 경제특구와 달리 국가급신구는 90년대 이후 연해지역 도시에서 내륙 도시로 확대되어 도시건설, 사회건설 및 공공서비스를 제공하고 중심 도시의 공간적 배치와 산업구조 조정을 촉진하여 도시군의 발전을 견인한다는 목표를 두고 있다. 특히 2014년 시진핑 국가주석이 일대일로(一帶一路) 전략을 표명한 이후 중앙아시아와 동남아시아로 연결되는 중국의 접경지역과 내륙 지역의 역할이 중요해 졌고 이 시기 국가급신구가 급증하고 있어 지역 경제를 견인하는 도시로서의 역할을 할 것이라는 점에서 개혁개방 시기의 경제특구와 구별된다. 또 다른 차이점은 현재 신창타이 시대에 진입한 중국이 지역 간 불균형 발전, 도농 격차 등 중국이 직면해 있는 경제발전의 수준과 발전 모델을 개선해야 하는 국가급신구의 기능은 개혁개방 시기의 경제적 측면에 국한되었던 경제특구의 기능과 더불어 차별성을 갖는다. 국가급신구는 경제발전 동력을 전환하는 기능과 민생안정, 생태환경 등 공공서비스의 기능이 추가된 종합적 행정구의 역할을 하고 있다3).

국가급신구가 국가 전략을 수행하는 기능은 일반 도시에 설립되어 있는 신구와도 차이점을 보이고 있다. 일반 신구는 공업화, 도시

---

3) 개혁개방 이후 선전(深圳), 주하이(珠海), 샤먼(廈門), 산터우(汕頭), 하이난다오(海南) 등의 경제특구가 제1차 경제특구라면 제2차 경제특구는 국가종합총괄개혁시험구(國家綜合配套改革試驗區)라고 할 수 있다. 중국의 신특구라 불리는 국가종합총괄개혁시험구는 현재 총 12곳이 지정되어 있고 상하이 푸동신구, 톈진 빈하이신구를 포함하여 충칭시와 청두시(重慶市, 成都市), 우한도시권과 창주탄도시군(長株潭, 長株潭城市羣), 선전시(深圳市), 선양경제구(瀋陽經濟區), 산시성(山西省), 이우시(義烏市), 샤먼시(廈門市), 헤이룽장성의 양대평원(黑龍江省"兩大平原") 등 신구, 도시, 도시군, 경제구, 성(省) 등 시험구로 지정된 지역의 규모와 기능면에서 국가급신구와 구별된다.

화 발전시기에 발생된 산물로서 성시현급(省市縣級) 지방정부 계획에 따라 설립 가능한 반면 국가급신구는 국무원 비준을 통해서만 설립이 가능하고 정책, 세수, 산업 등에서 우대정책이 부여되어 부성급 관리 권한을 갖고 있다. 물론 일반 신구가 국가급신구로 승격될 수 있고 최근 일반 신구가 국가급신구로 지정되는 사례를 보이기도 하지만(曹雲, 2006: 120) 관리 권한데 따른 신구의 기능의 차이는 크다.

표 1. 국가급신구와 일반 도시 신구와의 차이점

	국가급신구	일반 도시신구
규획 심사비준	국무원	지방정부
정책 지원	국가의 특수 우대정책, 성급 연석회의제도 확립	지방정부권한에 따른 우대정책
배경 및 목표	산업화 및 도시화 발전, 도시의 종합적 기능제고 및 도시군 발전 견인	소재지 경제발전
행정단위	부성급(副省級)	소재지 지방정부 파견 기구
지역위치(區位)	직할시 및 성회 도시	성회도시와 지급시, 현급시
관리체제	행정구 관리위원회, 경제사회의 다양한 측면에서의 기능적 책임	관리위원회
전략적 책임	국가개혁개방시범구	지방발전
면적	800km³ 이상	평균 63.6km³

자료: 曹雲(2016), 國家級新區與其它城市功能區的比較及發展趨勢展望, 商業經濟研究, 23期, P119.

2.2 국가급신구의 설립 시기별 특성

20세기 90년대 상하이 푸동신구(浦東新區)가 최초로 국가급신구로 지정 된 이후 현재까지 총 19개의 국가급신구가 설립되어 있다. 국가급신구 설립 초 중국은 지역개방, 단계적 추진, 점진적으로 확

대하는 발전 전략을 보여왔다(張坤, 肖綺芳, 2006: 13-14). 중국 국가 발전과 개혁위원회는 국가급신구발전보고서(2015)에서 국가급신구의 발전 단계를 세 단계로 구분하고 있는데 첫 번째 단계는 1992년 상하이시의 푸동신구와 2006년 톈진시의 빈하이신구(濱海新區)가 설립된 기간으로 이 기간에 설립된 국가급신구는 종합적 개혁 실험구의 역할을 맡고 있으면서 동시에 동부지역을 우선 발전시키는 전략과 연해지역의 개혁개방을 남부지역에서 북부지역으로 중심의 축을 이동하는 역할을 하도록 한 특징을 보이고 있다. 특히 이 두 신구는 연해에 근접해 있어 대외개방 효과를 최적화 할 수 있는 지리적으로 우세한 지역에 위치해 있다는 공통점을 가지고 있다. 실제 푸동지역 GDP가 상하이시 전체 GDP에서 차지하는 비중이 1992년 9.1%에서 2009년 26.6%, 2014년 30.2%로 증가하였고 빈하이신구 역시 2006년 44.5%에서 2009년 50.7%, 2014년 55.7%로 상승하는 성과를 보였다(국가급신구발전보고서 2015).

두 번째 단계는 2010-2012년 동안 설립된 기간으로 중국 중서부 지역의 균형 발전 전략을 도모하는 기간이다. 이 시기에 설립된 국가급신구는 종합적 개혁 실험구의 성격을 지닌 푸동신구와 빈하이신구와 달리 지역적 특성이 반영된 전문 분야의 개혁 실험구의 성격을 보이고 있다. 2010년 5월 설립된 충칭(重慶)시의 량장신구(兩江新區)는 도농 일체화의 국가 전략을 수행하는 시범지역으로 내륙 개방형 경제발전을 본격화 하는 계기가 되었다. 2011년 2월에 설립된 저장성 저우산군도신구(舟山羣島新區)는 해양경제발전 선도지역으로 해양종합개발실험구와 장강삼각주 지역의 발전을 견인하는 역할을 맡고 있다. 그 후 2012년 8월 설립된 간수성 란저우신구(蘭州新區)는 동부 지역의 산업을 중서부로 이전하는 서부대개발 전략을 수행하는 시범구의 특징을 보이고 있으며 마지막으로 2012년 9월 설립된 난샤신구(南沙新區)는 주강삼각주 지역의 발전을 도모하고 홍콩·마카오·대만 간 협력을 가속화하는 국가 전략지역이다.

세 번째 단계는 2013년 이후 현재까지로 서부개발, 동북진흥, 중

표 2. 중국 국가급신구

순번	단계구분	설립시기	국가급신구	대표도시	지역
1	1단계	1992	상하이푸둥신구(上海浦東新區)	상하이(上海)	화동
2		2006	톈진 빈하이신구(天津濱海新區)	톈진(天津)	화북
3	2단계	2010	충칭 량장신구(重慶兩江新區)	충칭(重慶)	서남
4		2011	저장성 저우산군도(浙江舟山羣島新區)	정우산(舟山)	화동
5		2012	간쑤성 란저우신구(蘭州新區)	란저우(蘭州)	서북
6		2012	광저우 난샤신구(廣州南沙新區)	광저우(廣州)	화남
7	3단계	2014	샨시성 시셴신구(陝西西鹹新區)	시안(西安)	서북
8		2014	꾸이저우성 구이안신구(貴州貴安新區)	구이양(貴陽)	서남
9		2014	칭다오 서해안신오(青島西海岸新區)	칭다오(青島)	화동
10		2014	다롄 진푸신구(大連金普新區)	다롄(大連)	동북
11		2014	쓰촨성 톈푸신구(四川天府新區)	청두(成都)	서남
12		2015	후난성 샹장신구(湖南湘江新區)	창샤(長沙)	화중
13		2015	난징 장베이신구(南京江北新區)	난징(南京)	화동
14		2015	푸젠성 푸저우신구(南京江北新區)	푸저우(福州)	화동
15		2015	윈난성 뎬중신구(雲南滇中新區)	쿤밍(昆明)	서남
16		2015	헤이룽장성 하얼빈신구(哈爾濱新區)	하얼빈(哈爾濱)	동북
17		2016	지린성 창춘신구(長春新區)	창춘(長春)	동북
18		2016	장시성 간장신구(江西贛江新區)	난창(南昌)	화동
19		2017	허베이성슝안신구(雄安新區)	베이징(北京)	화북

자료: 「국가국가급신구발전보고서 2015」 참조하여 필자 작성

부궐기, 징진지 협동발전 전략에 이어 신창타이 시대에 진입한 중국 정부가 각종 경제체제 개혁을 시행하는 시기이다. 이 시기는 총체적 국가 전략인 일대일로(一帶一路) 전략이 이행되는 시기로 시셴신구(西鹹新區), 구이안신구(貴安新區), 서해안신구(西海岸新區), 진푸신구(金普新區), 톈푸신구(天府新區), 샹장신구(湘江新區), 장베이신구(江北新區), 푸저우신구(福州新區), 뎬중신구(滇中新區), 창춘신구(長春新區), 간장신구(贛江新區), 슝안신구(雄安新區)) 등 13개의 국가급신구를 지정하고 있다. 이들 국가급신구는 모두 2014년 이후 지정되었으며 2014년에 5곳, 2015년 5곳, 2016년에 2곳, 2017년에 1곳이 추가로 지정되었다. 중국 서남지역에 위치한 시셴신구(西鹹新區), 구이안신구(貴安新區), 톈푸신구(天府新區)는 서부대개발과 내륙개방 추진을 목표로 하고 있으며 실크로드 경제벨트 지역의 주요지역이다. 진푸신구(金普新區)와 창춘신구(長春新區), 하얼빈신구(哈爾濱新區)는 동북지역의 성장을 견인하도록 하는 목표를 가지고 있다(국가급신구 발전보고서 2015: 10)[4].

2.3 국가급신구의 거점 지역

2015년 양회(兩會) 이후 3월 28일 국가발전개혁위원회(國家發展改革委員會), 외교부(外交部), 상무부(商務部)는 국무원(國務院)을 통해 실크로드 경제벨트(絲綢之路經濟帶)와 21세기 해상실크로드(21世紀海上絲綢之路) 공동건설 추진 전망과 행동(推動共建絲綢之路經濟帶和21世紀海上絲綢之路的願景與行動)을 발표한 바 있다.

---

4) 상게서 p10.

중국의 중장기 전략인 일대일로(一帶一路) 이니셔티브는 중국이 지속 가능한 경제성장을 이룰 수 있는 방법으로 아시아 뿐 아니라 아프리카, 유럽까지 광범위한 지역과 경제교류 할 수 있는 기반 마련을 통해 중국의 대외경제정책 범위를 확대하고, 중국이 국제경제에서 더욱 많은 역할을 할 수 있을 것으로 기대하고 있다(이주영, 2015; 87). 일대일로 이니셔티브가 성공적으로 실행하기 위해서는 우선 주변국과의 상호교류를 통한 협력이 있어야 하고 주변국과 중국 내륙을 연결하여 중국 내부 경제를 활성화 시켜야 한다. 후자의 경우 중국은 2000년대 초반부터 시행된 서부대개발과 서진전략 등을 추진하면서 서부·내륙지역의 거점도시를 중심으로 투자를 확대해 왔다(주장환, 2014: 55-56). 그리고 거점 도시를 중심으로 경제적 연관성을 강화하는 도시군으로 재편되고 있고 그에 따라 지방정부의 역할과 기능을 조정하고 협력을 강화하고 있다. 일대일로 전략을 추진하면서 지방정부가 중앙정부의 전략을 그대로 적용하여 지역의 특수성을 살리지 못했고 이러한 정책 동조화 현상이 교통인프라에 집중되어 지방 재정 악화와 과잉투자, 저효율 현상을 나타났으며 정부주도형으로 시장 주체들의 참여를 이끌어내지 못하고 있다(민귀식 외, 2016). 그러나 이러한 평가에도 불구하고 일대일로 이니셔티브는 공간을 재배치하여 네트워크의 중심이 되는 거점도시의 공공서비스 및 경제발전 요소 투입을 증가시켜 경제발전을 견인한다는 발전 계획을 담고 있기 때문에 거점도시는 중국 내 전략을 수행하는 기본 단위가 되고 있다.

2015년 3월 국가발전개혁위원회와 외교부, 상무부가 발표한 '실크로드경제벨트와 21세기 해양실크로드의 전망과 행동 건설 촉진(推動共建絲綢之路經濟帶和21世紀海上絲綢之路的願景與行動)'에

서 일대일로 거점도시를 구분한 바 있는데 연해지역의 거점도시로
는 상하이(上海), 톈진(天津), 닝보 - 저우산(寧波 - 舟山), 광저우(廣
州), 선전(深圳), 잔장(湛江), 선터우(汕頭), 칭다오(靑島), 옌타이(煙
臺), 다롄(大連), 푸저우(福州), 샤먼(廈門), 취안저우(泉州), 하이커
우(海口), 산야(三亞), 내륙지역에는 충칭(重慶), 청두(成都), 정저우
(鄭州), 무한(武漢), 창샤(長沙), 난창(南昌), 허페이(合肥), 서북지역
의 신강(新疆), 란저우(蘭州), 시닝(西寧), 시안(西安) 등을 거론하여
내륙지역을 개방하고 일대일로 건설을 촉진하고자 하고 있다. 민귀
식 외(2016)는 실크로드 경제벨트 지역의 9개 거점도시로 서남권역
의 충칭(重慶), 쓰촨성의 청두(成都), 티벳자치구의 라싸(拉薩), 윈난
성의 쿤밍(昆明), 산시성의 시안(西安), 신장자치구의 우루무치(烏
魯木齊), 닝샤자치구의 인촨(銀川), 칭하이성의 시닝(西寧), 간수성
의 란저우(蘭州)를 선점하였고 해상실크로드 지역은 8개 도시인 톈
진(天津), 랴우닝성의 다롄(大連), 푸젠성의 푸저우와 샤먼(廈門), 광
둥성의 광저우(廣州)와 선전(深圳), 광시자치구의 난닝(南寧), 하이
난성의 하이커우(海口)를 거점도시로 선정하고 있다. 그러나 지역별
거점 도시를 지정한 기준이 명확히 나타나 있지 않아 거점 도시는
연구자마다 다양하게 분석되고 있다.

張林, 董千里, 申亮(2015)은 중국 물류 인프라를 기준으로 거점
도시를 구분 하였는데 연구에서 중국의 거점도시를 물류와 지역경
제발전의 상관성을 근거로 하여 베이징(北京), 톈진(天津), 선양(瀋
陽), 다롄(大連), 칭다오(靑島), 지난(濟南), 상하이(上海), 난징(南
京), 닝보(寧波), 항저우(杭州), 샤먼(廈門), 광저우(廣州), 선전(深
圳), 정저우(鄭州), 우한(武漢), 충칭(重慶), 청두(成都), 난닝(南寧),
시안(西安), 란저우(蘭州), 우루무치(烏魯木齊) 21개 도시를 선정하

였다. 기존 연구에서 일대일로 거점 도시를 명확히 정의하고 있지는
않지만 대부분 성도 및 교통요충지로 주변 도시와의 접근성이 용이
하고 지방의 경제 중심도시라는 공통점을 가지고 있다. 이러한 점을
고려하였을 때 국가급신구로 지정된 도시와 거점 도시는 유사하게
분포되어 있음을 확인할 수 있다.

3 DEA 모형 및 이론적 고찰

3.1 모형의 이론적 고찰

효율성은 투입요소와 산출요소의 비율로 정의된다. Farrell(1957)
은 어떤 기술수준에서 생산요소를 투입했을 때 최대 산출을 이루지
못하는 정도를 기술적 비효율성이라고 정의하였고 비효율성을 배분
적 비효율성과 기술적 비효율성으로 구분하고 있다. 배분적 비효율
성은 투입요소 간 결합이 준최적비율에서 결합될 때의 비효율성을
말하며, 기술적 비효율성은 주어진 산출물을 생산하기 위해 필요한
최소 투입요소보다 많은 투입량을 사용했을 때 발생하는 비효율성
이다(Farrell, M. J., 1957: 253-290). Charnes & Cooper(1978)에 따르면
DEA의 효율성에 대하여 DMU의 산출요소를 증가시키고 싶다면 투
입요소를 증가시키거나 다른 일부를 감소시켜야하고 DMU의 투입
요소를 감소하고 싶다면 산출요소를 감소시키거나 투입요소의 다
른 일부를 증가시켜야 한다(Charnes, A., W. W. Cooper and E. Rhodes,
1978: 429-444).

지금까지 주로 활용되었던 도시 효율성 측정방법으로 모수적 모
형 추정에 의한 총 요소생산성 분석과 비모수적인 DEA 분석 기법이

종종 활용되고 있으며 이 두 모형은 효율성을 측정하는 대표적인 모형이다. DEA의 측정 과정에서 투입변수와 산출변수에 대한 가중치 선정과정은 매우 중요하다. 과거 인간의 정성적 데이터에 근거하여 분석되었던 것을 데이터를 기준으로 가중치를 줌으로써 객관성을 부여한다는 점이 DEA의 특징이다. 이 때 투입·산출요소는 서로 각기 다른 가중치를 가지고 있으며 투입·산출요소의 최대 효율이 되도록 가중치가 부여 된다. 또한 DEA에서의 효율성 개념은 파레토 최적성의 연장에서 생각해볼 수 있다. 즉, DEA는 비교적 효율적인 의사결정자들을 100%로써 기록하고, 비효율적인 것들은 100% 미만의 값으로 나타낸다(김형기 외, 2007: 265).

3.2 CCR 모형

CCR모형은 각각의 투입물과 각각의 산출물에 대하여 효율성을 측정하는 모형이다. CCR모형은 규모 확대에 비례하여 산출도 확대된다는 규모에 대한 수익불변(CRS, Constant return to scale)을 가정하여 모든 DMU의 투입에 대한 산출 비율은 1이 초과하면 안 되고, 각 투입요소와 산출요소의 가중치는 0보다 크다는 계약조건하에 DMU의 투입·산출 비율을 최대화 시키고자 하는 선형분석계획법이다. 이모형은 (식1)과 같다.

$$\text{Max.} \quad \theta_0 = \sum_{r=1}^{s} u_r\, y_{r0} \qquad\qquad (\text{식1})$$

$$st \quad \sum_{i=1}^{m} v_i x_{i0} = 1$$

$$\sum_{r=1}^{s} u_r y_{rj} - \sum_{i=1}^{m} v_i x_{ij} \leq 0$$

단, v_i, $u_r \geq \epsilon \geq 0$ $(i = 1, 2, \cdots, n)$

θ_0 = 평가대상 DMU$_o$의 효율성 점수, n = 평가대상 DMU의 수

$x_j = (x_{1j}, \cdots, x_{ij}, \cdots, x_{mj})^T \in R_+^m$ = DMU$_j$ (j번째 DMU)의 투입벡터

$y_j = (y_{1j}, \cdots, y_{rj}, \cdots, y_{sj})^T \in R_+^s$ = DMU$_j$의 산출벡터

s = 산출물의 수, m = 투입물의 수, ϵ = 아주 작은 양수

3.3 BCC 모형

BCC모형은 CCR모형에서 규모에 대한 규모수익불변을 완화하고 규모수익가변을 적용하여 산출물을 극대화하려는 형태이다. 규모의 효율성과 기술효율성을 구분하기 위하여 변형시킨 DEA 모형이다. 이는 (식2)와 같다.

$$\text{Max. } \theta_0 = \sum_{r=1}^{s} u_r y_{r0} - w_o \qquad \qquad \text{(식2)}$$

$$\text{st. } \sum_{i=1}^{s} u_r y_{rj} - s \sum_{i=1}^{m} v_i x_{ij} - w_0 \leq 0$$

$$\sum_{i=1}^{m} v_i x_{i0} = 1$$

단, v_i, $u_r \geq \epsilon \geq 0$ $(i = 1, 2, \cdots, n)$

θ_0 = 평가대상 DMU$_o$의 효율성 점수, n = 평가대상 DMU 수

$x_j = (x_{1j}, \cdots, x_{ij}, \cdots, x_{mj})^T \in R_+^m$ = DMU$_j$ (j번째 DMU)의 투입벡터

$y_j = (y_{1j}, \cdots, y_{rj}, \cdots, y_{sj})^T \in R_+^s$ = DMU$_j$의 산출벡터

s = 산출물의 수, m = 투입물의 수, ϵ = 아주 작은 양수

(2)에서 w_0는 규모에 대한 보수지표로 규모에 대한 보수가 증가하는 경우 $w_0 < 0$이고, 규모에 대한 보수가 일정하면 $w_0 = 0$, 규모에 대한 보수가 감소하면 $w_0 > 0$가 된다.

3.4 DEA/window 분석

DEA 분석은 어떤 시점에서 나온 효율성을 기간별로 분석하여 DMU의 효율성 변동의 안정성을 비교하는 것이다. 그러나 투입물과 산출물을 기준으로 하는 효율성 측정은 환경 변화에 따른 동태적인 변동성과 미래 산출물을 고려할 수 없다는 한계를 가지고 있기 때문에 이러한 한계점을 보완하기 위해 DEA/window 분석이 개발되었다. 이 분석방법은 이동평균법을 사용하여 DEA 분석함으로써 동일 DMU가 각 기간에 따라 서로 다른 DMU로 분석되기 때문에(김형기 외, 2007: 27-28) 추세나 안정성 그리고 계절적 변동을 확인할 수 있고 투입변수와 산출변수 비해 DMU의 수가 적을 경우에도 분석 가능하다. DEA/window분석은 DEA자료를 바탕으로 효율성을 기간별로 분석하는 것으로 기본적인 방법은 분석기간을 T_1, T_2, T_3, T_4, $\cdots$, T_n 등으로 여러 개의 기간으로 나누어 분석한다. 이때 윈도우 폭이 좁을 경우 분석에 필요한 DMU가 부족하게 되고 반대로 너무 넓을 경우에는 추세를 파악하기 힘들기 때문에 이 점에 주의해야 한다. 또한 각 윈도우에서 기간이 다르면 동태 DMU는 다른 DMU로서 간주하여 분석한다. 예컨대 n개의 DMU에 대하여 t기간 동안의 데이터 수집 후 윈도우의 폭을 w로 가정했을 때 이때 각 윈도우의 기간은 <표 3>과 같으며, 윈도우의 수는 $t - w + 1$이 된다. 그리고 각 윈도우의 DMU 수는 w_n개가 된다.

표 3. window의 기간

윈도우＼기간	1	2	3	·	·	·	·	·	·	·	·	·	k
1	1	·	·	·	w								
2		2	·	·	·	$w{+}1$							
3			3	·	·	·	$w{+}2$						
·				·									
·				·									
·				·									
t								$t{-}w{+}1$	·	·	·		k

윈도우 분석에서 효율성의 평가는 첫 번째 윈도우에서 기간 1부터 t까지 w_n개의 DMU를 대상으로 하고, 두 번째 윈도우에서 기간 2부터 $w{+}1$ 까지 w_n개의 DMU를 대상으로 한다. 같은 방법으로 한 기간씩 뒤로 이동하면서 마지막 윈도우까지 평가하며 평가 결과가 도출되면 이를 바탕으로 각 DMU 효율성의 추세, 안정성, 그리고 계절적 변동 등을 분석할 수 있다(김형기 외, 2007: 27-28). 또한 윈도우 분석은 투입물과 산출물의 수에 비해 DMU의 수가 충분하지 못할 때도 유용하다. 그것은 실제 DMU의 수가 n개라 하더라도 윈도우의 폭을 w로 결정했다면 각 윈도우에서 평가대상 DMU 수는 w_n개로 증가하기 때문이다. Cooper(2000) 등에 따르면 DEA 분석에 있어서 투입변수의 수가 m이고 산출변수가 o라면, DMU의 수 N은 다음 식을 만족시켜야 한다고 제안하고 있다(Cooper, W. W., 2000: 116-118).

$$N \geq \max \{m \times o, \ 3(m + o)\}$$

4 DEA 분석

4.1. 연구방법 및 변수선정

이송번(1994)은 국가경쟁력이나 국제경쟁력 및 도시경쟁력은 기본적으로 한 나라 혹은 한 도시의 생산성에 의하여 좌우된다고 보고 있다. 따라서 국제시장에서 도시의 경쟁력을 높이기 위해서는 현재 그 도시가 갖고 있는 생산성을 올바로 진단하는 작업이 선행되어야 한다. 도시 생산성에 관한 연구는 다양하게 분석되고 있다. 우선 송건섭(2014)은 우리나라 자율통합 도시를 대상으로 통합 전과 후의 생산성 추이를 맘퀴스트 생산성 지수를 활용하여 분석하였다. 분석 결과 자율통합 후 지방정부의 생산성이 높아졌다는 결과를 도출하였다. 임동진, 김상호(2001)는 DEA 분석을 통해 지방정부의 생산성을 분석하였다. 분석에서 투입변수 3개와 산출변수 9개를 선정하여 분석한 결과 기술, 비용, 규모 효율성이 높은 도시의 특성으로 재정자립도가 높고 인구 규모가 크다는 결과를 도출하였다. 김헌민, 김경아(2002)는 회귀분석을 통해 제조업과 서비스업의 상호 연관성을 중심으로 도시경쟁력 제고방안을 연구하였다. 연구를 통해 제조업과 서비스업을 분리하여 접근하기보다는 생산자 서비스업으로 구성된 산업 클러스터를 조성하여 생산성을 극대화해야 한다고 주장하고 있다. 주희선, 이경민, 정창무(2014)는 DEA를 활용한 도시공공서비스 효율성 분석에서 공공서비스인 공공도서관 운영의 효율성 제고를 위해 투자요소를 늘려야 규모수익이 증기할 것이라는 결과를 도출한 바 있다.

일반적으로 도시 효율성 분석이 도시의 규모, 산업구조, 공공서비스 공급 등 다양한 측면에서 분석되고 있는 반면 중국의 도시 효율성 분석은 중국 정부가 도시화를 미래 발전 동력으로 여기면서 연구가 본격화 되고 있다. 戴永安(2010)은 2001-2007년 중국의 지급시(地級市)를 대상으로 도시 효율성을 분석한 결과 효율성이 대체로 낮고 지역 간 차이가 크다는 결과를 도출하였다. 張軍濤, 劉建國(2011)은 동북지역 34개 지급시를 대상으로 도시효율성을 분석하였고 분석결과 도시 효율성은 공간 의존성이 강하여 주변 도시의 효율성이 다른 도시에 영향을 준다는 결론을 도출하였다. 崔俊富, 陳金偉, 苗建軍(2015)은 DEA 분석 기법을 활용하여 징진지(京津冀) 지역의 도시 효율성을 분석하였다. 분석 결과 자원배치 효율성이 낮아 기술효율이 낮은 것으로 분석되어 기술수준이 향상되어야 효율성이 향상될 것이라고 주장하고 있다. 袁曉玲, 呂文凱, 賀斌(2016)은 중국의 신도시화 건설과정에서의 도시 효율성을 분석하였다. 분석 결과 동부지역의 도시효율성은 높은 반면 중부지역은 낮았고, 도시 간 자원요소의 협력이 필요하다고 주장하고 있으며 산업구조, 개방정도, 인프라시설의 발전이 도시 효율성에 영향을 미치고 있어 외자 도입을 활용한다면 도시 효율성이 높아질 것이라는 결과를 도출한 반면 고정자산투자, 정부통제는 도시 효율성을 억제하는 요인인 것으로 분석되었다. 선행연구에서 중국 도시 효율성 분석 범위는 크게 두 가지로 구분된다. 하나는 지급시와 같이 중국 전체 도시를 연구 대상으로 하고 있다는 점이고 다른 하나는 동북지역, 징진지 등 권역별 도시 효율성을 분석하고 있다는 점이다. 지급시의 경우 분석 대상이 너무 많기 때문에 분석 목표가 희미해 질 수 있다는 단점이 있고 권역별 도시 효율성의 경우 지역적으로 편중된 결과를 얻을 수 있기 때문에 본 연구에서 사용되는 도시의 범위는 국가급신구로 지정된 도시를 대상으로 분석하였으며 분석 방법으로는 일반적으로 도시

생산성을 분석하는데 활용된 자료포락분석(DEA)을 활용하였다.

　본 연구에서는 중국 국가급신구가 지정된 지역을 대표하는 19개 도시 중 슝안신구를 제외한 18개 도시의 효율성을 측정하였다5). DEA 모형을 활용한 분석은 투입변수와 산출변수에 따라 다른 결과가 나타날 수 있기 때문에 측정변수의 선택은 효율성 분석에서 신중히 결정해야 한다. 본 연구에서는 국가급신구가 지정된 도시 효율성에 영향을 미치는 변수들을 선행 연구를 통해 선정하였다. 崔俊富, 陳金偉, 苗建軍(2015)는 Malmquist 분석 기법을 활용한 징진지 지역의 도시 생산성을 분석에서 투입변수로 고정자산투자총액, 취업자수, 도시건설용지면적을 사용하였고 산출변수로 지역 GDP, 임금을 사용하였다. 袁曉玲, 呂文凱, 賀斌(2016)은 투입변수로 자본규모, 2·3차 취업자수, 도시건설면적을 사용하였고 산출변수로는 2·3차 산업규모, 소매규모, 도시공원면적, 공업폐수처리량, 공업폐기가스처리량을 사용하였다. 曉華, 李久林, 儲金龍(2015)는 투입변수로 도시건설면적, 고정자산투자액, 취업자수, R&D 교육비, 이동전화 사용자수를 사용하였으며, 산출변수로는 지역의 1인당 GDP, 지역재정수입, 소비규모를 사용하였다. 謝志祥, 任世鑫, 李陽, 劉靜玉(2015)는 투입변수로 도시토지면적, 연구개발비, 취업자수, 우편량, 고정자산투

---

5) 중국 국가급신구가 지정된 도시는 19개로 상하이, 톈진, 충칭, 저우산, 란저우, 광저우, 시안, 구이양, 칭다오, 다롄, 청두, 창샤, 난징, 푸저우, 쿤밍, 하얼빈, 창춘, 난창, 바오딩 임. 그 중 도시 내 행정구역을 통합하여 지정된 곳과 2개 도시의 행정구역을 통합하여 국가급신구로 지정된 곳이 있어 후자에 해당되는 몇몇 도시는 성회 혹은 GDP 규모가 큰 대표성을 갖는 도시를 분석대상으로 선정하였으며 슝안신구는 2017년 4월 1일 국가급신구로 지정은 되었으나 국가급신구로서의 기능은 아직 미미하여 분석에서 제외하였음.

자액, 전기사용량을 사용하였고 산출변수로는 도시도로면적, 지역 GDP, 도시녹지면적, 소비규모를 사용하였다. 우리나라 혹은 서방국가의 선행연구에서도 도시 효율성 분석을 하고 있지만 중국과 행정 및 국가 정책이 상이한 점을 고려하여 중국 선행연구에서 사용된 변수를 선택적으로 활용하였다.

표 4. 도시 효율성 분석 변수선정

연구자	투입요소	산출요소
崔俊富, 陳金偉, 苗建軍(2015)	고정자산투자총액, 취업자수, 도시건설용지면적	지역GDP, 임금
袁曉玲, 呂文凱, 賀斌(2016)	자본규모, 2·3차 취업자수, 도시건설면적	2·3차 산업규모, 소매규모, 도시공원면적, 공업폐수처리량, 공업폐기가스처리량
曉華, 李久林, 儲金龍(2015)	도시건설면적, 고정자산투자액, 취업자수, R&D 교육비, 이동전화 사용자수	지역의 1인당 GDP, 지역재정수입, 소비규모
謝志祥,任世鑫, 李陽,劉靜玉(2015)	도시토지면적, 연구개발비, 취업자수, 우편량, 고정자산투자액, 전기사용량	도시도로면적, 지역 GDP, 도시녹지면적, 소비규모

중국 도시 경쟁력과 관련된 선행 연구를 종합 검토한 결과 고정자산투자총액, 취업자수, 도시건설용지면적, 자본규모, R&D 비용, 전기사용량 등이 투입변수로 활용되었고 지역 GDP, 임금, 소매규모, 공업폐수처리량, 공업폐기가스처리량, 지역재정수입, 도시도로면적, 도시녹지면적 등이 활용되었다. 선행연구에서 활용된 측정변수들을 기준으로 본 연구에서는 지방정부의 공공서비스 및 민생안정, 환경개선, 경제발전 관련 변수를 선택하였고 변수는 다음과 같다. 투입변수는 고정자산투자액, 취업자수, 도시건설용지면적을 사용하였으

며 산출변수로 1인당 GDP, 재정수입, 소비규모, 상수도량, 전력사용량, 휴대폰사용자수, 공업용폐수처리량을 사용하였다. 최근 중국 경제성장 동력 전환 정책에 따라 도시의 서비스업이 발달할 것으로 예상되며 물류유통 및 대외무역 정도를 알아보기 위해 서비스업규모, 화물운송량, 무역수지를 산출변수로 추가하였다. 분석에 사용된 자료는 중국 통계청 통계자료 2005-2014년 10년 동안의 자료를 활용하였다.

표 5. 투입·산출변수의 기술통계분석

구분	변수	단위	평균	표준편차	최소	최대값
투입 변수	고정자산투자	백만 위안	292,020	229,045	16,112	1,310,622
	취업자수	천 명	3,161	4,156	106	16,969
	건설용지면적	평방키로	499	558	34	2,916
산출 변수	1인당 GDP	위안	49,891	27,994	57	128,478
	재정수입	백만 위안	54,882	73,425	1,821	458,555
	소비규모	10억 위안	197	170	10	930
	상수도량	백만 입방미터	689	754	39	3,495
	전력사용량	10억 Kw	28	29	2	141
	휴대폰 사용자수	천 명	9,360	7,060	330	32,927
	공업폐수처리	백만 톤	163	164	15	859
	서비스업규모	10억 위안	253	264	13	1,528
	화물운송량	백만 톤	297	237	46	1,101
	무역수지	백만 달러	1,182	8,603	-46,068	31,368

4.2 효율성 분석

중국 국가급신구로 지정된 도시의 효율성 분석에는 기술 효율성 (Technical Efficiency), 순수 기술 효율성(Pure Technical Efficiency), 규모의 효율성(Scale Efficiency)으로 분석하였다. 이렇게 효율성을 구분하여 분석하는 이유는 기술적 수준과 규모에 따른 효율성이 상이하게 나타나기 때문이다. 따라서 본 연구에서는 기술 효율성은 CCR모형, 순수 기술 효율성은 BCC모형에 따라 분석하였고, 규모의 효율성은 Cooper(2000) 등의 정의를 이용하여 측정하였으며 그 분석 결과는 <표 6>과 같다. 효율성이 높은 DMU는 1로 나타나고 1보다 작은 값은 비효율적인 DMU를 의미한다.

표 6. 국가급신구의 도시 효율성 분석

DMU	2005			2010			2014		
	CCR	BCC	규모의 효율성	CCR	BCC	규모의 효율성	CCR	BCC	규모의 효율성
상하이(上海)	1.00	1.00	1.00	1.00	1.00	1.00	1.00	1.00	1.00
톈진(天津)	1.00	1.00	1.00	1.00	1.00	1.00	1.00	1.00	1.00
충칭(重慶)	1.00	1.00	1.00	0.99	1.00	0.99	1.00	1.00	1.00
정우산(舟山)	1.00	1.00	1.00	1.00	1.00	1.00	1.00	1.00	1.00
란저우(蘭州)	1.00	1.00	1.00	1.00	1.00	1.00	1.00	1.00	1.00
광저우(廣州)	1.00	1.00	1.00	1.00	1.00	1.00	1.00	1.00	1.00
시안(西安)	0.97	0.97	0.99	1.00	1.00	1.00	1.00	1.00	1.00
구이양(貴陽)	0.89	0.93	0.96	1.00	1.00	1.00	1.00	1.00	1.00
칭다오(靑島)	1.00	1.00	1.00	1.00	1.00	1.00	1.00	1.00	1.00
다롄(大連)	1.00	1.00	1.00	1.00	1.00	1.00	1.00	1.00	1.00
청두(成都)	1.00	1.00	1.00	1.00	1.00	1.00	1.00	1.00	1.00
창샤(長沙)	1.00	1.00	1.00	1.00	1.00	1.00	1.00	1.00	1.00
난징(南京)	1.00	1.00	1.00	1.00	1.00	1.00	0.99	1.00	0.99
푸저우(福州)	1.00	1.00	1.00	1.00	1.00	1.00	1.00	1.00	1.00
쿤밍(昆明)	1.00	1.00	1.00	0.75	0.76	0.99	1.00	1.00	1.00
하얼빈(哈爾濱)	1.00	1.00	1.00	0.97	0.98	0.99	1.00	1.00	1.00
창춘(長春)	0.88	0.89	0.99	0.80	0.81	0.99	0.94	0.94	1.00
난창(南昌)	1.00	1.00	1.00	1.00	1.00	1.00	1.00	1.00	1.00
평 균	0.99	0.99	1.00	0.97	0.98	1.00	1.00	1.00	1.00

정태적 효율성 분석 결과는 다음과 같다. 첫째, 2005년 기술효율성과 순수기술효율성, 규모의 효율성이 효율적인 도시는 각각 15개였으나 2014년에는 16개, 17개, 17개로 효율적인 도시가 증가한 것으로 나타나 기술효율성(CCR)과 순수 기술 효율성(BCC), 규모의 효율성은 전체적으로 증가 추세에 있다는 것으로 나타났다. 둘째, 상하이, 톈진, 광저우, 칭다오, 다롄, 푸저우 등과 같이 연해지역의 도시는 대체로 효율적인 것으로 분석되었으나 시안, 구이양, 쿤밍, 하얼빈, 창춘과 같이 실크로드 경제벨트로 연결되는 내륙도시와 동북지역의 도시는 비효율적인 것으로 타나났다. 셋째, 도시별 효율성의 차이를 보이고 있지만 2014년도 기준으로 도시별 효율성 차이는 크지 않은 것으로 분석되었다. 구체적으로 <표 6>을 보면 중국 국가급 신구로 지정된 도시의 기술효율성(CCR)과 순수 기술 효율성(BCC) 평균이 2005년 각각 0.99로 비효율적인 것으로 나타났고 2010년에는 0.97, 0.98로 효율성이 하락하다가 2014년에는 1로 효율적인 것으로 나타났다. 개별 도시 기준으로 살펴보면 충칭(重慶), 시안(西安), 구이양(貴陽), 난징(南京), 쿤밍(昆明), 하얼빈(哈爾濱), 창춘(長春)이 비효율적인 도시로 나타났다. 충칭의 경우 2005년에는 효율적이었으나 2010년 기술효율성과 규모의 효율성이 떨어졌고 2014년 다시 효율적으로 회복되는 것으로 나타났다. 시안과 구이양은 2005년 기술효율성, 순수 기술 효율성, 규모의 효율성 모두 비효율적이었으나 2014년 모두 효율적인 도시로 개선되는 것을 확인할 수 있었다. 난징은 2010년까지 기술효율성, 순수 기술효율성, 규모의 효율성 모두 효율적이었으나 2014년 기술효율성과 규모의 효율성이 비효율적인 것으로 나타났다. 쿤밍과 하얼빈은 2010년 기술효율성, 순수 기술효율성, 규모의 효율성 모두 비효율적이었으나 2014년 효율적인 것으로 나타났다. 창춘은 2005년 기술효율성이 0.88에서 2014년 0.94로 향상되었고 규모의 효율성도 0.99에서 2014년 1로 개선되는 모습을 보이고 있지만 18개 국가급신구로 지정된 도시 중 가장 비효율적인 도시로 나타났다. 이는 최근 동북 지역의 경제성장률이 저조한 것과 관련이 있을 것으로 판단된다.

4.3 DEA/window 분석

앞서 정태적 DEA 기법으로 분석한 결과 도시 간 뚜렷한 차이점을 발견하지 못하여 이를 보완하기 위해 DEA/Window 분석을 실시하였다. DEA/Window 분석은 기존의 정태적인 DEA 기법의 약점을 보완할 수 있는 분석으로 추세, 안정성, 변동성을 확인할 수 있으며 본 연구에서는 윈도우 폭을 3으로 하여 8개의 기간으로 나누어 윈도우 분석을 실시하였다. 결과는 <표 7>과 같다. 전체평균 효율성 값이 1 이하인 비효율적인 도시는 11개로 창춘이 0.88로 가장 비효율적인 도시로 나타났고 쿤밍(0.89), 충칭(0.92), 구이양(0.95), 창샤(0.95), 시안(0.96), 하얼빈(0.96), 톈진(0.97), 난징(0.98), 난창(0.98), 다롄(0.99) 순으로 나타났다. 반면 상하이와 저우산, 란저우, 광저우, 칭다오, 청두, 푸저우는 효율적인 도시로 분석되었다. 그 중 시안, 구이양, 쿤밍은 도시 효율성이 점차 개선되고 있는 반면 충칭, 창샤, 난징, 난창, 하얼빈은 점차 도시 효율성이 저하되고 있는 것으로 분석되었다.

표 7. DEA/Window 결과(CCR모형)

DMU	2005 -2007 윈도우1	2006 -2008 윈도우2	2007 -2009 윈도우3	2008 -2010 윈도우4	2009 -2011 윈도우5	2010 -2012 윈도우6	2011 -2013 윈도우7	2012 -2014 윈도우8	평균
상하이 (上海)	1.00	1.00	1.00	1.00	1.00	1.00	1.00	1.00	
	1.00	1.00	1.00	1.00	1.00	1.00	1.00	1.00	
	1.00	1.00	1.00	1.00	1.00	1.00	1.00	1.00	1.00
톈진 (天津)	1.00	1.00	1.00	0.99	0.85	0.91	0.89	0.97	
	1.00	1.00	0.97	0.92	0.94	0.93	0.97	1.00	
	1.00	0.97	1.00	1.00	1.00	1.00	1.00	1.00	0.97
충칭 (重慶)	1.00	1.00	1.00	1.00	1.00	0.90	0.89	0.83	
	0.92	0.92	0.98	1.00	0.85	0.90	0.87	0.79	
	0.87	0.92	0.96	0.87	0.95	0.89	0.80	0.85	0.92
저우산 (舟山)	1.00	1.00	1.00	1.00	1.00	1.00	1.00	1.00	
	1.00	1.00	1.00	1.00	1.00	1.00	1.00	1.00	
	1.00	1.00	1.00	1.00	1.00	1.00	1.00	1.00	1.00
란저우 (蘭州)	1.00	1.00	1.00	1.00	1.00	1.00	1.00	1.00	
	1.00	1.00	1.00	1.00	1.00	1.00	1.00	1.00	
	1.00	1.00	1.00	1.00	1.00	1.00	0.95	1.00	1.00
광저우 (廣州)	1.00	1.00	1.00	1.00	1.00	1.00	1.00	1.00	
	1.00	1.00	1.00	1.00	0.99	1.00	1.00	1.00	
	1.00	1.00	1.00	1.00	1.00	1.00	1.00	1.00	1.00
시안 (西安)	0.91	0.98	1.00	0.92	1.00	1.00	1.00	0.98	
	0.89	0.98	0.88	0.99	1.00	0.98	0.98	0.86	
	0.93	0.86	1.00	1.00	1.00	0.96	0.87	1.00	0.96
구이양 (貴陽)	0.89	0.84	0.97	0.96	0.93	1.00	1.00	0.98	
	0.85	0.90	0.96	0.94	1.00	1.00	0.94	1.00	
	0.91	0.96	0.98	1.00	1.00	0.93	1.00	0.97	0.95
칭다오 (青島)	1.00	1.00	1.00	1.00	1.00	1.00	1.00	1.00	
	1.00	1.00	1.00	1.00	1.00	1.00	1.00	1.00	
	1.00	1.00	1.00	1.00	1.00	1.00	1.00	1.00	1.00
다롄 (大連)	1.00	1.00	1.00	1.00	1.00	0.99	1.00	1.00	
	0.98	1.00	0.98	1.00	1.00	1.00	1.00	0.94	
	1.00	1.00	1.00	1.00	1.00	1.00	0.94	1.00	0.99

청두 (成都)	1.00	1.00	1.00	1.00	1.00	1.00	1.00	1.00	
	1.00	1.00	1.00	0.99	1.00	1.00	1.00	1.00	
	1.00	1.00	1.00	1.00	1.00	1.00	1.00	1.00	1.00
창샤 (長沙)	1.00	1.00	0.94	1.00	1.00	1.00	0.99	0.72	
	1.00	0.95	1.00	1.00	1.00	1.00	0.73	0.82	
	1.00	1.00	1.00	1.00	1.00	0.87	0.83	1.00	0.95
난징 (南京)	1.00	1.00	1.00	1.00	1.00	1.00	1.00	1.00	
	1.00	1.00	1.00	1.00	1.00	1.00	0.94	0.98	
	1.00	1.00	1.00	1.00	1.00	0.89	0.90	0.89	0.98
푸저우 (福州)	1.00	1.00	1.00	1.00	1.00	0.97	1.00	1.00	
	1.00	0.99	1.00	1.00	0.97	1.00	1.00	0.97	
	1.00	1.00	1.00	1.00	1.00	1.00	1.00	1.00	1.00
쿤밍 (昆明)	1.00	0.96	0.91	0.93	0.79	0.73	0.93	0.96	
	0.92	0.90	0.93	0.81	0.73	0.93	0.92	0.88	
	0.91	0.94	0.83	0.75	0.95	0.92	0.88	0.99	0.89
하얼빈 (哈爾濱)	0.98	0.91	0.93	0.94	0.95	0.94	1.00	0.92	
	0.98	0.90	0.97	0.97	0.93	1.00	1.00	0.88	
	0.91	0.96	1.00	0.94	1.00	1.00	0.98	1.00	0.96
창춘 (長春)	0.80	1.00	0.97	0.86	0.71	0.76	0.93	0.92	
	1.00	0.98	0.92	0.72	0.77	0.92	0.94	0.86	
	0.98	0.93	0.80	0.80	0.92	0.94	0.85	0.88	0.88
난창 (南昌)	1.00	1.00	1.00	1.00	1.00	1.00	0.97	1.00	
	1.00	1.00	1.00	0.94	1.00	0.95	1.00	0.94	
	1.00	1.00	0.96	1.00	0.96	1.00	0.94	0.85	0.98

4.4 비효율성 분석

CCR 기법으로 비효율성을 측정한 결과를 <표 8>과 <표 9>에 제시하였다. 18개 도시의 DMU별 효율성 값이 1보다 적은 도시를 나타내고 있으며 본 연구에서 분석하고자 하는 국가급신구 거점 도시 중 11개 거점 도시인 텐진, 충칭, 시안, 구이양, 다롄, 창샤, 난징, 쿤밍, 하얼빈, 창춘, 난창이 비효율적인 도시로 측정되었다[6]. 분석결과를 투입변수와 산출변수로 구분하였으며 우선 투입변수를 통해본 비효

율성 분석 결과는 <표 8>과 같다. 다롄과 난창의 경우 고정자산투자
액이 과잉 투입되어 비효율적인 것으로 분석되었고 톈진, 충칭, 창
샤는 과잉 노동자, 쿤밍과 창춘은 투입된 토지(건설용지)가 과잉 투
입되어 비효율적인 것으로 분석되었다.

표 8. CCR 모형에 의한 비효율성 분석(투입량)

DMU	연도	효율성	고정자산투자 백만위안	취업자수 천명	건설용지면적 평방키로
톈진(天津)	2012	0.97	0	409	0
충칭(重慶)	2012	0.83	0	4,574	0
	2013	0.79	0	4,854	0
	2014	0.85	0	8,174	0
시안(西安)	2012	0.98	0	0	0
	2013	0.86	0	0	0
구이양(貴陽)	2012	0.98	0	0	0
	2014	0.97	0	0	0
다롄(大連)	2013	0.94	4,888	0	0
창샤(長沙)	2012	0.72	0	1,094	0
	2013	0.82	0	1,702	0
난징(南京)	2013	0.98	0	0	0
	2014	0.89	0	0	0
쿤밍(昆明)	2012	0.96	0	0	4
	2013	0.88	0	0	17
	2014	0.99	0	0	118
하얼빈(哈爾濱)	2012	0.92	0	0	0
	2013	0.88	0	0	0
창춘(長春)	2012	0.92	0	0	99
	2013	0.86	0	0	0
	2014	0.88	0	0	41
난창(南昌)	2013	0.94	0	0	0
	2014	0.85	18,877	0	0

6) CCR기법에 의한 비효율성 분석은 윈도우8에 근거하여 분석하였음.

다음으로 산출변수를 통해본 비효율성 분석 결과는 <표 9>와 같다. 특징을 살펴보면 첫째, 11개 모든 도시가 비효율적으로 분석되었다는 점이다. 특히 충칭이 서비스업 규모 미흡으로 인한 비효율성이 가장 높게 나타나 향후 충칭의 서비스업의 개선이 가능 필요한 지역으로 예상된다. 둘째, 소비규모는 8개 도시에서 비효율적인 것으로 나타났고[7] 그 중 충칭의 소비규모가 가장 미흡한 것으로 분석되었다. 셋째, 휴대폰 사용자수 미흡으로 비효율적인 도시는 8개로 충칭과 난징의 휴대폰 사용자 수가 증가해야 효율성이 높아 질 것으로 예상된다. 이는 휴대폰으로 최근 인터넷 거래 및 결제 등 부가가치가 높은 산업으로 발전되기 위한 개선이 필요한 도시라고 유추해 볼 수 있다. 넷째, 무역수지가 미흡한 도시는 9개로 창춘이 가장 저조한 결과를 나타냈고, 하얼빈, 시안, 창샤 등의 도시에서 무역수지 개선이 필요한 지역으로 분석되었다. 다섯째, 화물운송량이 미흡한 도시는 9개로 충칭이 화물운송량이 가장 미흡한 것으로 나타나 화물운송량이 개선되어야 효율적인 도시로 발전 할 수 있을 것으로 나타났다. 여섯째, 공업폐수처리 부족으로 비효율적인 도시 중 창샤와 쿤밍, 구이양으로 이들 도시가 다른 도시에 비해 더 환경개선이 필요한 도시로 분석되었다. 일곱 번째, 상수도량 보급이 미흡하여 비효율적인 것으로 나타난 도시는 충칭, 톈진, 쿤밍 등 이었다.

---

7) 톈진, 충칭, 시안, 구이양, 다롄, 난징, 쿤밍, 난창

표 9. CCR 모형에 의한 비효율성 분석(산출량)

DMU	연도	효율성	1인당 GDP 위안	재정 수입 백만 위안	소비 규모 10억 위안	상수도량 백만입방 미터	전력 사용량 10억 Kw	휴대폰 사용자수 천명	공업 폐수 처리 백만톤	서비스 업규모 10억 위안	화물 운송량 백만톤	무역 수지 백만 달러
톈진	2012	0.97	20,660	0	114	294	0	5,342	9	146	72	2,799
충칭	2012	0.83	285,553	0	484	1,379	15	19,294	0	880	438	0
	2013	0.79	328,052	0	342	1,140	2	14,471	0	664	640	0
	2014	0.85	548,437	0	242	528	15	8,721	0	483	931	0
시안	2012	0.98	67,305	15,131	24	25	5	0	0	70	0	1,470
	2013	0.86	74,116	6,102	0	6	0	0	7	48	0	8,510
구이양	2012	0.98	0	14	21	0	0	0	12	23	18	203
	2014	0.97	40,401	0	27	4	0	0	19	13	73	0
다롄	2013	0.94	8,001	0	22	54	3	914	11	35	0	391
창샤	2012	0.72	0	4,999	0	65	15	675	44	111	106	4,705
	2013	0.82	0	12,682	0	28	17	410	56	112	82	4,383
난징	2013	0.98	65,411	5,995	9	0	0	6,411	0	29	118	0
	2014	0.89	0	0	0	0	3	8,099	0	68	196	0
쿤밍	2012	0.96	90,852	0	1	152	0	0	32	47	212	10,925
	2013	0.88	0	0	0	19	3	0	8	40	28	1,585
	2014	0.99	22,157	0	0	0	4	0	38	31	0	1,103
하얼빈	2012	0.92	0	2,360	0	0	4	0	0	15	31	3,374
	2013	0.88	6,889	1,119	0	3	0	1,131	4	0	0	2,396
창춘	2012	0.92	0	0	0	0	3	0	0	8	67	18,627
	2013	0.86	0	0	0	0	10	772	19	30	149	19,482
	2014	0.88	0	0	0	0	6	534	8	23	117	20,033
난창	2013	0.94	4,109	6,070	23	0	1	2,049	0	52	65	0
	2014	0.85	0	0	15	0	5	710	13	25	26	345

5 결론

본 연구에서는 DEA 모형을 활용하여 중국 국가급신구로 지정된 도시의 효율성을 측정하였다. 분석에서 18개 도시를 대상으로 2005년에서 2014년까지 10년간 기술효율성과 순수기술효율성 및 규모의 효율성을 도시별로 분석하였고 각 도시의 효율성을 측정하기 위해 DEA/window 방법을 활용하였다. 18개 거점 도시의 기술효율성을 측정한 CCR과 순수기술효율성을 측정한 BCC 모형, 규모의 효율성에서 시안, 구이양, 쿤밍, 하얼빈, 충칭이 비효율적인 도시로 분석되었으나 최근 개선된 것으로 나타났고 도시 간 가시적인 차이점이 드러나지 않았지만 동태적 분석인 DEA/window 측정에서는 11개 도시인 창춘, 쿤밍, 충칭, 구이양, 창샤, 시안, 하얼빈, 톈진, 난징, 난창, 다롄이 비효율적인 도시로 분석되었다. 지역별로 일대일로 전략 중 동남아시아와 중앙아시아로 연결되는 거점 도시인 서남지역과 서북지역, 화중 지역 도시가 비효율적인 것으로 나타났고 환발해 지역과 근접해 있는 톈진과 동북지역인 하얼빈과 장춘의 효율성이 비교적 낮은 것으로 나타났다. 윈도우 분석을 토대로 효율성 분석을 측정한 결과 1인당 GDP, 소비규모와 상수도량, 휴대폰 사용자수, 공업폐수처리량, 서비스업규모, 화물운송량, 무역수지가 개선되어야 도시 효율성이 증가할 것이라는 공통점을 보이고 있다. 따라서 향후 이들 도시의 소비규모, 상수도량, 휴대폰 사용자수, 공업폐수처리량, 서비스업규모, 화물운송량, 무역수지 증가를 위한 정책 및 두자가 증기할 것이라 사료되며 이에 대한 협력 및 전략 수립이 필요하다고 생각된다. 특히 서남지역의 충칭, 구이양, 쿤밍, 서북지역의 시안 등 도시의 내수 증가에 따른 완제품 소비, 서비스업 수요 증가에 따른 문화·관광 진출 기회가 확대될 것으로 보여지며 상수도 및 폐수처리와 같은 주민생활과 생태환경 관련 사업의 기회가 증가할 것으로 예상된다. 또한 휴대폰 사용자 수가 증가할 것으로 예상되어 휴대폰 관련 산업 예컨대 휴대폰을 활용한 온라인 구매 및 결제 관련 사업의 기회가 증가될 것으로 예상된다.

중국의 지속적인 발전 가능성을 높이기 위해 국내 거점 도시의 전면적인 개혁과 안정적인 경제발전 그리고 민생 안정이 수반되어야 한다. 이것은 국가급신구 전략을 성공적으로 이끌어내기 위해 선행되어야 할 사안이다. 이러한 관점에서 본 연구는 중국의 국가급신구로 지정된 도시의 효율성 분석을 통해 비효율적인 도시의 개선되어야 할 요인들을 도출하였다. 이러한 요인들은 향후 대중국 경제 협력 전략을 수립할 때 참고가 될 것으로 기대한다.

참고문헌

김형기·이장원·문종범, "중국연해지역 주요항만의 경쟁력 분석", 『현대중국연구』 제8권 제2호, p.265, 2007.

김형기·이장원·최창열, "DEA기법을 활용한 국내 주요공항의 효율성 평가", 『유통정보학회』 제10권 제2호, pp.27-28, 2007.

민귀식·김수한, "중국 일대일로 거점도시별 산업특화에 따른 발전전략", 『중소연구』 제40권 제3호, p.155, 2016.

송건섭, "자유통합 전후 도시생산성 변화분석: 맘퀴스트 생산성 지수 활용", 『지방정부연구』 제18권 제1호, pp.99-119, 2014.

이번송, "도시생산성 비교연구의 의의와 방법론", 『도시문제』 제29호, p.1, 1994.

이성복, 『도시행정론』, 서울: 법문사, p.373, 2000.

이주영, "중국 실크로드 경제벨트의 경제협력전략에 대한 고찰", 『유라시아연구』 제12권 제2호, p.87, 2015.

임동진·김상호, "DEA를 통한 지방정부의 생산성 측정 – 인력·재정과 공공서비스 관계를 중심으로", 『한국행정학보』 제34권 제4호, p.221, 2000.

주장환, "중국의 대 중앙아시아 정책 – 서진(서진) 전략의 배경·내용·전망", 『한중사회과학연구』 제12권 제3호, pp.55-56, 2014.

주희선·이경민·정창무, "DEA를 활용한 도시공공서비스 효율성 분석 – 서울시 공공도시관을 중심으로", 『서울도시연구』 15(2), pp.131-149, 2014.

최태성·김성호, '사회과학 자료분석', 『다산출판사』, 2001.

Banker, R. D., A. Charnes and W. W. Cooper, "Some Models for Estimating Technical and Scale Inefficiencies in Data Envelopment Analysis", *Management Science* 30(9), pp.1078-1092, 1984.

Charnes, A., W. W. Cooper and E. Rhodes, "Measuring the Efficiency of Decision making Units", *European Journal of Operational Research* (2), pp.429-444, 1978.

Cooper, W. W., L. M. Seiford and K. Tone, "Data Envelopment Analysis: A Comprehensive Text with Models, Applications, References and DEA-Solver Software", *Massachusetts: Kluwer Academic Publisher* 31(3), pp.116-118, 2000.

Epstein, Paul D, "Using Performance Measurement in Local Government: A Guide Improving Decisionm Performance and Accountability", *New York: Van Nostrand Reinhold Company*, pp.213-224, 1988.

Farrell, M.J., "The Measurement of Productive Efficiency", *Journal of the Royal Statistical Society*, Series A, 120(3), pp.253-290, 1957.

Robert, E. Cleary, Nicholas Henry, "Managing Public Programs: Balancing Politics, Administration and Public Needs", San Francisco, *Jossey-Bass Publishers*, 1989.

曹雲, "國家級新區與其它城市功能區的比較及發展趨勢展望", 『商業經濟研究』 23, p.120, 2016.

崔俊富·陳金偉·苗建軍, "基於Malmquist 指數的京津冀城市羣城市效率評價研究", 『燕山大學學報』 16(3), pp.135-139, 2015.

袁曉玲·呂文凱·賀斌, "中國城市效率的空間效應和驅動機制研究－基於空間面板數據模型", 『城市發展研究』 9(23), pp.76-81, 2016.

陳曉華·李久林·儲金龍, "基於DEA-ESDA的皖江城市帶城市效率評價", 『華東經濟管理』 29(12), pp.51-56, 2015.

劉賀賀·楊青山·陳長瑤, "東北地區城市效率與開發程度的時空耦合", 『經濟地理』 35(10), pp.64-72, 2015.

謝志祥·任世鑫·李陽·劉靜玉, "長江中游城市羣城市效率水平測度及空間分異研究", 『長江流域資源與環境』 24(10), pp.1705-1710, 2015.

袁曉玲·呂文凱·賀斌, "中國城市效率的空間效應和驅動機制研究－基於空間面板數據模型", 『城市經濟』 23(9), pp.76-81, 2016.

張軍濤·劉建國, "城市效率及其溢出效應－以東北三省 34 個地級市爲例", 『經濟地理』 31(4), pp.578-590, 2011.

張坤·肖綺芳, "濱海新區建設國家綜合配套改革試驗區的戰略意義", 『城市』 4, pp.13-14, 2006.

張林·董千里·申亮, "節點城市物流產業與區域經濟的協同發展研究 — 基於全國性物流節點城市面板數據", 『華東經濟管理』, 9(2), pp.67-73, 2015.

國家發展和改革委員會, 『國家級新區發展報告2015』, 中國計劃出版社, 2015.

중화인민공화국 국가발전과개혁위원회 홈페이지

http://www.sdpc.gov.cn/zcfb/zcfbtz/201504/t20150423_689064.html

| 저자 소개 |

김남희_중국현당대문학 전공
연구분야 : 중국문화/화교
칭화대학교 문학 박사
현재 인천대학교 중국학술원 연구교수

송민근_국제통상물류 전공
연구분야 : 일대일로/국제통상
인천대학교 동북아물류대학원 물류학 박사
현재 성결대학교 동아시아물류학부 객원교수
현재 인천대학교 중국학술원 연구교수

신지연_중국법학 전공
연구분야 : 일대일로/법률표준
칭화대학교 법학 박사
현재 인천대학교 중국학술원 연구교수

조형진_중국정치학 전공
연구분야 : 중국농촌/한중관계
서울대학교 정치학 박사
현재 인천대학교 중국학술원 교수

손승희_중국근현대사 전공
연구분야 : 상업관행/가족
푸단대학교 역사학 박사
현재 인천대학교 중국학술원 연구교수

송승석_중국현대문학 전공
연구분야 : 중국문학/화교
연세대학교 중문학 박사
현재 인천대학교 중국학술원 교수

이주영_경제금융학 전공
연구분야 : 중국금융/지역경제
런민대학교 경제학 박사
인천대학교 중국학술원 연구교수
현재 산업통상자원부 동북아통상과 주무관

(저자명: 가나다순)

일대일로와 한중도시

초판 1쇄 인쇄   2019년 2월   7일
초판 1쇄 발행   2019년 2월 14일

지 은 이 | 김남희·손승희·송민근·송승석·신지연·이주영·조형진
펴 낸 이 | 하운근
펴 낸 곳 | 學古房

주   소 | 경기도 고양시 덕양구 통일로 140 삼송테크노밸리 A동 B224
전   화 | (02)353-9908   편집부(02)356-9903
팩   스 | (02)6959-8234
홈페이지 | www.hakgobang.co.kr
전자우편 | hakgobang@naver.com,   hakgobang@chol.com
등록번호 | 제311-1994-000001호

ISBN   978-89-6071-864-7 93300

값 : 20,000원